本专著成果是江苏高校哲学社会科学重点研究基地阶段性研究成果

信息化教学创新素养研究

以高职院校教师为例

THE RESEARCH ON THE ICT-ENABLED
TEACHING INNOVATION COMPETENCIES

Take Higher Vocational Teachers for Example

唐 丽 著

社会科学文献出版社
SOCIAL SCIENCES ACADEMIC PRESS (CHINA)

前　言

创新常被认为是天才、科学家、发明家的活动，实际上创新非常"民主"，人人皆可创新。教师的教学创新常被"教学经验""教学方法"等教育术语取代，创新的成果常湮没在繁杂的教学中。约瑟夫·熊彼特说："解决问题的能力就是创新。"因此，我们不妨将教师解决教学问题的能力称为"教学创新"，将这些教师称为"创新型教师"。在信息技术变革教育的时代，教师需要掌握信息基础知识和基本技能，能够利用信息技术解决教学问题，并且形成稳定的信息技术认知与思维。这意味着在教师的专业发展中，信息化教学创新素养占据了关键地位。

近些年，高职教育在国家的推动下蓬勃发展，《中华人民共和国职业教育法》和《国家职业教育改革实施方案》为推进职业教育走向国际先进行列提供了制度保障。国家部署与落实教育数字化战略，推进职业教育信息化，着力建设智慧校园、资源库、虚拟仿真实训平台与实训室等，举办职业教育教师信息化教学能力比赛，希望通过以赛促改的方式提升教师教学能力。因此，研究者以高职院校教师为例，探讨其利用信息技术解决教学问题的能力，研究其信息化教学创新素养。

素养内涵于心，显然不能以问卷的方式调查。因此研究者采用了质性研究的方式去探索高职院校教师的信息化教学创新素养，在一次次与研究现场各种事实的碰撞中发现事实与真理。量化研究与质性研究的背后隐藏着其固有的逻辑，质性研究文章的写作难处在于如何遵循方法背后的逻辑去展现资料。虽然有珠玉在前可以参考，但是访谈、观察等片段的呈现总是与理想的"深描"有所距离。本书紧扣"本质寓于现象之中,甚而就是现象"的方法论思想,从生动、丰富的高职院校教师的教学活动中逐渐抽象出了高职院校教师信息化教学创新素养这一主题。

本书共七章,包括"绪论""文献综述""基于扎根理论的研究过程""高职院校教师信息化教学创新素养的养成过程""高职院校教师信息化教学创新素养的构成要素""高职院校教师信息化教学创新素养的实践表征""高职院校教师信息化教学创新素养的养成与提升路径"。

其中,第三、四、五、六章为核心章节。

第三章,基于扎根理论的研究过程,对比了量化研究和质性研究,详细介绍了本研究中资料收集与分析(编码)的过程。

第四章,高职院校教师信息化教学创新素养的养成过程,主要回答了高职院校教师在什么样的环境中进行信息化教学创新以及高职院校教师信息化教学创新素养的养成经历了哪些阶段两个问题。

第五章,高职院校教师信息化教学创新素养的构成要素,分别从教学素养、职业素养、信息素养、融通素养、学习素养、个人特质几个方面展开论述。

第六章,高职院校教师信息化教学创新素养的实践表征,集中论述了具备信息化教学创新素养的高职院校教师如何实施教学的问题。从大国工匠的教学目标,到理实一体的教学过程,到"理""实""虚"相结合的教学资源,再到全面系统的教学评价,实践表征给予了教师们实际的教学参考。

本书是在高职院校一线教师的支持下完成的,哪怕在信息化教学创新大赛的前夕,这些高职院校教师也是有问必答。笔者带着拥有教育技术背景的傲慢进入信息化教学创新的现场,又逐渐被高职院校教师的精神折服,成为他们的学习者。相比于完成研究,笔者有更大的收获,对高职教育、高职院校教师、信息化教学有了更成熟的理解。

目　录

图目录

第一章　绪论

信息技术在教育领域的广泛应用突破了教学的时空限制，知识与技能等对象性教育客体传播的载体与传播的渠道发生了改变，新的教学观创生，信息化教学创新成为教师提高教学质量的关键途径。职业教育的跨界性意味着其在教育信息化方面有独特的需求，也意味着高职院校教师信息化教学创新值得探讨，因此本研究以高职院校教师为例，研究其信息化教学创新素养。对于高职院校教师来说，2019年《国家职业教育改革实施方案》和《全国职业院校教师教学创新团队建设方案》等文件的施行为他们的专业发展提供了更多的机会与保障，但同时也对他们提出了更高的要求，即高职院校教师需要成为高素质的"双师型"教师和"创新型"教师。由此，笔者自然联想到了"教师素养""教师专业发展""信息化教学创新"等主题。

笔者选择将信息化教学创新素养的养成作为切入点研究当前高职院校教师专业素养的发展。研究题目的选择与笔者的学习经历以及研究兴趣有关。从幼儿园到博士研究生阶段，笔者经历了不同教师的多种上课方式。在读研一的时候，老师让我们课前确定一篇小论文的选题，于课堂上汇报，并且回答老师和同学们对选题提出的质疑。那节课上同学们都很紧张，但下课后笔者的同学对笔者说："如果每个老师都这么上课该多好呀，今天虽然只有半天时间，却学习到了很多知识。"那次与众不同的课让笔者对改进教学有了兴趣，后来笔者的硕士学位论文研究的便是信息技术改进教学质量的相关内容。在将要读博的时候，笔者接触到了高职院校教师信息化教学创新大赛，笔者发现自己对高职教育存在很多偏见，原来高职教育是如此重视教师的信息化教学改革，高职院校教师在信息化教学改革上有如此多的经验与成果，笔者接触到了一方新天地。后来，笔者又参与了一些职业院校的评估、培训活动等。这几年，恰逢学生核心素养的研究热潮，各个教育阶段教师的核心素养也受到了广泛关注，笔者对高职院校教师核心素养的相关研究文献也进行了一些阅读，经过一段时间的探索，笔者发现虽然高职院校教师核心素养研究是当前比较热门的内容，但是各个研究中的思路差异较大，不够聚焦。结合之前的学习经历与实践经历，笔者开始思考"高职院校教师如果进行信息化教学改革，他们需要有哪些素养""高职院校教师又如何形成这些素养"等问题，这便是本研究的兴趣缘起。

第一节　研究背景

一　社会发展的需要：高职院校教师信息化教学创新的迫切性

新一轮科技与产业革命兴起，职业教育面临巨大挑战，特别是人工智能的发展，给职业教育带来诸多冲击，甚至有学者预测：在未来，职业院校毕业的学生可以完全被机器人所取代。这种预测出现的原因之一是当前职业院校培养的学生主要从事低端产业劳动力工作，缺乏高素质技术技能型人才应该具备的创新精神、工匠精神等素养。确实，当前各行各业对低端产业劳动力的需求正在不断减少，许多重复性的工作内容可以由机器运作。在这种产业升级与经济结构调整的社会背景下，高职教育需要对接产业的最新发展，高职学生需要具备更高的能力，同时高职院校教师也需要培养信息化教学创新素养去应对新的挑战。

近年来，国家对职业教育教学质量与教学改革越来越重视。《国家职业教育改革实施方案》中提出"把职业教育摆在教育改革创新和经济社会发展中更加突出的位置……推进高等职业教育高质量发展"[①]，同时还借鉴

---

① 《国务院关于印发国家职业教育改革实施方案的通知》，教育部网站，http://www.moe.gov.cn/jyb_xxgk/moe_1777/moe_1778/201904/t20190404_376701.html，最后访问日期：2019年12月10日。

"双一流"建设，提出到 2022 年，"建设 50 所高水平高等职业学校和 150 个骨干专业（群）"，希望以点带面实现新一轮的改革，提升高职院校的办学能力、服务水平以及国际影响。还有一些政策文件明确指出将信息技术、智能技术深度融入高职教学改革。因此，改进高职教育信息化教学、创新高职教育信息化教学、提高高职教育质量是必然趋势。

从国家在高职教育上的投入与发布的政策文件可以看出，我们国家正在大力发展高职教育，对高职教育寄予了巨大期望、提出了较高要求。但是与德国这类国家对职业教育的态度不同，我们的社会对高职教育认可度低，认为高职教育地位不高、高职教育质量差、高职学生基础薄弱、高职文凭是不值钱的文凭、高职学生从事的是低端工作。伴随着高职院校的扩招，高职院校的生源结构让社会对高职教育质量越发存疑。2019 年政府工作报告中提出高职院校大规模扩招 100 万人的决定，应届高中毕业生、退役军人、下岗职工、农民工等都可以报考高职院校。① 因此，随着高职学生"量"的极度扩张，高职学生培养的"质"如何保障成为高职院校教师普遍关心的问题。教师创新行为是高职院校塑造竞争优势的重要环节。② 如何面对不同群体的学习者，如何设计出适应不同群体的教学策略与模式，如何使教学内容与岗位关联、理论教学与实践教学关联、学校与企业密切联系，如何改进教学是高职院校一线教师一直在思考的问题。

二 现实的境遇：高职院校教师信息化教学创新素养不足

高职院校的扩招带来了生师比较高、专业教师人数较少的问题，因此，高职院校从各个渠道引入师资，形成了复杂的高职院校教师结构。高职院校的师资来源主要有以下几种。一种是引入普通高等学校毕业生担任教师，这是目前高职院校的主要师资来源，这部分教师有较好的理论知识，但实践技能不足或者落后于时代发展，教学理念仍以传统的学术性教

---

① 《高职院校今年大规模扩招 100 万人》，中国政府网，http://www.gov.cn/zhengce/2019 - 03/05/content_5370851.htm，最后访问日期：2019 年 12 月 20 日。

② 苏屹、梁德智：《包容型领导对员工创新行为的影响：基于组织和谐的中介作用及组织创新氛围的调节作用》，《商业经济与管理》2021 年第 1 期，第 27 ~ 36 页。

育为主，普遍缺乏企业一线工作经历。另一种是外聘兼职教师，是由学校根据本校专业教学需求聘请的企事业单位高管和能工巧匠，以补充师资，这也是对建设"双师型"教师队伍的响应，目前这部分教师所占比重较小，虽然这部分教师有较好的一线实践技能与经验，但他们的理论知识、教学理念、教学能力存在较大的问题。此外，在高职院校中还存在一些随着学校升级通过成人教育、继续教育方式实现转型的教师。高职院校教师质量参差不齐，教师的实际教学能力和教学水平难以满足新时代对高素质、技术技能型人才的需求，企业兼职教师的教学素养欠缺，专任教师的实践经验与技能欠缺，即使同时具备师范教育背景与企业背景的教师也缺乏将教育教学与专业技术实践有效整合的素养。可以说，当前我国高职院校教师的专业发展主要面临着如何与产业发展进行深度沟通与融合，如何将行业与产业的新变化及时在职业教育领域有所体现与深化，[①] 如何改革信息化教学实践，更新自己的教育教学观念、价值观念、知识体系等去回应时代诉求的问题。由此可见，高职院校教师的专业发展需要教师在自身原有专业背景条件下协调高职教育培养高素质、技术技能型人才的培养目标，发展自身的信息化教学创新素养。

虽然国家与社会对高职教育改革提出了殷切期望，也推动了许多高职院校教师专业发展比赛的举办，例如全国职业院校信息化教学大赛、全国职业院校技能大赛教学能力比赛等，以及相关文件的出台，例如《全国职业院校教师教学创新团队建设方案》中指出"建设国家级职业院校教师教学创新团队，引领教育教学模式改革创新……推动信息技术与教育教学融合创新，承担国家职业教育专业教学资源库和国家在线开放课程（含资源共享课程、精品视频公开课程等）开发，并广泛应用于教学实践"[②]，《中共中央、国务院关于全面深化新时代教师队伍建设改革的意见》指出要

[①] 李泽、南海：《论我国职业教育教师专业化的新挑战与对策》，《职教通讯》2018 年第 5 期，第 50～55 页。

[②] 《教育部关于印发〈全国职业院校教师教学创新团队建设方案〉的通知》，教育部网站，http://www.moe.gov.cn/srcsite/A10/s7034/201906/t20190614_385804.html，最后访问日期：2019 年 12 月 20 日。

"全面提高职业院校教师质量，建设一支高素质双师型的教师队伍"①，但高职院校教师在信息化教学创新素养上依旧欠缺。

一些高职院校教师就他们群体的教学创新能力、利用信息化促进教学创新的能力进行了调研，例如徐佳对湖南省内 5 所高职院校青年教师的教学创新能力进行调查，发现在"专业成长"维度上，68% 的高职院校青年教师希望提升自身的创新能力；在"教学资源使用"维度上，85% 以上的高职院校青年教师经常使用 PPT 教学，50% 的高职院校青年教师偶尔使用视频资源进行教学，只有不足 10% 的高职院校青年教师会运用微课、慕课等资源进行课堂教学。② 吴琦对江苏常州 5 所高职院校教师的创新能力进行调查，发现 50% 以上的高职院校教师在"好奇心""团队精神""创造性思维""教改研究项目""教研成果"等体现创新能力的要素上表现出了一般以下的水平。③

在正式开始本研究之前，笔者所在的研究团队也对湖南、山东、广西、江苏等地的 243 所高职院校教师的信息化教学进行了调研，结果显示，在"新技术手段与资源的使用"维度上，高职院校教师主要使用 PPT 等演示工具、微信等即时通信工具，虚拟实训平台、慕课等在线课程使用较少；在"信息化教学能力"维度上，51.09% 的高职院校教师认为自己缺乏信息技术与学科教学整合的方法，45.15% 的高职院校教师认为自身缺乏现代教育理念与思想，44.45% 的高职院校教师认为自己缺乏在线课程的设计与开发的能力。

从以上的调研结果可以看出，高职院校教师信息化教学创新素养不足，许多高职院校教师即使有创新的意愿，自身的能力也会限制信息化教学创新。笔者在最初接触一些高职院校教师时也发现了佐证上述结论的情

---

① 《中共中央、国务院关于全面深化新时代教师队伍建设改革的意见》，中国政府网，http://www.gov.cn/gongbao/content/2018/content_5266234.htm，最后访问日期：2019 年 12 月 20 日。

② 徐佳：《"双创"背景下高职院校青年教师教学创新能力现状调查与分析》，《职业教育（中旬刊）》2019 年第 10 期，第 22～24 页。

③ 吴琦：《高职教师教学创新能力提升路径研究》，《扬州职业大学学报》2020 年第 3 期，第 60～62 页。

况，例如就教学理念而言，虽然尊重学生、因材施教是从《论语》中就可以体会的道理，但实际上一些高职院校教师对高职学生还存在一定的偏见，理解程度不够；就信息化素养而言，虽然国家一直推行教师的信息化素养提升计划，但是在实际的调查中许多高职院校教师依旧在获取信息、处理信息、共享信息与信息价值判断上存在困难。高职院校教师也缺少相应的信息化教学创新经验，不理解为什么创新，创新有什么好处，或者将信息化教学创新理解为炫耀信息技术的一场秀。

从整体的教育教学情况看，当前高职课堂教学主要面临教学难以适配生源结构的多样与差异、新型数字化资源同质化问题突出、课程标准难以实现与职业标准的精准转化与对接、教学团队合力不够强劲等方面的现实困境。① 同时，当前我国高职院校的教学内容、教学方法、教学模式等还需进一步提高，力求实现培养高技能型人才、大国工匠的宗旨。对信息化教学创新素养进行研究，可以为高职院校教师的专业发展和教学实践等提供一些借鉴。

第二节　研究目的与意义

一　研究目的

（一）解决高职院校教师信息化教学创新素养养成中面临的实际问题

高职院校教师这个职业是一种专门职业，专门职业的特点之一就是具备社会服务的功能，高职院校教师需要为当今社会培养出高素质的技术技能型、创新型人才，因此，对于高职院校教师来说，在如今新技术快速发展的时代，信息化教学创新这种较为高阶的教学素养确实是需要具备且需要向外推广、传播的。关于创新，我们可以从多个角度理解。目前的研究主要从三个角度理解创新：第一，将创新理解为人的一种品质和素养；第

---

① 宣翠仙、邱晓华、王成福：《面向创新人才培养的高职院校专业教学团队建设研究》，《黑龙江高教研究》2021年第4期，第108～112页。

二，将创新理解为产生新想法和实现新想法的过程；第三，将创新理解为产生的新产品、新成果。通常情况下，人们较为容易观察与接触到的是创新产品，而创新者个人品质与素养、创新的过程是隐藏在冰山下的，很难让外界察觉到。由此可见，高职院校教师的信息化教学创新素养确实是必备的，但是信息化教学创新素养的形成过程难以直接言说，因此，本书的研究目的之一就是从身处一线、有良好信息化教学创新经历的高职院校教师身上发掘出可供参考的信息化教学创新经验，从而为其他高职院校教师养成信息化教学创新素养提供一些借鉴。

（二）丰富高职院校教师专业发展理论

自 1986 年《国家为 21 世纪的教师作准备》和《明天的教师》两个报告中提出"教师专业化"概念开始，教师专业发展就得到了广泛关注，目前已经形成了丰富的研究成果。对于教师个体而言，教师专业发展既可以指教师经过不断学习，从不成熟状态走向成熟状态的过程，也可以指教师的知识、心理、价值观等素质素养结构的暂时状态。对于高职院校教师这个具有跨界特质的群体而言，其专业发展的相关理论并未如一般教师专业发展理论那样充分，也远远没有跟上高职教育实际的发展。与德国、日本等国家不同，我们国家的高职教育非常重要但是地位不高，社会普遍认为高职教育质量低、高职学生水平差。目前我们国家的发展需要高职院校教师变成创新型教师，通过创新信息化教育教学模式、方法等培养出符合我国经济社会发展需要的大国工匠，而现实情况却是大部分高职院校教师缺乏信息化教学创新的素养，这也是当前我国高职院校教师专业发展理论上非常重要但存在欠缺的部分。因此，根据教师专业发展涵盖发展过程和暂时状态两个层面，我们可以研究高职院校教师信息化教学创新素养的养成过程和素养结构等方面的内容，从而丰富我国高职院校教师专业发展理论，为推进我国高职院校教师信息化教学创新素养的养成提供一些有意义的参考。

二 研究意义

在理论意义上，本书研究高职院校教师信息化教学创新素养的养成既涉及教学创新这种高阶思维活动，也涉及教师核心素养发展这个当前的热门话题，在一定程度上能够丰富高职院校教师专业发展的研究成果。本书扎根于高职院校教师教育教学的自然情境，站在高职院校教师主体视角，基于真实的资料自下而上生成理论，对具有价值的信息化教学创新实践提供丰富透彻的描述，发展出对高职院校一线教师信息化教学创新素养具有解释力的理论，相对于以往的教师教学创新能力理论或模型、本书提出的理论更具系统性，更能真实地反映出高职院校教师信息化教学创新的动态过程以及高职院校教师自身专业发展的追求，从而使高职院校教师能够更深入地理解信息化教学创新素养。

在实践意义上，本书关注一线高职院校教师信息化教学的真实样态，可以在一定程度上摆脱信息化教学创新在教育政策和学术研究中讨论得火热，却在课堂实践中遭遇冷板凳的窘境；可以为其他高职院校教师提供一个真实的、比较接地气的信息化教学创新样态，帮助一些高职院校教师纠正信息化教学创新就是技术作秀的错误观点；可以在某种程度上突破一直以来高职院校信息化教学改革难以取得成效的困境；也可以为高职院校教师如何进行信息化教学创新、高职院校如何培养高职院校教师信息化教学创新素养等提供新的想法与经验，推动高职教育教学改革，回应时代社会发展。

第三节　研究问题

关于研究问题的阐述离不开研究方法的选用，因为本书采用的是质性研究方法，所以与量化研究事先确定研究假设、研究变量不同，质性研究中的研究问题一般是在研究者进入研究现场收集、分析资料之后提出的。

也就是说，在书中描述研究问题，是为了符合一般的行文逻辑和方便读者理解。在本书中，研究问题并不是预先确定的，而是研究者在研究现场与被研究的教师、相关专家互动所形成的，并且会不断根据研究的实际情况做出相应的调整。

笔者最初只是出于对教学改革与创新的兴趣进入研究现场，随后笔者发现在高职教育中非常强调信息技术对教学改革与创新的支持，而本书的研究对象，即这些高职院校一线教师所面临的真实问题是如何提高自己的能力，如何利用信息技术来设计合理的教学模式从而促进教学改革、促进高职学生学习。扎根理论要求研究问题是研究对象自身定义与关注的问题，这正是扎根理论方法的独特之处。

因此，基于研究对象所关注的问题，本书致力于探讨在实践境脉中高职院校教师信息化教学创新素养的真实样态。本书的研究问题如下。

问题一：从教师专业发展的角度来说，专业发展是一个由不成熟到成熟的过程，那么高职院校教师信息化教学创新素养的养成需要经历什么样的过程？具体包括以下几个子问题。

子问题一：实践境脉中有哪些因素影响了高职院校教师信息化教学创新素养的发展？

子问题二：教师专业发展是长期性且阶段性的，目前可以粗略地分为职前教育阶段、入职教育阶段以及在职教育阶段，我们需要发现的是对于在职高职院校教师来说，其信息化教学创新素养的养成过程会经历哪些阶段？在这些阶段中高职院校教师积累了哪些经验？

问题二：信息化教学创新是一种比较高阶的教育教学活动，高职院校教师为了实现信息化教学创新在经历了一些阶段之后养成了哪些素养？

问题三：素养除了积淀在教师内心里，还体现在外在的教学行动之中，那么具备信息化教学创新素养的高职院校教师是如何实施教学的，体现出了什么特点？

第四节　研究方法

研究问题决定了研究方法的选择，关于研究方法的选用，本书在综合分析了当前素养体系的主要建构方式、个人创新过程与策略的主要研究方式以及教学创新成果的主要建构方式等内容后，发现质性研究方法在这些研究中是普遍适用的。对于质性研究方法适合哪些研究问题，不同学者的解释相差不大。马克斯威尔认为质性研究适合理解事件、行动、经历、情境对参与者的意义；理解参与者所处的情境对他们行动的影响；理解事件和行动发生的过程；等等。① 本书中关于素养结构、素养形成的过程等这些非显性的内容显然不适合用问卷调查、量表测量，也难以通过大数据分析推测结论，采用质性研究的方法更适合本书。质性研究最大的特点就是以研究者本人作为研究工具，主张在没有严格控制变量及假设的前提下深入真实的情境中，与研究对象产生互动，利用研究者自身的敏感性、开放性等特质拨开迷雾，探寻研究问题的答案。

扎根理论。本书的研究目的在于挖掘高职院校教师信息化教学创新所需的素养结构、素养养成的过程以及具备这些素养的高职院校教师在教学中的表现，也就是说，我们想要挖掘出高职院校教师信息化教学创新素养养成的实践性知识，希望建构高职院校教师专业发展中关于信息化教学创新的实质理论。而质性研究有诸多的研究路径，包括民族志、话语分析、叙事研究、生活史等，但最适合本书建构理论目的的研究路径是扎根理论。扎根理论的主要宗旨是建构理论，但其不是要提出过度抽象的宏大理论，也不是类似于民族志一样仅做现象描述和解释，而是在不断分析、比较资料的过程中生成理论。扎根理论不仅可以产生理论，而且可以说明理论生成的过程与方法，是质性研究中较为科学的路径，该方法详细的介绍可见本书第三章。

文献研究法。虽然最初的质性研究者并不赞同带着预设去研究现场，而是要求以完全开放的心态去接纳研究中的每一种可能，但现在学者们认为带着目的、概念框架等进入研究更有利于研究的顺利开展。而文献研究不仅可以给我们提供初步的概念框架，方便我们有准备地应对现场的各种情况，而且可以提高研究者的敏感度，帮助研究者进行质性资料的分析与提炼。

访谈法。访谈法是可以比较直接地获得被访者视角信息的方法，可以通过面对面、电话、网络视频等方式进行访谈。本书采用半结构访谈，既有一定的引导性，也不过于限制被访谈者的谈话内容。因为调研中存在教

---

① 〔美〕约瑟夫·A. 马克斯威尔：《质的研究设计：一种互动的取向》，朱光明译，重庆大学出版社，2007，第17~18页。

师团队合作实施信息化教学创新的情况，所以本书采用两种访谈类型，即个人深度访谈与焦点小组访谈。访谈问题可见附录中的访谈提纲。

观察法。研究者可以观察高职院校教师课堂教学现场、高职院校教师培训现场以及比赛现场，并借助摄像机录像和拍照来辅助观察，同时及时做好观察笔记。

第二章　文献综述

在早期的西方质性研究者看来，研究者进入研究现场之前并不需要进行文献的阅读，然而忽略现有文献、不带任何思想背景进入研究现场进行下一步的工作是非常困难的。如今，在收集资料前进行一定的文献回顾，将文献中的理论假设与现实情况进行对比从而进一步深化理论对于现代质性研究者而言是可行的。需要说明的是，扎根理论初期对现有文献的回顾，其目的并不在于指出现有文献中的漏洞和不足，而在于回顾研究兴趣在现有研究中的理论知识和实证视角。质性研究者需要注意的是避免文献回顾对自己的理论建构产生污染，避免概念框架对自己的数据收集和概念生成产生暗示与引导。① 本书涉及多个概念，本章首先对核心概念进行界定，再根据研究主题收集相关文献资料，对当前学界所讨论的相关研究内容和研究者所使用的相关研究方法进行文献回顾，并进一步梳理了本书的理论基础，从而为后续研究奠定了基础。

第一节　核心概念界定

一　素养

"素养"热是从经济合作与发展组织（OECD）开始的，1997 年 OECD

---

① 费小冬：《扎根理论研究方法论：要素、研究程序和评判标准》，《公共行政评论》2008年第 3 期。

开展了为期九年的"素养的界定与遴选：理论和概念基础"项目。OECD认为素养不仅仅是知识和技能，它还涉及在特定环境下利用和调动心理社会资源（包括技能和态度）来满足复杂需求的能力。其中的核心素养是每个个体都需要具备的，既能为个人和社会创造出有价值的成果，又能帮助个体应对各种情况下的各种需求。[①] OECD对"素养"的概念界定超越了基础知识和基本技能，不仅包含方法层面的内容，也涵盖态度与价值观层面的内容，并且概念中还提到了反思这种思维方法与能力。[②] 此后，学界也针对"素养"给出了各种解释，特别是在核心素养的研究热潮之中，我们可以透过"核心素养"的相关解释窥知"素养"的内涵。李艺等从学科知识、问题解决、学科思维等三个方面解释基础教育界的核心素养。[③] 喻平从知识理解、知识迁移和知识创新等三个方面解释学生学科核心素养，这不仅说明了知识的重要性，也暗含了学生需要借助跨学科思维、创新思维等进行知识迁移与知识创新的深刻含义。[④] 因此，从涉及范围来讲，素养囊括了知识、能力、思维、价值观等多方面的内容。

"素养"需要区别于"素质"。在中文里，"素"可以表示情况的存在具有一贯性，相当于"向来""一向""素来"。[⑤] "养"有"供给""培养""照料""扶持""蓄积"等含义，是一种对生命的持久关怀。"质"有内在本质之义，指事物的根本特性。结合对"素""养"二字的种种理解，可知"素养"体现了人的一种需要经过努力练习、锤炼而后天发展起来的某些品质，[⑥] 这些品质一旦形成就具有持久性，可以表现在人的多个方面。"素质"一词在心理学中应用较多，又称"禀赋""遗传素质"，它

---

① *The Definition and Selection of Key Competencies: Executive Summary*, OECD, http://www.oecd.org/pisa/35070367. pdf, 2019 - 12 - 20.

② 李艺、钟柏昌：《谈"核心素养"》，《教育研究》2015 年第 9 期，第 17～23、63 页。

③ 李艺、钟柏昌：《谈"核心素养"》，《教育研究》2015 年第 9 期，第 17～23、63 页。

④ 喻平：《发展学生学科核心素养的教学目标与策略》，《课程·教材·教法》2017 年第 1 期，第 48～53、68 页。唐丽、张一春：《学生核心素养的发展：知识与思维关系的视角》，《现代教育技术》2020 年第 6 期，第 33～38 页。

⑤ 王洪主编《古代散文百科大辞典》，学苑出版社，1991，第 160 页。

⑥ 方健华：《中职学生职业核心素养评价及其标准体系建构研究》，博士学位论文，南京师范大学，2014，第 25 页。

强调的是事物的本来面貌、完成某类活动所需具备的基本条件。① 结合对"素""质"二字的理解，"素质"其实指的是原初的、本来的特性，侧重于人发展的基础条件，强调人身心组织结构的客观性。

"素养"需要区别于"胜任力"。"素养"与"胜任力"对应的英文都是"competency"，由此可见两者概念的相似性。"胜任力"最早是指泰勒用来分析工人工作时身体机械运动所能达到的最高效率。② 可见，一开始胜任力的研究是从企业领域开始的，体现出了一种追求更高经济利益的需求，后来逐渐辐射到其他领域。"胜任力"其实是管理学中的概念，指一系列影响岗位工作绩效的个人特征要素组合，包括人格、动机、知识和技能水平等，③ 这些要素特质可以将某一工作中的优秀者与普通者区分开来。从内涵的具体描述中可以看出，"素养"与"胜任力"的内涵确实相似，但"素养"体现的是人文关怀，具有一定的持久性，其有着长远的追求目标，有些素养一旦形成可以贯穿终生；"胜任力"体现的是经济绩效追求，带有可测量、可评估的意味，通过客观数据的测量可以区别出绩效的高下，随着外界环境的变化，胜任力会随之改变。

综合以上理解，本书认为"素养"是个人经过后天努力学习和外界帮助而形成的持久保持在自身内部的具有一定水平的修养、学识、能力、思维、思想等，可以满足个人应对各种复杂问题的需求。

二 创新

中国很早就出现了创新的思想。古代中国人早已形成了创新的意识、创造的方法与思维，并且在制度、文学艺术、建筑、科技、经济等领域都已经产出了创新的成果。

在国外，创新理论最早可以追溯至20世纪初的首席经济学家约瑟夫·熊彼特。熊彼特将创新的内容概括为五个方面：（1）生产新的产品；（2）引入新的生产方法、新的工艺流程；（3）开辟新的市场；（4）开拓

---

① 郝迟、盛广智、李勉东主编《汉语倒排词典》，黑龙江人民出版社，1987，第42页。
② 徐建平：《教师胜任力模型与测评研究》，博士学位论文，北京师范大学，2004，第5页。
③ 陆雄文主编《管理学大辞典》，上海辞书出版社，2013，第247页。

原材料的新供应源；（5）采用新的组织、管理方式。[①] 德鲁克将熊彼特的创新理论引入管理领域，认为创新就是赋予资源以新的创造财富的能力的行为。[②] 后来，创新不再局限于经济领域与管理领域，对创新的理解也不局限于技术创新、制度创新等，我们可以看到产业创新、文化创新、知识创新、教育创新等多种创新的表现形式。

创新不仅是天才具备的素养，从新思想、新理论、新产品的发掘和落地到与日常生活工作设计、改进相关的小创意点，这些都属于创新的范围。

创新可以分为两类，克里斯滕森认为创新包括持续性创新和颠覆性创新。持续性创新侧重在现有方向上逐渐改进，颠覆性创新侧重打破现有根本，开辟新的发展方向。

"创新"可以从人的品质、过程、产品等几个角度来阐释。"创新"作为一种品质，意味着进行创新的人需要具备非凡的意志力、求知欲、独立性、灵活性、观察力、坚韧性等人格特质，[③] 基于对创新是一种素养的理解，有的学者将创新定义为：创新是人的创造意识的一种体现，它是人类所特有的能力，是人智力的核心和精华，其本质是创造出"新"的事物。[④] "创新"可以被描述为一个产生、创造、开发、应用、完善、实现和修改新想法以提高绩效的过程。[⑤] 与创造相比，创新存在两种情况，一是新想法由组织内部的人员产生，二是组织采用了外部人员创生的新想法、新措施，在第二种情况下，创造（产生新想法）并不是创新的先决条件，[⑥] 这也与熊彼特的观点一致。基于对创新是一种过程的理解，詹森将创新行为

---

① 金炳华主编《马克思主义哲学大辞典》，上海辞书出版社，2003，第 413~414 页。

② 金炳华主编《马克思主义哲学大辞典》，上海辞书出版社，2003，第 413~414 页。

③ 岳晓东、龚放：《创新思维的形成与创新人才的培养》，《教育研究》1999 年第 10 期，第 9~16 页。

④ 张英杰、薛炜华、杨波：《论大学生创新能力的培养》，《中国青年研究》2009 年第 7 期，第 101~103 页。

⑤ M. Thurlings, A. T. Evers, M. Vermeulen, "Toward a Model of Explaining Teachers' Innovative Behavior: A Literature Review," *Review of Educational Research*, 2014: 1–42.

⑥ N. Anderson, K. Potocnik, J. Zhou, "Innovation and Creativity in Organizations: A State-of-the-science Review, Prospective Commentary, and Guiding Framework," *Journal of Management*, 2014, 40 (5): 1297–1333.

描述为一个三阶段的过程：有意识的想法生成、想法促进，以及想法实现。[①] 梅斯曼和穆德制作了关于真实工作情景中创新行为的调查问卷，并将创新行为定义为机会探索、创意生成、创意推广、创意实现和反思。[②] "创新"作为产品，在不同领域有不同的表现形式，例如在教育领域引入互联网、在线视频等新技术，就形成了翻转课堂、移动学习等新的教学组织方式。基于对创新是一种产品的理解，创新就是新思想、新实践或新事物，或者是对新产品、新过程、新服务的接受和广泛使用，但是这种创新的产品需要能够有效解决问题，无论什么样的创新，都必须以解决问题为中心，如果不解决问题，再好的创新也没有价值和意义。[③]

本书中的创新是指主体根据一定的目标，充分发挥自身的品质优势，采用一定的方法与技巧，经过一些阶段的努力，去改进、超越乃至颠覆原有的思想、技术、产品等，从而解决问题，实现新的价值。

三　教学创新

我国首次在国家决策层面将"创新"和教育联系在一起是 1997 年底中国科学院向中央提交的《迎接知识经济，建设国家创新体系》的报告。由此产生了"教育创新""教学创新""创新教学"等容易让研究者产生混淆的多个概念。从关系上来看，教学是教育活动的本源与核心，教学创新、创新教学是教育创新的下属概念。

关于本书中的"教学创新"，目前比较典型的理解有目的观、过程观和产品观。在目的观看来，教学创新就是为了提高教学质量，或者是为了培养学生的创造性思维。例如，欧盟的《创造性学习与创新教学》报告中指出，教学创新就是引导学生进行创造性学习，实施有利于学习者及其创

---

① O. Janssen, "Innovative Behaviour and Job Involvement at the Price of Conflict and Less Satisfactory Relations with Co-workers," *Journal of Occupational and Organizational Psychology*, 2003, 76 (3): 347–364.

② G. Messmann, R. H. Mulder, "Development of a Measurement Instrument for Innovative Work Behaviour as a Dynamic and Context-bound Construct," *Human Resource Development International*, 2012, 15 (1): 43–59.

③ 《解决问题才是真正的创新》，中国共产党新闻网，http://dangjian. people. com. cn/n1/2018/0518/c117092–29999487. html，最后访问日期：2019 年 12 月 27 日。

造性潜能的新方法、新工具和新内容,[①] 在这种情况下，研究者将"教学创新"等同于"创新教学"，认为教师的教学创新对学生创造力培养具有重要作用。在过程观看来，教师将新的思想渗透进教学的各个环节中，在教学中使用新的工具与方法，对各个学生的观点持开放性态度，为学生创造探索的空间，与学生有良好的互动，将教学内容与学生日常生活相联系等极为重要,[②] 通常包括教学理念创新、教学目标创新、教学内容创新、教学方法创新、教学评价创新。在产品观看来，教学创新是指教师通过新颖的教学过程达成了预定的教学目标，使学生成绩得到提高、具备创造性的表现等。[③]

教学的内涵丰富多样，有在"教"的意义上的理解，有在"学"的意义上的指称，有在教师的"教"和学生的"学"两个方面相互作用的含义，也有在"教学生学"意义上师生平等交流、对话的交往活动的解读，当前教育界普遍认可的教学内涵是在师生平等交往活动层面上的理解。本书并不涉及学校层面的教学理解，而是从微观视角指向教师主体教的活动，关于学生主体的学习活动不予过多讨论，而且教师的教学活动是指围绕课堂教授所进行的相关活动，包括教师课前、课中以及课后所做的相关活动。本书把教学界定为在课堂环境中，教师与学生、教学内容的互动，这种互动是指教师和学生在环境中就教学内容所做的相关工作，而不是指话语形式的互动。

综合以上的理解，本书中的教学创新是指师生在互动的过程中，教师为了提高教学质量，充分发挥自身的教师素养，在遵循学生学习规律的基础上对课堂教学的多个环节实施变革，从而解决教学中存在的问题，达成教学目标，实现自身的专业发展。

[①] R. Cachia, A. Ferrari, K. Ala-Mutka, et al. , *Creative Learning and Innovative Teaching Final Report on the Study on Creativity and Innovation in Education in the EU Member States*, Spain: European Union, 2010: 19.

[②] X. H. Huang, C. K. Lee, "Disclosing Hong Kong Teacher Beliefs Regarding Creative Teaching: Five Different Perspectives," *Thinking Skills and Creativity*, 2015, 15: 37 - 47.

[③] R. Cachia, A. Ferrari, K. Ala-Mutka, et al. , *Creative Learning and Innovative Teaching Final Report on the Study on Creativity and Innovation in Education in the EU Member States*, Spain: European Union, 2010: 19.

四 信息化教学创新

对信息化教学创新的理解需要在把握信息化教学的基础上进行。关于信息化教学，学者们的认识在传统教学的基础上突出了现代信息技术的作用。例如，南国农认为信息化教学是教师和学生借助现代教育媒体、教育信息资源和方法开展的双边活动。[①] 张一春认为信息化教学是以现代教学理念为指导，以信息技术为支持，应用现代教学方法的教学，要求观念、组织、内容、模式、技术、评价、环境等一系列因素信息化。[②] 但从本质上而言，信息化教学与传统教学并无区别。本书借助项贤明教授对教育理解的框架，发现教学其实是教师主体和学生主体借助教育客体产生的交往关系，其中教育客体包括工具性教育客体和对象性教育客体。而信息化教学本质上并没有突破这个框架，虽然信息化教学体现了现代信息技术的使用，但是现代信息技术同过去的粉笔、黑板一样依旧属于工具性教育客体。虽然信息化教学本质上与过去并无区别，但是现代信息技术的出现改变了教育中各要素的内涵，例如教师需要面对信息技术带来的多重挑战，需要具备信息素养、新的教学设计能力等；学生更倾向于自主学习、合作学习、探究学习的学习方式，同时也需要具备信息素养；工具性教育客体的功能越来越强大，可以突破时间与空间的限制辅助师生互动交流；对象性教育客体的传播渠道从教师和书本拓展到了网络，呈现方式从文字延伸到了网络课程，传播方式从实时面对面丰富到了非实时异地。所以，最初在教学中现代信息技术的应用就是一种创新。后来，学者们认为仅仅应用信息技术的理解是肤浅的，教师需要应用信息技术改进教学方法，提高教学效率和质量，充分发挥信息技术的优势。现在，我们认识到需要将信息技术与教育融合成一体来理解，既不忽视信息技术在教育中的应用，又需要关注教师应用信息技术的知识、技能、态度等。

我们可以说信息化教学创新是一个相对概念。首先，在时间维度上，

---

① 南国农主编《信息化教育概论》，高等教育出版社，2004，第12页。
② 张一春：《教师教育技术能力建构——信息化环境下的教师专业发展》，南京师范大学出版社，2007，第23页。

关于信息化教学创新的理解存在相对性。例如，最初在教学中引入互联网技术，这其实是一种信息化教学创新，而随着互联网技术的普及以及教师与学生信息素养的提升，互联网已经成为普通教师教学必备的工具，教师甚至意识不到互联网的特殊存在，互联网就这样融入在了教学环境中，这时互联网技术的应用不再被教师认为是信息化教学创新。随着互联网的发展，出现了例如大数据、教育大数据的概念，这时教育大数据的产生就是一种信息化教学创新。因此，信息化教学创新的概念是相对的，此时的创新在后来可能会习以为常，信息化教学一直在不断寻求创新的路上，信息化教学创新是一个未完成的状态。其次，在空间维度上，关于信息化教学创新的理解也存在相对性。我们对于信息化教学创新的理解具有一定的主观性，不同的文化背景、不同的地域空间、不同的教师对信息化教学创新的理解是有差异的。例如，有教育技术背景的信息技术教师所认为的很普通的信息化教学在其他学科教师看来可能就是一种信息化教学创新，教育信息化发展较好地区的教师所认为的很普通的信息化教学在教育信息化基础薄弱地区的教师看来也可能是一种信息化教学创新。

对于信息化教学创新的理解可以从两个角度展开，即技术导向的信息化教学创新和教育导向的信息化教学创新，当然信息化教学创新中两种导向都是同时存在的，区别在于侧重点和所占优势不同。技术导向的信息化教学创新是由信息技术革命引发的教育教学改革，信息技术的影响力很大，教育教学需要顺应信息技术的发展，而且这种创新通常以颠覆性创新的形式体现，例如互联网技术导向的教育教学创新使得人们的思维方式和学习方式发生了巨大的改变，网络延伸了知识获取的途径，慕课拓宽了参与学习的学生群体。教育导向的信息化教学创新是信息技术去适应教育教学的需要，针对教师和学生的需要，将现有的技术功能予以改变，使其更加适应教育的需要，体现出教育的本意，[①] 这种创新通常以持续性创新的形式体现，例如电子课本相对于传统课本。

综合前文对创新、教学创新以及信息化教学的理解，我们可以从目的

① 曾茂林：《"教育＆技术"耦合创新教育技术的过程本质》，《电化教育研究》2016 年第 9 期，第 28 ~ 32、40 页。

观、过程观、产品观、品质观的角度阐释信息化教学创新。目的观下的信息化教学创新是指教师为了提高教学质量，遵从教育教学的规律，通过信息技术与教育的相互融合、相互作用，开展教与学变革的实践。过程观下的信息化教学创新是指教师针对教学问题，产生教学创意或者引入别人的教学创意，并且在教学中加以实施，从而对教学中的多个环节实施变革的过程。产品观下的信息化教学创新是指教师在教学过程中创造出的经教学验证有效的信息化教学环境、信息化教学资源、信息化教学设计等成果。品质观突出的是创新型教师观，品质观下的信息化教学创新是指教师实现信息化教学创新所需的品质支持，例如，个性层面上的魅力、毅力等，思维层面上的发散思维、收敛思维等，知识层面上的教育教学知识、教育技术知识等。

基于上文的理论探讨，本书对高职院校教师信息化教学创新的理解是：高职院校教师为提高教学质量，充分发挥自身的教师素养，在信息化教学理念的指导下，以信息技术推动教学中多种要素的再造与变革，从而促进教学问题的解决，达成教学目标，实现自身专业发展。

五　信息化教学创新素养

本书中的信息化教学创新素养是指高职院校教师在信息化教学创新中所需具备的且达到一定水平的修养、学识、能力、思维、思想等，可以帮助高职院校教师解决信息化教学创新中的各种复杂问题。

六　养成

养成着眼于人的素养。在中文语境中，"养"正如前文所述有"培养""蓄积""照料"等含义。"成"既可以做动词表示"成为""变成"，也可以做名词表示"成果""成就"。《现代汉语大词典》直接将"养成"解释为：培养而使之形成或成长。① 根据词典中的举例释义，"养成"不仅可以指外界的培养作用，也可以指个体自发的蓄积作用。在英文语境中，常用

---

① 阮智富、郭忠新主编《现代汉语大词典》，上海辞书出版社，2009，第423页。

"cultivation" 意指养成，其既可以指品质或技巧的培养，也可以指一种高度发展的较完美状态。

综合来看，养成主要包括三重含义。

第一，养成立足于两者间的互动关系，由一方经过较长时间的培养逐渐使另一方成长，这一角度侧重外界因素对人发展的影响，有由外界推动内部发展的含义。

第二，养成立足于个体自身，是个体出于对某种品质的认同，自觉发展自身的成长过程，这一角度侧重个体的自发与自为，有自主追求发展的含义。

第三，养成体现一种状态，代表个体达到一种高度发展的、较完美的阶段，是个体经过一系列努力取得的成果。

因此，本书中的"养成"既涉及一些外界因素对高职院校教师信息化教学创新素养的影响，也包含高职院校教师自身对于形成信息化教学创新素养的追求，同时也指明了高职院校教师取得的信息化教学创新成果。

本书中的"养成"是指高职院校教师立足于信息化教学创新素养，在自身自发追求与外界促进的共同作用下，经过持久的努力而达到的一种高度发展的较完美的状态。

七　高职院校教师

高等职业教育从层次上来说属于高等教育，区别于中等职业教育，从类型上来说属于职业教育，区别于普通教育。因此，高职院校教师本身就带有跨界的属性，既需要同普通高校教师那样培养人才、服务社会，又需要发挥职业教育教师的实践性和社会性特点。本书中的高职院校教师是指职业技术学院、高等专科学校、职业大学中的任课教师，并不包括高职院校中行政类、管理类的其他教师，这些任课教师可以是直接从高等院校毕业的学生，也可以是从行业企业中引进的技术能手、技术专家等技能型人才，还可以是从其他类型学校引进的专业教师。

第二节　教学创新素养研究

在职业教育领域，1972 年德国联邦劳动力市场与职业研究所所长梅腾斯向欧盟提交了一份题为《职业适应性研究概览》的相关报告，提出要向学生传授一种不同职业领域共通的、相对不易被淘汰的知识和技能，① 规定了德国职业教育的人才培养方向。梅腾斯在《核心素养——现代社会的教育革命》中指出，核心素养的概念是基于这样的设想，即存在一类能力，它们对人的职业生涯、个性发展和社会存在等各个方面起关键性的作用。② 英国的《选择的基础》正式提出职业教育人才核心素养培养的体系，美国劳工部的《工作必备技能界定和描述》提出了美国劳动者应具备的六大核心素养。③ 中国也提出职业教育培养高素质的技术技能型人才、培养大国工匠的目标。由此可以看出，高职教育需要满足高职学生素养发展的要求。

那么，如何培养高职学生形成相应的素养？《欧洲核心素养：通过学校课程和教师教育为终身学习打开大门》中指出，在素养取向的课程改革实践中，推行颇为成功的学校的一个有益经验是它们无一不注重发展"教师核心素养"④。林崇德教授在《中国学生发展核心素养研究报告》的最后提出："作为教师，首先要思考的是，我本人是否也具有了这样一些核心素养呢？"教育改革的内外一致性决定了发展学生"核心素养"的改革必然引起教师素养提升的价值联动。⑤ 教育领域的研究者们越来越认同学生核心素养所追求的教育目标最终需要从教师的角度落实，需要教师利用教

① 楼飞燕、王曼、杜学文：《德国职业教育核心素养的探究及启示》，《黑龙江高教研究》2018 年第 1 期，第 55～58 页。

② D. Mertens, "Schlusselqualifikationen Thesen Zur Schulung Fur Eine Moderne Gesellschaft," *Mitteilungen aus der Arbeitsmarkt und Berufsforschung*, 1974, 7 (1): 36－43.

③ 王飞：《核心素养的历史变迁与启示》，《教育探索》2018 年第 5 期，第 1～5 页。

④ 王美君、顾鋈斋：《论国际视野中的教师核心素养》，《天津师范大学学报》（社会科学版）2018 年第 1 期，第 44～50 页。

⑤ 曾文茜、罗生全：《国外中小学教师核心素养的价值分析》，《外国中小学教育》2017 年第 7 期，第 9～16 页。

育教学实践将学生发展核心素养的理论框架转化为学生的学习成果。可见，学生素养的发展依托于教师所具备的素养，在当前高职教育改革的进程中我们需要关注高职院校教师的素养。

高职院校教师需要发展的素养囊括多个范畴，在如今高职教育大力改革的背景下，我们需要关注教师哪些方面的素养呢？我们知道教学实践是连接教师和学生的桥梁，是教育活动的基本构成部分，高职院校教师的教学实践可以将学生素养发展的培养目标转化为学生学习成果。我们国家举办了全国职业院校信息化教学大赛以及全国职业院校技能大赛教学能力比赛，通过以赛促改的方式提升教师信息化教学能力。因此，在如今信息技术快速发展的时代，关注高职院校教师信息化教学层面的素养对于落实学生素养发展具有重要意义。虽然教师很少有时间和精力去探索和研究那些已经形成的隐隐约约的观念，但实际上大多数教师确实在进行教学创新。国外学者 M. Benedek 等提出要在教师教育入学考试中测试教师的创造力评价能力，认为教师创新能力是教师专业发展的主要内容。[1] J. Cumming 和 C. Owen 等通过分析澳大利亚中学社区的八名教育工作者的工作，认为创新教育者表现出各种各样的优势，反映出教师专业水平的提高。[2] 当前我们国家出台了一些关于职业院校发展"双师型"教师、"创新型"教师的政策文件，如《全国职业院校教师教学创新团队建设方案》对教师创新素养提出了明确要求。也有研究者在研究高职院校教师信息化教学时发现了"创新"的重要性，如黄文有在现状调查与文献研究的基础上得出高职院校教师信息化教学能力标准包括意识与态度、基础与技能、教学实践、职业实践和研究与创新 5 个一级指标、17 个二级指标[3]；王宇熙、张一春将高职院校教师信息化教学能力划分为意识与理念、知识与技能、开发与管

---

① 卫倩平：《国外教师创新能力研究热点：基于 VOSviewer 的知识图谱分析》，《当代教育与文化》2018 年第 5 期，第 61 ~ 68 页。

② J. Cumming, C. Owen, "Reforming Schools through Innovative Teaching," *Case Studies*, 2001: 1 – 8.

③ 黄文有：《江苏省高职院校教师信息化教学能力标准研究》，硕士学位论文，江南大学，2017，第 79 ~ 82 页。

理、评价与创新四个指标①；《江苏省高职院校教师信息化教学能力指南》中将高职院校教师信息化教学分为信息化教学的意识与素养、工具与应用、设计与实施、评价与管理、科研与创新。由此可见，创新在高职院校教师信息化教学中具有重要地位。

综合以上阐述，为了发展高职学生的核心素养，高职院校教师需要具备一定的素养，而信息化教学实践可以将培养目标转化为高职学生学习的成果，现有研究发现创新在高职院校教师信息化教学实践中具有重要地位，因此，本书的关注视角为高职院校教师信息化教学创新素养。

目前关于教师教学创新素养的研究主要涉及教师教学创新的个人素养、教师教学创新的实践、教师教学创新的成果以及教师教学创新的环境。

一 教师教学创新的个人素养

D. 韦克斯勒（D. Wechsler）收集了众多诺贝尔奖得主青少年时代的智商资料，结果发现，智商因素并不是能否创新的关键因素，人格或个性才是区分他们的主要因素。② 因此，教师作为普罗大众的一员，也可以进行教学创新。

吴刚认为教师拥有的教学专业知识是教学创新的前提，通过教学专业知识的体认和内在转换，教师形成教学创新的心智条件，通过其具体的课堂实践，教师的专业素养外化为学习环境的营造技能和学习活动的调动技巧。③ 也就是说，教师教学创新依赖于特定的领域知识、学科知识、教学法知识、教育学与心理学知识等，需要默会知识的支持，需要有实践知识的积淀。不同于吴刚仅仅对创新中教师专业知识的关注，蔡永红等通过文献分析、理论分析和行为事件访谈，提出了教师教学创新能力由学习能力、教育能力、社会能力、现代教育技术能力四种要素构成，并在抽样调

---

① 王宇熙、张一春：《高职院校教师信息化教学能力标准构建研究》，《数字教育》2018 年第 3 期，第 25~30 页。
② 廖志豪：《基于素质模型的高校创新型科技人才培养研究》，博士学位论文，华东师范大学，2012，第 10 页。
③ 吴刚：《论教学创新的知识基础》，《教育研究》2004 年第 1 期，第 72~78 页。

查的基础上，证实了该结构的合理性。蔡永红等关注的教师教学创新素养要素较为全面，不仅包括教育能力，还包括社会交往、信息素养等方面。① 安桂清则体现出了教学创新中对学生的理解与尊重，提出教师教学创新需要完全的开放态度，互相尊重彼此的差异，允许双方带着各自的视野共同创造性地参与当下的教学实践。② 姜树卿、刘仁坤认为教学创新要求教师充满工作激情，有改革现实的愿望、有强烈的科研意识、有一定的理论修养、有克服困难的勇气、有解决问题的能力。③ 范艳红认为培养创新型英语人才需要英语教师进行创新型的教学，英语教师需要有知识层面博与专的统一，技能层面技与能的统一，态度层面开放、民主与信念的统一。④

综上所述，教师教学创新所需素养不仅涉及与职业相关的教学专业知识，涉及教师作为社会个体所需的能力，还涉及教师个人本身具备的特质，例如道德、工作激情、勇气等。教师教学创新需要教师统整自身由内而外的多项特质。

二 教师教学创新的实践

教师教学创新的实践涉及教师个人创新的内在过程以及教学创新的策略。

（一）个人创新的内在过程

关于创新过程有在组织层面的考虑，也有在个体层面的考虑，本书中的高职院校教师信息化教学创新主要关注教师个体，属于个体创新行为的范畴。对于个体创新，Kanter、Carmeli 等多位学者认可创新是一个多阶段的过程。最初，学者们对个体创新需要经历哪些阶段有诸多探讨，如 Scott 和 Bruce 认为个人创新包括开始识别问题和产生新想法或者新的解决方案，

---

① 蔡永红、王迪、雷军：《教师教学创新能力结构与创新表现的关系研究》，《教育研究与实验》2012 年第 2 期，第 40~44 页。

② 安桂清：《知识理解与教学创新——诠释学的视角》，《全球教育展望》2006 年第 8 期，第 19~23 页。

③ 姜树卿、刘仁坤：《关于远程教学创新的若干问题探析》，《现代远距离教育》2010 年第 1 期，第 8~12 页。

④ 范艳红：《英语教师教学创新的素质要求及其实现》，《教学与管理》2010 年第 12 期，第 90~91 页。

寻求新想法的支持以及尝试建立支持的联盟，个人通过产生可以被体验、扩散、大量生产以及制度化的创新模型实现新想法[1]；Carmeli 等认为在创新过程中，一个人认识到一个问题，为此他产生或采纳了新的想法和解决方案，致力于建立和促进对这些想法和解决方案的支持，并产生一个适用的原型或模型，以供组织或其内部各部分使用和受益[2]；Messmann 和 Mulder 制作了一份关于创新工作行为的调查问卷，并将创新行为定义为机会探索、创意生成、创意推广、创意实现和反思[3]。以上这些探讨虽然看似不同，但是内涵相差不大，都认为创新过程起始于对某个问题的识别，经历了想法产生、想法推广等阶段。

随着研究的深入，研究者对个体创新过程的理解有了比较普遍的共识。Von Stamm 认为创新包括创造过程加上以产品、过程和服务为表现形式的新想法的成功实施，并把创新过程提炼为创造和实施阶段。[4] 黄致凯把 Kleysen 等的量表运用在对台湾地区的测量和研究中，研究结果却反映，个体创新行为构念下面仅仅包含两个维度：构想的产生和构想的执行。[5]卢小君、张国梁的实证研究表明，把创新行为分为创意产生和创意执行两阶段具有较好的效度。[6] 当然根据对创新的理解，并非所有的创新过程都需要自身创造，一个组织可以通过使用其他地方的并非新颖的想法来创新。[7] 因此，创新的过程还可以理解为从其他领域引入想法并且应用实施

① S. G. Scott, R. A. Bruce, "Determinants of Innovative Behavior: A Path Model of Individual Innovation in the Workplace," *The Academy of Management Journal*, 1994, 37 (3): 580–607.

② A. Carmeli, R. Meitar, J. Weisberg, "Self-leadership Skills and Innovative Behavior at Work," *International Journal of Manpower*, 2006, 27 (1): 75–90.

③ 转引自 M. Thurlings, A. T. Evers, M. Vermeulen, "Toward a Model of Explaining Teachers' Innovative Behavior: A Literature Review," *Review of Educational Research*, 2014: 1–42。

④ 转引自 A. Gabriel, D. Monticolo, M. Camargo, et al., "Creativity Support Systems: A Systematic Mapping Study," *Thinking Skills and Creativity*, 2016, 21: 109–122。

⑤ 转引自潘杨《高校教师职业认同、组织认同与创新行为研究》，博士学位论文，西南财经大学，2014，第 54 页。

⑥ 卢小君、张国梁：《工作动机对个人创新行为的影响研究》，《软科学》2007 年第 6 期，第 124~127 页。

⑦ D. J. Hughes, A. Lee, A. W. Tian, et al., "Leadership, Creativity, and Innovation: A Critical Review and Practical Recommendations," *The Leadership Quarterly*, 2018, 29 (5): 549–569.

在本领域中。

现有对创新过程的研究已经非常丰富，大体上遵循启动和执行两个阶段，在两个大阶段下，可能涵盖着不同的子阶段，例如引入新想法、准备阶段等。创新过程就是创新主体与客体互动，在遵循客体发展规律的基础上将新思想付诸行动、将假设变成现实的实践过程。这启发我们可以从两个大阶段去探讨高职院校教师信息化教学创新的内在过程。

（二）教学创新的策略

有学者在描述创新的过程维度时提出了教师与学生良好沟通、将教学内容与学生日常生活相联系等策略，因此教师教学创新这个实践过程需要一定的策略支持。钟启泉站在社会建构主义的角度，提出教学创新的切入点，认为好的教学是从充分地理解学生开始的。[①] 谢阳斌、桑新民从科研与教学的关系出发，提倡超越科研与教学二元对立的思维方式，以高端学术眼界引领教学创新。[②] 安桂清从诠释学角度解释了知识、师生关系、教学的发展与创新。[③] 姚计海认为在基础教育改革的背景下，学校领导要赋予教师教学自主权，提升教师教学的自主性，教学自主性是教学创新的内在保障，教学自主权是教学创新的外在条件，自主权和自主性协同激发教学创新。[④] 由此可见，教师教学创新策略的总结可以从当前主流的教育教学思想、教育理论推演出来。但是，也存在另一条总结路径，即通过严格的实证研究得出的教师教学创新的实践策略。例如，Horng 等通过深度访谈、课堂观察等方法调查了三位因教学创新而获奖的教师在教学中使用的策略，总结出开展以学生为中心的活动、教学内容与实际生活相联系、运用课堂管理技能、开放提问、鼓励创新思维、使用多媒体技术等教学创新

---

① 钟启泉：《知识建构与教学创新——社会建构主义知识论及其启示》，《全球教育展望》2006 年第 8 期，第 12~18 期。

② 谢阳斌、桑新民：《如何在"双一流"建设中促进科研与教学协同发展——国际教学学术运动的深层反思与战略谋划》，《教育发展研究》2018 年第 7 期，第 8~15 页。

③ 安桂清：《知识理解与教学创新——诠释学的视角》，《全球教育展望》2006 年第 8 期，第 19~23 页。

④ 姚计海：《论教师教学自主与创新》，《中国教育学刊》2012 年第 8 期，第 39~42 页。

策略。① Jaskyte 等学者对 48 名教师进行了采访,这些教师列出了教师教学创新的策略,包括帮助学生学会如何自己建构知识;对新思想持开放的态度;寻找新方法展示课堂材料;将信息与实际情况、国内外当前问题与事件相联系等策略。②

这些研究对本书的启示是,对教学创新过程的研究,一是可以关注创新的具体过程,目前普遍体现为启动阶段和执行阶段;二是可以关注教师教学创新过程中的实践策略,目前有从哲学、教育学理论中推演出的策略,也有通过实证研究发现的策略。通过实证研究总结教学创新策略的方法值得本书参考,上述访谈、课堂观察等方法都可以用来发掘高职院校教师信息化教学创新的策略。

三 教师教学创新的成果

创新成果是指创新主体创造出有价值的新事物、新概念、新服务等,或者对现有客体进行改造、重组形成新的成果,既包括"无中生有",也包括"有中生新"。③ 教师教学创新的成果可以是教师达成了预定的教学目标,学生具备了创造性的表现、能够自我探究等。例如,Lee 等通过分析回收的 109 份有效的小学生问卷发现开放式创新教学法对学生的学习态度和知识获取有着积极的影响,有趣和互动的方法可以激发学生更强烈的学习新技能、获取知识的动机以及提高学习满意度。④ 卫倩平综合了 Oral 等多位研究者的观点,认为有创新能力的教师更能尊重学生的创造性思维,更易发现及提升学生的创造力,最终促成学生创新能力的发展。⑤ 由此可

① J. S. Horng, J. C. Hong, L. J. Chanlin, et al. , "Creative Teachers and Creative Teaching Strategies," *International Journal of Consumer Studies*, 2005, 29 (4): 352 – 358.

② K. Jaskyte, H. Taylor, R. Smariga, "Student and Faculty Perceptions of Innovative Teaching," *Creativity Research Journal*, 2009, 21 (1): 111 – 116.

③ 吴淑芳:《大学教育与人的创新素养发展》,博士学位论文,华东师范大学,2013,第 63 页。

④ P. C. Lee, C. T. Lin, H. H. Kang, "The Influence of Open Innovative Teaching Approach Toward Student Satisfaction: A Case of Si-Men Primary School," *Quality & Quantity*, 2016, 50 (2): 491 – 507.

⑤ 卫倩平:《国外教师创新能力研究热点:基于 VOSviewer 的知识图谱分析》,《当代教育与文化》2018 年第 5 期,第 61~68 页。

见，教师教学创新一是可以提高教学质量，改善学生的学习表现；二是可以提高学生的创新能力。

除了达成教学目标之外，现有的教学创新产品可以表现为由单向传授向互动教学方法的转变，① 以及对同步授课等教学方法的改变等；也可以基于翻转课堂逆序创新使教学流程转变为"自学—测练—研学"三个环节，② 重构课堂教学流程；也可以是基于微课契合信息时代教与学"微"需求，依靠慕课持续深化在线学习方式的教学模式创新，③ 例如谢永朋、徐岩使用微课资源，提出微课支持下的高职院校翻转课堂教学模式，用以支持高职学生的 Flash 学习，发挥学生技能模仿与迁移创新、理论学习与实践操作结合的优势④；也可以是革新教学资源，转变资源的预设状态；还可以是改变教学评价，使缺乏科学体系支撑、忽视学习（实训）的过程性评价的现状得到改善。⑤

综上所述，教师教学创新的成果体现在教学方法、教学资源、教学流程、教学模式等多个方面。

四　教师教学创新的环境

创新环境是创新主体在创新活动中所处的环境条件的总称，既包括非实体的和非刚性的软环境，亦包括实体的和刚性的硬环境。⑥ Sagnak 研究了小学校长领导力、创新行为与创新氛围的关系，结果显示校长领导力是创新行为和创新氛围的重要预测因子，创新氛围与创新行为之间存在显著

---

① 张雁平：《高职院校教学创新的推进策略与实施路径》，《中国高教研究》2016 年第 4 期，第 101～104 页。

② 管珏琪、陈渠、祝智庭：《信息化教学创新：内涵、分析框架及其发展》，《现代教育技术》2018 年第 12 期，第 21～27 页。

③ 胡小勇、朱龙、冯智慧、郑晓丹：《信息化教学模式与方法创新：趋势与方向》，《电化教育研究》2016 年第 6 期，第 12～19 页。

④ 谢永朋、徐岩：《微课支持下的高职院校翻转课堂教学模式》，《现代教育技术》2015 年第 7 期，第 63～67 页。

⑤ 郭福春、米高磊：《智慧教育推进高职课堂教学改革创新研究》，《中国高教研究》2016 年第 11 期，第 107～110 页。

⑥ 廖志豪：《基于素质模型的高校创新型科技人才培养研究》，博士学位论文，华东师范大学，2012，第 28 页。

的相关性。这体现了教师教学创新的环境中校长以及创新氛围的作用。①
Huang 等指出，来自同事和学生的期望会显著地影响教师教学创新的自我
效能，学生的期望对城市教师的教学创新行为影响较大，学校支持对郊区
和乡村教师的教学创新行为影响较大。② 这体现了学校环境以及学生对教
师教学创新的影响。台湾学者谢传崇、李孟雪通过问卷调查探讨了校长翻
转领导、教师专业学习社群与教师教学创新的关系，发现校长翻转领导、
教师专业学习社群与教师教学创新具有相关性，校长翻转领导既可以直接
影响教师教学创新，也可以通过教师专业学习社群间接影响教师教学创
新，谢传崇、李孟雪的研究除了体现出校长翻转领导的作用，还呈现了教
师专业学习社群的作用。③ 王莉、蔡永红在抽样调查的基础上认为校长应
当注重自身的德行，以身作则，给予教师长久关怀和个性化关爱，改善和
教师的关系，给予教师可信任、安全、有归属的创新环境从而促进教师进
行更多教学创新和尝试。这突出了教师教学创新的环境中校长的作用。④

　　以上研究都体现了教师教学创新的软环境，发现了学校、领导、教师
群体、学生对教师教学创新的影响。

　　除了教师教学创新的软环境，还有教师教学创新的硬环境，包括设
施、经费、管理制度等。例如对于高职教育而言，我国职教资源现代化发
展最具特色的探讨在于职教教学资源库建设，⑤ 我们国家之前已经建设了
视频库、课件库、案例库、素材库、习题库、试题库等，⑥ 形成了媒体素

---

① Mesut Sagnak, "The Empowering Leadership and Teachers' Innovative Behavior: The Mediating Role of Innovation Climate," *African Journal of Business Management*, 2012, 6 (4): 1635 – 1641.

② X. H. Huang, C. K. Lee, X. L. Dong, "Mapping the Factors Influencing Creative Teaching in Mainland China: An Exploratory Study," *Thinking Skills and and Creativity*, 2019, 31: 79 – 90.

③ 谢传崇、李孟雪：《国民小学校长翻转领导、教师专业学习社群与教师教学创新关系之研究》，《教育政策论坛》2017 年第 2 期，第 151～184 页。

④ 王莉、蔡永红：《家长式领导与教师教学创新表现：信任和自主动机的中介作用》，《教育研究与实验》2016 年第 2 期，第 41～46 页。

⑤ 杨英：《以信息化推动职业教育教学现代化的中国探索研究》，硕士学位论文，江苏师范大学，2018，第 136 页。

⑥ 陈珂：《以学生为中心的高职信息化教学资源建设研究》，《教育现代化》2018 年第 12 期，第 290～292 页。

材、试题、试卷、课件、案例、文献资料、网络课程、常见问题解答和资源目录索引以及数字化教学资源库、精品课程网站、教学资源平台、仿真实训环境（仿真实验软件、仿真实训软件和仿真实习软件等）与数字化场馆等（职业体验馆、数字博物馆、数字艺术馆、数字科技馆等）设备与资源。[①] 这些设备与资源就是教师教学创新依赖的硬环境。

综上所述，教师教学创新的环境既包括学校氛围、校长、教师、学生等软环境因素，也包括教学资源、设备、制度等硬环境因素。

第三节　教学创新素养的研究方法

从前述教师教学创新素养的研究综述中，我们可以确定教学创新素养的研究内容包括教师教学创新的个人素养、教师教学创新的实践和教师教学创新的成果等，那么从建构高职院校教师信息化教学创新的素养体系到形成信息化教学创新的产品，我们需要知道现有研究使用了什么方法。

一　素养体系的主要建构方式

素养体系的建构方式有多种，以当前比较热门的教师核心素养体系的形成过程为例，可以窥见一般情况下素养体系的建构方式。

（一）理论推演、比较的素养体系建构方式

理论推演、比较的素养体系建构方式主要包括几种取向。

第一种，学生取向：基于学生核心素养建构教师核心素养。联合国教科文组织认为"教师专业探究和知识建构的循环要从如何满足学生学习需要的问题着手""所谓重要的就是始终保持以学生为中心"[②]。学生取向的教师素养体系建构是从学生的角度映射教师所需具备的素养。如张地容、杜尚荣讨论了"以生为本"的教师核心素养，探讨了教师核心素养的内涵

---

① 成秀丽：《职业教育数字化教学资源研究——基于 2005 年—2015 年文献统计分析》，《中国电化教育》2016 年第 8 期，第 120 ~ 124 页。

② H. Timperley, *Teacher Professional Learning and Development*, UNESCO, https://unesdoc.unesco.org/ark:/48223/pf0000179161, 2020 - 05 - 25.

和生成路径，认为"以生为本"的教师核心素养就是"培育学生核心素养"的素养，就是让学生获得、掌握文化基础、自主发展、社会参与方面的素养。①

第二种，时代取向：教师核心素养与时代和国际接轨。时代取向的教师核心素养研究既参照了国际上的教师核心素养文件，又根据本国的实际国情进行了本土化处理，其内容的建构呼应了本国的教师教育政策文件。例如欧盟教师核心素养的建构是在欧盟一体化的基础上进行的，欧盟的《欧洲教师素养及资格的共同标准》为各成员国教师素养建构提供了参考，认为教师应具备与他人合作，充分运用知识、技术和信息，紧密联系社会三大素养。②

第三种，综合取向：综合考虑时代、学生等因素建构教师核心素养。综合取向的教师核心素养体现了时代观照、学生观照、生命观照。综合取向的教师核心素养既借鉴了国际上的研究成果，又力图与学生发展核心素养相呼应，还追求教师自身的社会存在价值。教师不再仅仅是围绕着学生团团转的保姆，而是有其自身存在价值的职业，教师关注自我、关注自身的终身发展，在个人价值和社会价值统一的基础上构建教师核心素养。③

理论推演、比较的素养体系建构方式遵循演绎的逻辑，基于教师的职业特点、社会身份以及个人存在演绎出了教师素养。

（二）基于实证的素养体系建构方式

与理论推演、比较的素养体系建构方式不同，基于实证的素养体系建构方式具有独特的说服力。基于实证的素养体系建构方式主要包括三类。

第一类，深度访谈，从访谈中逐渐抽象出教师素养。如宋怡等对 5 位化学专家型教师进行深度访谈，采用自下而上的研究思路，通过扎根理论

---

① 张地容、杜尚荣：《试论"以生为本"的教师核心素养》，《教学与管理》2018 年第 4 期，第 8～11 页。

② J. Gordon, G. Halasz, M. Krawczyk, et al., "Key Competences in Europe: Opening Doors for Lifelong Learners across the School Curriculum and Teacher Education," *Case Network Reports*, 2009 (87): 149.

③ 赵垣可、范蔚：《深化课程改革背景下教师核心素养发展问题研究》，《河北师范大学学报》（教育科学版）2017 年第 5 期，第 83～88 页。

的编码方式最终得出了化学教师必备的核心素养。①

第二类，专家意见征询，结合专家的知识、经验去建构素养体系。如蔡小英通过专家意见征询确定了少儿体育舞蹈教师的核心素养。②

第三类，访谈结合问卷调查，充分利用调查法发现教师素养，例如Zhu 等采用混合研究法调查中学教师教学创新的素养，先用访谈法进行定性研究了解教学创新的关键能力，再开发问卷工具验证这些素养。③

基于实证的素养体系建构方式遵循归纳的原则，采用自下而上的方式从教师和专家的观点中逐步归纳出素养体系。

（三）理论和实证相结合的素养体系建构方式

理论和实证相结合的素养体系建构方式是一种综合的建构方式。例如黄文洁结合《中学教师专业标准（试行）》和 2017 年版《普通高中体育与健康课程标准》，利用德尔菲法构建了高中体育教师专业素养指标。④ 刘丽芳基于教师专业发展理论，参考国内外相关研究，确定教师核心素养需要从知识、能力、态度三个维度展开，并且利用问卷调查、统计分析得出了10 项一线教师比较认可的教师核心素养。⑤

综合的素养体系建构方式结合了演绎和归纳两种逻辑思路，也是较为全面的素养体系建构方式，当前我们国家学生核心素养体系也是采用理论和实证相结合的综合建构方式。

从现有研究可以看出，教师素养体系的建构方式有多种。一是理论推演、比较的素养体系建构方式，可以基于学生核心素养建构教师核心素养，从学生的角度映射教师所需具备的素养；可以基于时代与国家要求建

---

① 宋怡、丁小婷、马宏佳：《专家型教师视角下的化学学科核心素养——基于扎根理论的质性研究》，《课程·教材·教法》2017 年第 12 期，第 78~84 页。

② 蔡小英：《四川省南充市民办培训学校少儿体育舞蹈教师核心素养研究》，硕士学位论文，四川师范大学，2018，第 10 页。

③ C. Zhu, D. Wang, "Key Competencies and Characteristics for Innovative Teaching among Secondary School Teachers: A Mixed - methods Research," *Asia Pacific Education Review*, 2014, 15 (2): 299~311.

④ 黄文洁：《学科核心素养下高中体育教师专业素养构建研究——基于〈中学教师专业标准（试行）〉》，硕士学位论文，江西师范大学，2018，第 16~19 页。

⑤ 刘丽芳：《小学教师核心素养研究》，硕士学位论文，四川师范大学，2018，第 18~32 页。

构教师素养，借鉴教师专业标准和教师专业发展等建构教师核心素养；可以综合考虑多种影响因素，将从学生素养推演出来的结论与分析国内外教师专业标准等得出的结论进行比较综合，建构教师核心素养。二是基于实证的素养体系建构方式，采用深度访谈、扎根理论、专家意见征询、问卷调查等方式研究素养体系，与理论推演、比较的素养体系建构方式不同，基于实证的素养体系建构方式因可以追踪过程，有独特的说服力。三是理论和实证相结合的素养体系建构方式，既考虑了理论方面的推演、借鉴与比较，也采用了访谈、问卷等实证研究的方式。由此可以看出，关于本书的主题高职院校教师信息化教学创新素养，我们可以在结合学生发展需求、时代需求的基础上，通过深度访谈等方法建构其素养体系。

二 教学创新实践的主要研究方式

上文对教学创新实践的阐述是从个人创新的内在过程和教学创新的策略两个角度来展开的，因此，本部分也主要介绍这两方面内容的研究方式。

（一）个人创新内在过程的主要研究方式①

对于创新过程的研究，学界已经积累了很多经验与方法，从创新个体的自我认知到实验室研究，再到观察、访谈、问卷等，个人创新的内在过程基本上走向了较为一致的认识。

（1）个人反省。如基于 Poincaré 对自身创造过程的反省，Wallas 提出了经典的创造过程的四阶段模式。

（2）严格实验室。如 Getzels 等利用特定的实验室任务研究创新过程，为艺术生提供了一组物品（人体模特、书籍、帽子等），通过观察物品使用数量以及艺术生对物品的探索等研究创作过程。

（3）出声思考。如 Patrick 与诗人、艺术家、科学家等合作研究，让他们在创作时出声思考，Patrick 观察了他们的行为，记录了他们的描述，得

---

① T. I. Lubart, "Models of the Creative Process: Past, Present and Future," *Creativity Research Journal*, 2001, 13 (3&4): 295–308.

出与四阶段非常吻合的模型。

（4）行为观察。如 Eindhoven 通过观察艺术家和非艺术家在创作一幅图片时的行为（如参与者所花时间、草图数量、是否会记录自己的想法等）批判了四阶段理论。

（5）访谈。如 Doyle 对小说家进行访谈，描述小说的创作过程。

（6）人物传记分析。如陈泊蓉通过人物传记分析法，对创新型教师的个人成长经历进行剖析，来揭示创新型教师的成长阶段及成长机制。[①]

（7）调查法。如黄致凯把 Kleysen 的量表运用在对台湾地区的测量和研究中，研究结果却反映，个体创新行为构念下面仅仅包含两个维度：构想的产生和构想的执行。[②]

（二）教学创新策略的主要研究方式

教学创新策略的主要研究方式包括理论推演和实证总结。

第一种，理论推演出的教学创新策略，是教师从哲学和教育学理论的角度推演而来的。借助于哲学的思考、教育学理论的发展，研究者从中演绎出了教学创新策略。例如安桂清从诠释学角度解释了知识、师生关系、教学的发展与创新，认为在诠释学背景下，"客观"不再是知识的基础，知识的基础是交互主体性，是主体之间的关系，把学生看作平等的主体，耐心听取学生的意见，以及对问题的解释。[③] 李森在对传统教学批判继承的基础上，结合创新的时代精神提出了教学创新的问题策略、过程策略学、前沿策略、示范策略、生成策略。[④]

第二种，实证总结出的教学创新策略，是教师从观察、访谈、问卷等调查中总结归纳而来的。例如 Horng 等通过深度访谈、课堂观察等方法调查了三位因教学创新而获奖的教师在教学中使用的策略，总结出开展以学

---

① 陈泊蓉：《中小学创新型教师的素质与成长研究》，博士学位论文，陕西师范大学，2017，第 28～29 页。

② 转引自潘杨《高校教师职业认同、组织认同与创新行为研究》，博士学位论文，西南财经大学，2014，第 54 页。

③ 安桂清：《知识理解与教学创新——诠释学的视角》，《全球教育展望》2006 年第 8 期，第 19～23 页。

④ 李森主编《课堂教学创新策略研究》，西南师范大学出版社，2008，第 24～30 页。

生为中心的活动、教学内容与实际生活相联系、提升课堂管理技能、开放的提问、鼓励创新思维、使用多媒体技术等教学创新策略。[1] 刘晓琳、经倩霞通过案例分析提出了学校层面基础教育信息化环境下教师教学创新的策略，认为基础教育学校需要建立良好的创新氛围、建立合作创新团队、将教学创新常规化和制度化、遵循教师创新实践。[2] 侯浩翔基于对1022名教师的调查提出了促进教师教学创新的策略，认为校长需要配合使用交易型领导和变革型领导，需要运用交易型领导建立奖惩分明的管理机制，满足教师基本的物质需求和相关利益，进而为教师营造专业成长、工作条件良好以及团队协作的学校组织创新氛围。[3]

根据上文分析可见，研究创新的内在过程有多种方式，但是不同的研究方法各有利弊，如严格实验室的方法条件控制严格，看似规范，但是对于创新过程这种个人行为而言外部效度低；出声思考虽然可以将自己的创作过程表达出来，但是难以排除言语对思维过程的干扰。对于教师教学创新策略的提出，现有研究已经采用访谈、观察、案例、问卷等方式取得了一定的成果。

因此，本书可以借鉴观察、访谈等方式发现教师信息化教学创新的实践过程与策略。

三 教学创新成果的主要建构方式

教师教学创新成果体现为教学目标、教学方法、教学模式、教学流程等，那么这些教师教学创新的成果是通过什么方法提取的？目前主要的提取方式有经验总结，如彭思毛认为远程教育教学创新成果的发掘是一个从发现、归纳到提炼的思维过程，创新成果发现的方式包括纵向比较、横向

---

[1] J. S. Horng, J. C. Hong, L. J. Chanlin, et al., "Creative Teachers and Creative Teaching Strategies," *International Journal of Consumer Studies*, 2005, 29 (4): 352–358.

[2] 刘晓琳、经倩霞：《学校信息化环境下教学创新的机制和策略：基于案例的研究》，《中国电化教育》2016年第4期，第79~87页。

[3] 侯浩翔：《校长领导方式可以影响教师教学创新吗？——兼论学校组织创新氛围的中介效应》，《教育科学》2018年第1期，第26~32页。

比较以及围绕远程教育改革的前沿三条;[1] 有哲学演绎,如李艺、冯友梅从皮亚杰发生认识论入手,推演出了"学科知识、问题解决、学科思维"教育目标描述模型;[2] 有借助扎根理论生成,如李霞对 8 位特级教师进行深度访谈,依据扎根理论提取了思维型概念学习教学模式、思维型科学探究教学模式、思维型问题解决教学模式等;[3] 有专家意见征询,如姜涛通过专家意见征询物理探究课有效教学评价指标体系。[4] 总体来看,教学创新成果的主要建构方式与素养体系的主要建构方式相差不大,包括经验总结、理论推演、实证调查等方式。

而关于教师教学创新环境的分析方式,目前大多使用问卷调查法,探索不同的环境因素对教师教学创新的影响。

第四节　本书的理论基础

一　教师专业发展

一种职业只有进行专业化,才能被社会认可,才能获得一定的社会地位。教师职业经历了非专业、半专业,终于在 1966 年正式成为专门的职业,也就是专业。对于一种职业能否成为专业,学者给出了多种阐释,Liberman 提出了专业的八条标准,Hoy 等提出专业化工作的各种特征。但总体来说,教师职业成为专业具备以下特征:第一,教师具备专业的知识、技能、素质等,这些知识、技能与素质需要经过长时间的学习才能获得,并且有终身学习的需要;第二,教师职业有专业自主权,教师具备上述的知识、技能与素质,就可以获得相应的资格证书,凭借上述这些能力

① 彭思毛:《远程教育教学创新成果的发掘与表达》,《中国远程教育》2011 年第 1 期,第 19 ~ 23 页。

② 李艺、冯友梅:《支持素养教育的"全人发展"教育目标描述模型设计——基于皮亚杰发生认识论哲学内核的演绎》,《电化教育研究》2018 年第 12 期,第 5 ~ 12 页。

③ 李霞:《基于核心素养的小学科学思维型教学模式研究》,博士学位论文,陕西师范大学,2018,第 65 ~ 85 页。

④ 姜涛:《物理探究课有效教学评价指标体系构建研究》,博士学位论文,西南大学,2013,第 8 ~ 9 页。

参与教育教学工作，根据不同的水平评职称、晋升等；第三，教师职业是社会服务性质极强的职业，其社会服务的动机大于经济利益获取的动机，这就需要教师有一定的自律性，有极强的道德责任感，也就是说教师不仅需要有知识、技能与素质的支持，还需要承担社会责任，对社会发展负责。[①]

1986 年美国《国家为 21 世纪的教师作准备》和《明天的教师》两个报告中提出了"教师专业化"的概念，明确提出在教育教学中提升教师的专业素质与专业水平，从而提高教育质量。[②] 由此开始，教师专业发展成为各国教育界关注的热门话题。我们对教师专业发展的理解可以从多个角度来阐释，首先可以从两个层面来理解，其既是教师个体的专业发展，也是教师群体的专业发展，从另外一个角度来讲，教师的专业发展既体现为一种过程，又体现为一种暂时状态。[③] 从过程角度来说，教师专业发展在个体层面上是指教师经过不断地学习与反思，获得相应的专业知识、专门技能与专业素质等，从非专业人员变成专业人员并且专业不断成熟、个人不断成长的过程。[④] 教师专业发展在群体层面上是指教师群体专业水平提升，符合教师职业的专业标准，教师职业的专业地位得到社会认可与提升的过程。[⑤] 从暂时状态角度来说，教师专业发展在个体层面上表现为教师个体所具备的多种专业素质，例如舒尔曼所提出的教师专业知识，顾明远提出的职业意识、职业能力、心理素质等，体现的是教师在某个阶段所具备的教师素质结构。教师专业发展在群体层面上体现为教师职业发展的专业标准、专业规范等，例如教师需要具备的信息素养等标准与规范，体现的是整个群体在某个阶段的发展要求。

[①] 叶澜：《新世纪教师专业素养初探》，《教育研究与实验》1998 年第 1 期，第 41～46 页。

[②] 张君华、左显兰：《高职教师专业发展的内涵及发展途径探讨》，《职教论坛》2008 年第 21 期，第 15～18、53 页。

[③] 肖丽萍：《国内外教师专业发展研究述评》，《中国教育学刊》2002 年第 5 期，第 61～64 页。

[④] 郑秀英：《职业教育教师专业化问题研究》，博士学位论文，天津大学，2010，第 11～14 页。

[⑤] 李庆原、石令明、左妮红：《高职教师专业发展探析》，《教育与职业》2006 年第 23 期，第 51～53 页。

教师专业发展具有长期性。教师专业发展伴随教师的整个职业生涯，具有终身学习、不断发展的需求。从职前培养到退出学校讲台，教师的整个职业生涯都需要伴随着社会的发展学习日新月异的知识与技能，改变自身的认识，形成更高的素质。随着社会的不断进步，教师专业发展需要提升的素质越来越多，要求也越来越高，如信息技术的出现就对教师信息素养的发展提出了要求。

教师专业发展具有个体差异性。教师整体素质比较同步地往前发展只是一个理想。在现实的教育教学中，教师个体的专业发展存在差异性，每个教师由不成熟到成熟的发展过程是各有差异的。因此，教师在专业发展的一些相关培训中其实需要的是有针对性的培训。

教师专业发展具有阶段性。如果粗略地划分教师专业发展的阶段，一般是将教师专业发展分为职前教育阶段、入职适应阶段以及在职任教阶段。[①] 富勒提出了教师专业发展的四阶段发展模式，包括教学前关注、早期生存关注、教学情境关注、学生关注四个教师从关注自身到关注学生的专业发展过程；卡茨提出求生存期、巩固时期、更新时期以及成熟时期四个教师专业发展阶段；费斯勒提出职前教育阶段、引导阶段、能力建立阶段、热心和成长阶段、生涯挫折阶段、稳定和停滞阶段、生涯低落阶段、生涯退出阶段八个教师专业发展阶段。[②] 不管教师专业发展需要经历几个阶段，其过程都需要发生质的变化，由不成熟状态质化飞跃为成熟状态。

教师专业发展体现出社会性。教师专业发展会受到外界环境的影响，随着社会的发展、国家教育政策的改革，教师专业发展的内容与要求同样需要变革，例如从素质教育时期到现在发展学生核心素养时期，教师个体的专业发展就需要遵循社会对教育的需要而有所调整。

高职院校教师是一种特殊类型的教师，对于高职院校教师来说，其专业发展也是需要关注的话题。我国在一些职业教育相关的政策文件中提出

---

① 朱建柳：《高职院校专业教师职业能力模型建构及其应用》，博士学位论文，华东师范大学，2016，第29页。
② 肖丽萍：《国内外教师专业发展研究述评》，《中国教育学刊》2002年第5期，第61~64页。

了高职院校教师专业发展的目标与方向，在我国高职教育发展存在滞后的情况下，国家对培养一线生产、实践、管理、服务的应用型、技能型、复合型人才乃至大国工匠提出了更高的要求。但是相对于整个教师群体专业发展的研究，高职院校教师专业发展的研究时间较短，缺乏足够丰富的相关理论；高职院校教师专业标准不健全，缺乏相应的制度保障；高职院校教师专业发展规划不够明确，缺乏系统的培养体系。① 实际上，高职院校教师的来源多样，许多高职院校教师要么缺乏企业的实践经验、实践能力，要么缺乏实际教育教学的能力，而且当前职业院校教师的职前培养体系不足、入职培训体系简单肤浅、在职培训体系缺乏应有的针对性，这些都体现了当前高职院校教师专业发展的不足之处。并且，目前对高职院校教师专业发展的理解，过于依赖一般性的教师专业发展理论，而缺乏职业教育教师的独特内涵，例如高职院校教师的资格认证、职称评定与高等教育教师专业发展的设置几乎相同。② 高职教育既有高等教育的特性，又有职业教育的特性，因此高职院校教师专业发展除了需要具备一般教师专业发展的素质要求，还要有其独特的跨界内涵。

高职院校教师专业发展是一个长期的过程，涵盖职前教育、入职培训以及在职培训等整个高职院校教师职业生涯的全过程。高职院校教师专业发展体现出职业性、社会性与时代性，高职院校教师专业发展的内容需要体现教学、科研、企业合作等三大能力的统合发展，③ 意即高职院校教师专业发展既需要具备一般教师的专业素养，还需要具备职业性、技术性、实践性等方面的素养，同时更需要具备将行业企业中生产实践的知识、技能、价值观等融入实际的高职教学中的素养，从而实现教育与职业、学校与企业、学习与工作的跨界融通。

目前关于高职院校教师专业素养的理解主要包括"双师""核心素养"

---

① 杨润贤、李建荣：《论产教融合背景下高水平骨干专业建设中的教师专业发展》，《教育与职业》2019 年第 24 期，第 57 ~ 61 页。

② 刘桂林：《高职教师专业化：内涵、问题与对策》，《职业技术教育》2012 年第 25 期，第 43 ~ 48 页。

③ 潘玲珍：《基于产教融合的高职教师专业发展研究》，《高等工程教育研究》2015 年第 2 期，第 159 ~ 163 页。

等。关于"双师型"高职院校教师有多种解释,有"双证书说",意即取得教师资格证书与职业资格证书的教师;有"双职称说",意即除了具备教师的职称外,还具备企业行业职称的教师;有"双能力说",意即既可以进行理论教学,也可以指导学生实践的教师。关于高职院校教师的"核心素养",有研究认为职业教育领域的核心素养最早由德国提出,其是为了向学生传授一种不同职业领域共通的、相对不易被淘汰的知识和技能,梅腾斯在《核心素养——现代社会的教育革命》一文中指出,核心素养的概念是基于这样的设想,即存在这样的能力,它们对人生历程的职业生涯、个性发展和社会存在等各个方面起关键性的作用。[①] 也就是说,对于高职院校教师而言,需要具备一定的能力向高职学生传授多种职业共同的知识与技能,保证高职学生能够在未来的社会中具备适应性。综上所述,高职院校教师的专业素养不应该仅仅包括专业知识与专业技能,更需要涵盖实践能力、行业规范、工匠精神等方面的内容。

二 教师实践性知识

关于教师知识的研究,一般可以分为两条路径。一条路径是研究教师理论性知识,是以从外到内的视角研究教师应该具备哪些知识、应该怎么表达自己的知识,这些知识一般可以通过教学、看书、培训等方式获得,例如每个师范生都需要学习的教育学、心理学等知识。另一条路径是研究教师实践性知识,是以从内往外的视角研究教师实际上具备哪些知识、如何表达自己的知识,这些知识具有实践性、情境性、个人性等特点,需要教师在自身经验的基础上发展而来,并不是简单的培训、看书可以获得的,是教师内心真正相信与在实际教学中真正使用的知识。陈向明将教师知识比作冰山,露出水面的冰山其实就是教师理论性知识,是比较抽象外显的,能为一般教师所共享的知识,而隐藏在水面下的冰山就是教师实践

---

① D. Mertens, "Schlusselqualifikationen Thesen Zur Schulung Fur Eine Moderne Gesellschaft," *Mitteilungen aus der Arbeitsmarkt und Berufsforschung*, 1974, 7 (1): 36 - 43.

性知识，是比较具体隐蔽的，难以直接表达与共享的知识。① 研究教师实践性知识是因为教师实践性知识会影响教师理论性知识的采用与理解；教师实践性知识充分尊重与肯定了教师的主体性地位，它是保障其专业发展的基础。

最早研究教师实践性知识的是艾尔贝兹，艾尔贝兹于 1976 年开始研究教师实践性知识，在研究中艾尔贝兹对于教师工作所需的特殊技能以及个人素质给予了非常多的关注。艾尔贝兹通过与一位名叫萨拉（Sarah）的教师进行开放性访谈、课堂观察以及讨论来探索教师实践性知识。艾尔贝兹认为教师实践性知识有五种取向，分别为情境取向、社会取向、理论取向、个人取向、经验取向。情境取向认为教师实践性知识不是其他领域实践建议的概要，而是一个面向特定实践背景的知识体系；社会取向认为教师实践性知识受社会制约，包括宏观层面上民族与经济的制约到微观层面上学生兴趣、家长期望的制约；理论取向认为教师的理论立场决定了他将利用什么样的理论知识，以及他将如何在特定情况下运用这些知识；个人取向关注教师如何用实践性知识赋予自身工作意义与价值；经验取向考虑教师持有以及使用实践性知识的方式对教师自身经验的影响。② 教师实践性知识的内容维度包括关于自我的知识、关于环境的知识、关于学科内容的知识、关于课程的知识与关于教学的知识。关于自我的知识包括教师自身作为一种资源（例如有很强的满足学生需求的能力），掌握与他人相关的人际关系知识，以及教师是具有个性、年龄、态度、价值观等特性的个体；关于环境的知识包括课堂环境中的师生关系、与其他教师以及行政人员的关系、政策环境以及社会背景等知识；关于学科内容的知识是教师应具备学习和研究技能、阅读和写作技能等；关于课程的知识主要关注学习课程的开发，开发过程包括识别与概念化问题、在学生需求的基础上收集信息、规划工作的分工、精心制作各单元的课程计划与材料、评估自身工

---

① 陈向明：《实践性知识：教师专业发展的知识基础》，《北京大学教育评论》2003 年第 1 期，第 104～112 页。

② Elbaz, "Teacher's 'Practical Knowledge': Report of A Case Study," *Curriculum Inquiry*, 1981, 11 (1): 43～71.

作的结果与润饰工作成果；关于教学的知识包括对学生的认识、教师信念、教学观等内容。艾尔贝兹从具体到抽象将教师实践性知识划分为三个维度，即实践的规则、实践的原则和实践的意向。

艾尔贝兹是研究教师实践性知识的先行者，在艾尔贝兹之后，许多学者投入教师实践性知识的研究中，柯兰迪宁、康内利、马克斯·范梅南等学者都对推进了教师实践性知识的研究。柯兰迪宁认为教师实践性知识是教师的一种特殊知识，这种特殊知识是由教师的个人背景和特点混合而成的，是教师在特定情况下所表现出来的，是一种情感和道德知识，它使我们与课堂活动进行积极的互动。教师实践性知识可以容忍一定的模糊性，不需要清晰的表达和逻辑定义，从而便于在教师的生活中发挥重要作用。类似于艾尔贝兹，柯兰迪宁也认可意向是教师实践性知识的一部分，认为意向的来源与经验和反思有关。[①] 康内利等认为教师实践性知识存在于教师以往的经验中、现时的身心中、未来的计划和行动中，贯穿于教师实践的全过程，有助于教师把握现在，重构过去与未来。[②] 吉艾尔、贝贾德和威鲁普认为提升教师实践性知识的途径有在团队中学习和发展、同伴指导、合作的行动研究、案例的使用。马克斯·范梅南认为教师在实际教学中很少关注制度问题、社会效应、政治教育问题等，而更为关注个人、所教的学生、学生道德与情感以及人际关系等，认为教师教学实践要有敏感性，要把课堂生活经验放在优先的位置，其认为教师实践性知识具有身体性、情境性、关系性和情绪性。[③]

国内对于教师实践性知识的本土化研究相对较晚，林崇德、钟启泉等学者都探讨了教师实践性知识，林崇德等认为教师实践知识是指教师实现某种目的时所具有的课堂情境知识以及与之相关的知识，更具体地说，这

---

① D. J. Clandinin, "Personal Practical Knowledge: A Study of Teachers' Classroom Images," *Curriculum Inquiry*, 1985, 15 (4): 361-385.

② F. 迈克尔·康内利、D. 琼·柯兰迪宁、何敏芳、王建军：《专业知识场景中的教师个人实践知识》，《华东师范大学学报》（教育科学版）1996 年第 2 期，第 5~16 页。

③ 马克斯·范梅南：《教育敏感性和教师行动中的实践性知识》，《北京大学教育评论》2008 年第 1 期，第 2~20、188 页。

种知识是教师教学经验的积累。[①] 被引用较多的是陈向明关于教师实践性知识的研究，陈向明研究中的教师专指中小学教师和大学教学型教师。陈向明认为教师实践性知识虽然是个人的，但也具有普适性，可以通过学习和感悟习得，这种知识不仅包括严谨的理论，也包括教师的认识、理解、看法等非逻辑的不够系统严谨的知识。陈向明对教师实践性知识的定义是"教师通过对自己教育教学经验的反思和提炼所形成的对教育教学的认识；教师对其教育教学经历进行自我解释而形成经验，上升到反思层次，形成具有一般性指导作用的价值取向，并实际指导自己的惯例性教育教学行为——这便形成了教师的实践性知识"[②]。陈向明认为教师的实践性知识包括教师主体、问题情境、行动中反思、信念四个要素。这些要素相互作用，形成了教师实践性知识的生成路径，教师在以往教学经验的基础上形成了自己的实践性知识，当遇到问题情境时，教师产生了困惑与冲突，因此会激活自身内在的实践性知识并且显性化，教师在教学行动中与情境对话，通过反思对问题情境进行重构，重构后的知识就成为一种新的教师实践性知识。

关于教师知识的研究一般建立在舒尔曼的理论上，其中舒尔曼的学科教学法知识（PCK）被认为是教师实践性知识的核心组成部分。随着现代技术的发展，教师在教学中不得不使用现代技术支持教学，现代技术同那些教育专家所提出的宏大理论一样，并不是直接应用就能产生教学效果的，不可以通过简单的学习来掌握，需要教师具备相应的实践性知识，因此产生了面向现代技术的教师实践性知识研究，教师需要知道在具体情景中如何利用技术进行教学，这是一种高度综合的复杂知识。[③] 应用于教育的现代技术知识几乎都是从外界行业引入的，不同于传统的黑板、粉笔等技术从产生起就根植于教学中，因此教师如果只是学习了这些技术知识的

---

① 林崇德、申继亮、辛涛：《教师素质的构成及其培养途径》，《中国教育学刊》1996年第6期，第16~22页。

② 陈向明：《对教师实践性知识构成要素的探讨》，《教育研究》2009年第10期，第66~73页。

③ 李美凤、李艺：《TPCK：整合技术的教师专业知识新框架》，《黑龙江高教研究》2008年第4期，第74~77页。

使用，却不能融入教学中，这些技术知识依旧是孤立的。米什拉和科勒在舒尔曼学科教学法知识的基础上，引入技术知识的要素，提出了 TPACK 教师知识框架，TPACK 包括学科内容知识、教学法知识、技术知识三个单一形态的基础知识和学科教学知识、整合技术的教学法知识、整合技术的学科内容知识、整合技术的学科教学知识四个交叉的复合知识。整合技术的学科教学知识和舒尔曼的学科教学知识类似，都与教师实践性知识有着密切联系，本质上具有实践性知识的属性。从 TPACK 的构成来看，它意味着教师需要在具体教学情境中综合运用学科知识、教学法知识和技术知识进行有效教学，在这三者的张力中发挥教学的效果。实践中 TPACK 的三种表达形式为：图式类、行动类及语言类。例如，可以采用"技术是调味料"这种图式类表达形式，也可以采用"Flash 游戏导入 + 网络资源包自主探究 + 概念图梳理知识点 = 新型科学探究课"这套行动公式，还可以以叙事的方式表达教师对技术的理解。[①]

第五节　本章小结

扎根理论中文献综述的目的在于回顾某一研究兴趣在现有文献中的理论知识和实证视角，而不在于指出现有文献的漏洞和不足。[②] 根据对信息化教学创新的理解，信息化教学与一般教学并无本质区别，因此本书可以参考教学创新的研究成果。根据国内外教学创新的研究成果，围绕本书的主题"高职院校教师信息化教学创新素养"，我们需要思考：第一，在实践中，既然素养是可以经过后天努力形成的，那么高职院校教师需要经历什么内在阶段才能形成信息化教学创新素养，是否遵循启动和执行两个阶段或者在这两个阶段上有更具体的发展，高职院校教师在不同阶段有什么表现，在信息化教学创新的过程中使用了哪些策略、受到哪些因素的影

① 张静：《融合信息技术的教师知识发展研究》，博士学位论文，华中师范大学，2014，第64页。

② 费小冬：《扎根理论研究方法论：要素、研究程序和评判标准》，《公共行政评论》2008年第3期，第23～43、197页。

响？第二，既然说创新人人皆可具备，那么高职院校教师信息化教学创新素养的构成体系是什么样的？第三，具备信息化教学创新素养的高职院校教师在教学中会取得什么样的成果？第四，虽然关于教师素养的研究方法较多，但是根据上文确定的研究内容，我们不仅仅要考虑素养的构成体系，还要考虑素养支持下的高职院校教师实践活动，也要提取出信息化教学创新的成果，分析信息化教学创新的情境因素。陈向明认为质性研究适合"过程性问题""意义类问题""情境类问题""描述性问题""解释性问题"等，结合本书的研究问题，在综合多方面的考虑下，参考前人的研究方法，发现质性研究方法比较适合本书的主题。

第三章　基于扎根理论的研究过程

扎根理论属于质性研究的范畴。虽然质性研究并不存在一套普适的、固定的、所有研究者都应该遵守的规范，但这并不意味着什么都行。[①] 质性研究对研究对象的选择、研究现场的进入、研究关系的建立、研究资料的收集、研究资料的分析、研究质量以及研究的伦理道德都有严格的规范。

本章着重对研究过程的设计与实施进行介绍，需要说明的是本书的研究过程并不是一个线性的模式，研究对象的选择、研究资料的收集与分析是一个不断循环、不断比较、不断聚焦的过程。

第一节　扎根理论的研究路径

一　扎根理论的研究方法

1967 年，格拉泽和施特劳斯提出"扎根理论"，主张从经验资料中建立理论。格拉泽深受哥伦比亚大学量化研究权威拉扎斯菲尔德的影响，[②] 关注的是为质性研究方法进行编码。施特劳斯具备芝加哥学派的背景，认

---

① 〔美〕约瑟夫·A. 马克斯威尔：《质的研究设计：一种互动的取向》，朱光明译，重庆大学出版社，2007，第 9 页。
② 吴毅、吴刚、马颂歌：《扎根理论的起源、流派与应用方法述评——基于工作场所学习的案例分析》，《远程教育杂志》2016 年第 3 期，第 32～41 页。

为人是其生活及世界中的积极行动者①，强调从行动者的角度理解社会互动、社会过程和社会变化②。扎根理论嫁接了这两种学术传统，特别强调从行动中产生理论，从行动者的角度建立理论，理论必须来自资料，与资料之间有密切的联系。③ 概括地说，扎根理论是研究者针对某种现象系统地收集和分析资料，从资料中发现、发展和检验理论的过程④，在这个过程中需要研究者采用一些系统而灵活的准则，扎根在资料数据中建构理论⑤。

本书是站在现象学的哲学基础上理解与实施扎根理论研究方法。在现象学的指导下，质性研究对于本质、现象以及本质和现象的关系有了不同于传统哲学道路的理解。⑥ 现象学为质性研究在以量化研究盛行的学术领域争得一席之地提供了可信服的依据。现象学认为现象不是单纯的心灵显象，现象具有实在性，因此现象学中将"现象"称为"实事"，主张"朝向实事本身"，将思考的基点放在实事上面。现象学中的本质既不是古希腊哲学所认为的先于现象的"理型"，也不是近代主义道路所认为的后于现象的"物自体"，而是由主体看向实事的过程中当场构成的，依赖于现象和主体，因此，现象学认为并不存在客观唯一的本质。⑦ 对于现象和本质的关系，现象学认为本质和现象并不是割裂的关系，而是现象中蕴含着本质，本质寓于现象之中，甚至就是现象，本质可以通过"本质直观"而获得。⑧ 在现象学的指导下，质性研究并不追求唯一客观的"真"，而是强

---

① 〔英〕凯西·卡麦兹：《建构扎根理论：质性研究实践指南》，边国英译，重庆大学出版社，2009，第9页。

② 陈向明：《质的研究方法与社会科学研究》，教育科学出版社，2000，第328页。

③ 陈向明：《质的研究方法与社会科学研究》，教育科学出版社，2000，第328页。

④ 陈向明：《扎根理论在中国教育研究中的运用探索》，《北京大学教育评论》2015年第1期，第2~15、188页。

⑤ 〔英〕凯西·卡麦兹：《建构扎根理论：质性研究实践指南》，边国英译，重庆大学出版社，2009，第3页。

⑥ 叶晓玲、李艺：《"方法"还是"方法论"？——现象学与质性研究的关系辨析》，《教育研究与实验》2018年第4期，第15~22页。

⑦ 叶晓玲、李艺：《现象学作为质性研究的哲学基础：本体论与认识论分析》，《教育研究与实验》2020年第1期，第11~19页。

⑧ 叶晓玲、李艺：《"方法"还是"方法论"？——现象学与质性研究的关系辨析》，《教育研究与实验》2018年第4期，第15~22页。

调研究者与情境互动当场构成的"真",而如何获得这个"真",需要研究者"朝向实事本身",通过现象情境和细节的深描和充分展示暴露出本质。

因此,在现象学哲学指导下的扎根理论也需要清晰认识现象与本质的关系,遵循于现象中把握本质的规律,透过现场情境和细节的深描展现出本质。

扎根理论的理论基础是实用主义和符号互动论。实用主义的兴趣点在于行动本身以及思维与行动的关系,认可事实和价值的关联性,强调通过观察、实验等系统的方法从经验事实中提炼理论;符号互动论假设社会、现实和自我是通过互动建构起来的,人类不仅对他人行为做出反应,更对他人行为进行界定和解释。[①] 随着哲学的进一步发展,扎根理论还受到女性主义、建构主义等理论的影响,女性主义启示扎根理论者对自身如何影响研究过程以及研究过程如何影响自身进行反思。建构主义启示扎根理论者数据和理论都不是被发现的,而是研究者从故事当中建构的。所以目前至少存在三个版本的研究成果,即格拉泽和施特劳斯的原始版本、施特劳斯和科宾的程序化版本(后来科宾又对这个程序化版本进行了修订)、卡麦兹的建构扎根理论版本。本书主要参考了科宾对程序化版本的修订,在这一版本中科宾并没有呈现具体的编码程序与技术,而是非常强调备忘录在编码过程中的灵活使用。

不论学者们支持哪一个版本的扎根理论,都需要遵循一些基本的原则。

第一,研究者需要灵活使用文献,既可以从现有文献中归纳出概念框架,也可以将现有文献当作资料的一部分与研究中的现象进行比较,研究者在使用文献时需要时刻反思自己的研究过程,避免现有文献对自己的研究结论产生污染,格拉泽和施特劳斯建议研究者在形成分析结果后再进行文献评议。

---

① 〔美〕朱丽叶·M. 科宾、安塞尔姆·L. 施特劳斯:《质性研究的基础:形成扎根理论的程序与方法》,朱光明译,重庆大学出版社,2015,第 2~6 页。

第二，理论自然呈现，是建立理论而不是检验理论。① 研究者要从研究对象的角度思考问题，从资料中生成理论，而不是将自己的问题和专业兴趣强加于研究对象身上。②

第三，研究者需要对理论保持敏感，扎根理论与以往质性研究路径的不同之处就在于其主要目的是建构出理论，而不仅仅是详细的描述性分析。

第四，资料收集和资料分析同时进行。扎根理论中数据的收集与分析并非量化研究中的线性模式，而是提倡在最初收集到几份资料后就进行资料分析，从而保证一些理论尽快浮现以进行后续的抽样和资料收集。

第五，理论建构是持续比较、不断抽象的过程。扎根理论通过不断抽象实现数据的概念化与简约化，通过持续比较提炼出核心概念与范畴。③

第六，扎根理论并不是要生成宏大理论，而是要生成实质理论或者形式理论。实质理论解决的是实质领域中限定的问题，是针对特定研究对象所形成的理论，有一定的局限性。形式理论跨实质领域，是在实质理论上的进一步提升，研究者只有在建立起实质理论之后，才可能在各类相关实质理论之上建立形式理论。④ 卡麦兹认为大部分的扎根理论是生成的实质理论，⑤ 本书中的理论建构就是在实质理论的层面上进行探讨的。

二 扎根理论的基本思路

本书选择的是质性研究中扎根理论的研究路径，基于扎根理论的指导，本书的研究目的是建构相应的理论，最起码能够在经验资料的基础上

---

① A. L. Strauss, J. M. Corbin, *Basics of Qualitative Research: Techniques and Procedures for Developing Grounded Theory*, London: SAGE Publications, 1998: 13.

② 费小冬：《扎根理论研究方法论：要素、研究程序和评判标准》，《公共行政评论》2008年第3期，第23~43、197页。

③ 吴毅、吴刚、马颂歌：《扎根理论的起源、流派与应用方法述评——基于工作场所学习的案例分析》，《远程教育杂志》2016年第3期，第32~41页。

④ 陈向明：《扎根理论的思路和方法》，《教育研究与实验》1999年第4期，第58~63、73页。

⑤ 〔英〕凯西·卡麦兹：《建构扎根理论：质性研究实践指南》，边国英译，重庆大学出版社，2009，第10页。

建构出实质性理论。因此，本书的研究思路需要与量化研究思路进行区别，具体的区别如下。①

（1）在思维方式上，量化研究以演绎逻辑为主，而质性研究（扎根理论）以归纳逻辑为主；

（2）在研究目标上，量化研究是为了检验某种理论、考察变量之间的关系、进行预测等，而质性研究（扎根理论）的目的是建构理论（至少是实质理论）、理解社会现象；

（3）在基本步骤上，量化研究遵循"提出问题—假设—研究设计—收集数据—检验或修正假设"的基本过程，而质性研究（扎根理论）遵循"研究兴趣—进入情境—初步确定研究问题—数据收集与资料分析交替进行—建构理论"的基本过程；

（4）在研究问题上，量化研究的研究问题是事先确定的，而质性研究（扎根理论）的研究问题在过程中产生；

（5）在研究情境上，量化研究要求人为情境，预先控制变量，而质性研究（扎根理论）强调自然情境，尊重现场；

（6）在样本选择上，量化研究要求预先确定好抽样方法，样本量大，而质性研究（扎根理论）预先不能确定样本，样本选择取决于资料分析结果，样本量较小；

（7）在研究工具上，量化研究常采用问卷、量表等作为研究工具，而质性研究（扎根理论）中研究者本人就是研究工具；

（8）在资料分析上，量化研究在资料收集结束后才进行分析，是线性的分析过程，而质性研究（扎根理论）中资料收集与分析交替进行，是非线性的分析过程；

（9）在研究结果上，量化研究结果中呈现的是统计性分析数据，而质性研究（扎根理论）结果中呈现的是文字、图片等叙述性描述；

（10）在推广度上，量化研究强调由样本推广到总体，而质性研究

---

① 陈向明：《质的研究方法与社会科学研究》，教育科学出版社，2000，第11页。〔美〕威廉·维尔斯曼：《教育研究方法导论》第6版，袁振国主译，教育科学出版社，1997，第17页。

（扎根理论）强调内部推广、认同推广。

　　由于量化研究与质性研究存在较大的差别，所以不论在研究问题的确定上，还是在研究设计上，抑或在行文的结构方式上都存在很大差别，所以遵从于扎根理论的指导，本书的基本思路如图3-1所示。

　　本书的基本思路是：采用扎根理论的研究路径，选择适合的研究对象，对研究现场中的访谈资料、观察资料、教案资料、视频资料等多元资料进行收集，同时撰写备忘录、绘制图表以及借助 NVivo 11 等软件工具进行资料的分析与编码，发现类属、丰富类属的属性和维度，并且在资料分析结果的缺口中确定新的抽样对象，最终研究者在不同类属的关系中抽象出核心类属，通过经验资料与现有研究成果的比较，最终建构出本书的理论。

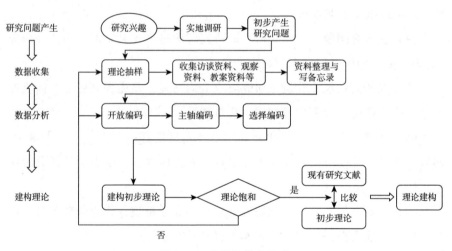

图 3-1　本书的基本思路

三　选择扎根理论的原因

　　前文介绍了扎根理论的渊源、哲学基础、理论基础以及基本原则，这里需要进一步说明的是本书为何在质性研究的诸多路径（例如民族志、生活史等）中选择扎根理论？

　　首先，扎根理论如今已经在社会学、教育学、管理学等领域受到广泛认可与使用。扎根理论详细地介绍了理论生成的方法、步骤和过程，使早期质性研究含糊的分析程序和研究程序清晰化。扎根理论中编码、备忘录、图表等方式的使用不仅可以呈现质性资料的分析程序，还可以追溯研究者的研究过程，使研究中每一个生成的概念都可以从原始资料中找到最初的依据，从而使研究结论更具有说服力。

其次，本书的研究目的之一就是丰富高职院校教师的专业发展理论，而扎根理论相对于其他的研究路径来说已经不局限于印象式的描述，而是希望超越描述性研究，进入解释性理论框架的领域，对研究对象进行抽象性、概念性的理解，[①] 从资料中发展出一定的理论。扎根理论在理论性研究和经验性研究之间架起了桥梁，较好地处理了理论与经验的关系问题，[②] 使纯粹的理论有了丰富的经验事实的支撑。

因此，综合以上考虑，本书采用质性研究中扎根理论的研究路径。

第二节　研究的概念框架

概念框架是研究设计的关键部分，支持和丰富研究者的研究概念、假设、期望和理论体系。[③] 早期的西方扎根理论学者倡导研究者完全不带预设进入现场、完全不讨论研究问题和设计概念框架等，但后来的学者对此不再认可。科宾就在其书中探讨了概念框架的价值，科宾认为尽管研究者不喜欢以一个预先界定的理论框架或一套概念开始研究，但是得承认，在有些情况下，理论框架是有用的，例如概念框架可以为研究者拓展研究发现，提供洞察力，帮助研究者决定需要使用的方法论等。[④] 同样，国内陈向明提出在中国的教育文化背景下，是可以事先讨论研究问题、概念框架、伦理问题等内容的，并且在她的研究案例中事先讨论研究问题、概念框架反而增加了学生在利用扎根理论进行研究时的敏感性。以上观点意味

① 〔英〕凯西·卡麦兹：《建构扎根理论：质性研究实践指南》，边国英译，重庆大学出版社，2009，第7页。
② 陈向明：《质的研究方法与社会科学研究》，教育科学出版社，2000，第328页。
③ 〔美〕约瑟夫·A. 马克斯威尔：《质的研究设计：一种互动的取向》，朱光明译，重庆大学出版社，2007，第25页。
④ 〔美〕朱丽叶·M. 科宾、安塞尔姆·L. 施特劳斯：《质性研究的基础：形成扎根理论的程序与方法》，朱光明译，重庆大学出版社，2015，第43~44页。

着研究者做质性研究还是需要有一定的理论依据与支撑的，质性研究中通常用概念框架作为后续研究的脚手架，但不能把概念框架视作量化研究中的理论模型。

本书采用扎根理论的研究路径时，也事先讨论了研究问题、概念框架、伦理问题等内容。研究者借用概念图来直观展示了概念框架，当然这种框架只是本书初步的理论设想，是一种待完善的框架。该概念框架体现了对相关研究成果的整合，但并不是一个供实践验证的"假设"。[①] 在研究中，研究者会时刻保持开放性，当发现概念框架中的某些内容不适合时会放弃这些内容，接受新的概念，不会为了迎合概念框架而扭曲研究结果。

本书致力于探究高职院校教师信息化教学创新素养。基于对文献的分析，对一般意义上创新的理解，对教育层面教学创新的讨论，研究者认为对教学创新素养的研究包括创新主体所需具备的素养、信息化教学创新实践、信息化教学创新成果几个要素。因此，本书初步形成的概念框架如图3－2所示。

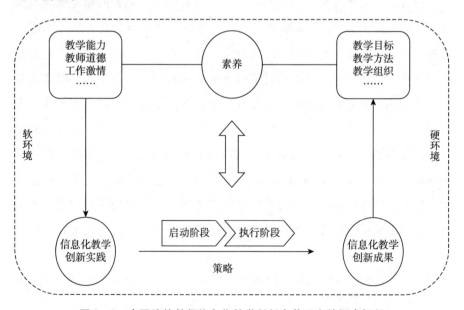

图3－2 高职院校教师信息化教学创新素养研究的概念框架

---

① 刘新阳：《"教师—资源"互动视角下的教师教学设计能力研究》，博士学位论文，华东师范大学，2016，第77页。

本书的概念框架针对的是高职院校教师这个创新主体，认为高职院校教师是可以进行信息化教学创新的人。高职院校教师的信息化教学创新素养体现在两个方面，于高职院校教师内在而言，素养体现为教学能力、教师道德、工作激情等；于高职院校教师外在而言，素养体现为教学目标、教学方法、教学组织等方面的改进。

高职院校教师信息化教学创新需要相应素养的支撑，同时这些素养又在高职院校教师信息化教学创新的实践中养成。虽然信息化教学创新的实践过程在不同文献中有不同的解释，但一般包括启动与执行两个阶段，从文献综述中来看也就是包括创造阶段，有些学者认为是创意引入阶段和创意实施阶段两个大阶段，当然这两个阶段下还可能包含着其他子阶段，如问题识别、准备阶段等。在信息化教学创新的过程中还需要有教学创新策略的支持，保证信息化教学创新的实践可以不断推进，例如文献中提到了理解学生、更新知识观等策略。

既然进行了信息化教学创新的实践，具备信息化教学创新素养的高职院校教师在教学中会取得什么样的创新成果需要我们关注。文献中教师教学创新素养养成的成果体现在教学目标、教学方法、教学组织等方面。

高职院校教师信息化教学创新素养受到创新环境的影响，高职院校信息化教学创新的硬环境和软环境会影响高职院校教师信息化教学创新的实践，从而影响高职院校教师素养的发展。从文献中可以看出，学校的创新氛围、校长领导力等是影响高职院校教师信息化教学创新素养发展的软环境，而学校的设施、资源等是影响高职院校教师信息化教学创新素养发展的硬环境。

第三节　研究对象的选择与抽样

一　确定被研究者

本书将高职院校教师作为研究对象。选择职业院校教师的原因在于与职业院校关系密切，容易获得各种样本，而且最近几年职业院校信息化教学的比赛开展得如火如荼，职业院校教师对信息化教学创新有比较深刻、直观的感受。选择高职院校教师而不是中职学校教师的原因在于研究者本人在与中职学校教师以及中职学校接触的过程中，发现许多中职学校要求学生在上课前将手机交给教师保管，课堂中不得使用手机。因此，关于信息化教学创新，高职院校教师相对于中职学校教师来说可以提供更加丰富的信息。

二　与被研究者建立关系的途径

研究者多次参与省内的高职院校教师信息化教学比赛与培训活动，在省内信息化教学培训活动中联系到了第一个教师样本，向该教师说明了研究的内容、访谈的目的以及访谈期待，并进行了第一次访谈和现场观察。之后研究者通过这位教师获得了培训现场其他学科教师的联系方式。在与被研究教师取得联系后，征求对方参与研究的意愿，并出具研究相应的知情同意书，说明录音与录像需求、保密协定与保密方式等，以公开的局外人的方式进入研究现场。

三　抽样方法

扎根理论有一套属于自己的资料收集与分析的方法。本书主要采用理论抽样的方式进行资料收集，根据理论抽样的要求，资料收集与资料分析同步进行，在收集到第一份资料后就需要立即分析，并且在资料分析的基础上进行下一步的资料收集，从而丰富之前资料中提取出的类属，在不断地抽样与分析中达到理论的饱和。

因为研究采用的是理论抽样，抽样的人数与类属饱和有关，资料的收集是为了建构理论，而不是为了体现人口的代表性。[①] 因此，研究无法事先确定抽样的人数。本书的研究对象为高职院校进行信息化教学创新的教师，由于将信息技术应用于教育已经经历了多年的发展，符合信息化教学创新的高职院校教师也很多，本研究的目的是给高职院校教师提供关于信

---

① 〔英〕凯西·卡麦兹：《建构扎根理论：质性研究实践指南》，边国英译，重庆大学出版社，2009，第7页。

息化教学创新的理论指导，因此研究选择的样本是需要在信息化教学创新实践方面有比较充足、丰富经验的高职院校教师，研究者希望通过研究这些教师的信息化教学创新实践，提取出信息化教学创新的经验，为其他教师服务。在扎根理论的研究方法中，理论性抽样最初阶段包括目的性抽样的一个要素，研究者必须知道从哪里抽样和这些抽样将会带领他去何处。①因此，本研究在数据收集的最初阶段采用目的性抽样的思路，以此保证选择到有足够典型性的样本进行初步研究。②

研究者最初与研究对象接触遵循以下基本步骤进行。首先，选取可以提供最大信息量的高职院校教师，选取的标准是：

（1）教师的信息化教学曾经获得过省级以上奖项；

（2）教师认可信息技术在促进教学变革中的重要作用；

（3）教师有持续性的信息化教学创新行为；

（4）有证据表明教师的信息化教学成果（学生表现、教材创新等）；

（5）信息化教学创新从根本上源于教学需求，而非技术；③

（6）教师愿意参与研究，且有关于信息化教学创新的思考。

其次，研究者再根据资料分析的结果，带着丰富类属属性和维度的目的去接近下一个样本收集资料，直至理论饱和（类属的属性和维度都已经完全发展与建立起来了）。

最后，上述这些主要接触与观察的研究对象都在全国职业院校信息化教学大赛和全国职业院校技能大赛教学能力比赛中获得过奖项，这些高职院校教师在信息化教学创新实践上有丰富的经历，并且获得了多位专家的认可。以下呈现全国职业院校信息化教学大赛和全国职业院校技能大赛教学能力比赛中关于创新部分的评分标准，以此证明获奖高职院校教师确实在信息化教学中进行了创新以及本研究的研究对象确实可以为本研究提供

---

① 费小冬：《扎根理论研究方法论：要素、研究程序和评判标准》，《公共行政评论》2008年第3期，第23~43、197页。

② 贾旭东：《基于扎根理论的中国城市基层政府公共服务外包研究》，博士学位论文，兰州大学，2010，第28页。

③ 刘晓琳、张立国：《当代基础教育教学创新表征及学段特征———项关于教学创新本体性知识的实证研究》，《电化教育研究》2019年第6期，第112~120页。

足够典型与丰富的信息。因为本研究主要接触了 2017 年和 2019 年获奖的高职院校教师，因此主要介绍 2017 年和 2019 年关于教学创新部分的评分标准。

2017 年全国职业院校信息化教学大赛关于教学创新部分的评分标准如下。[①]

（1）信息化教学设计。评分指标"特色创新"分值为 15 分。评比要素包括：内涵为信息化教学设计理念先进，立意新颖，构思独特，技术领先；广泛适用于实际教学，有较大推广价值。

（2）信息化课堂教学。评分指标"特色创新"分值为 15 分。评比要素包括：信息化课堂教学理念先进，立意新颖，构思独特，技术领先；课堂教学效率高，成效好，特色鲜明，具有较强的示范性。

（3）信息化实训教学。评分指标"特色创新"分值为 15 分。评比要素包括：信息化实训教学理念先进，立意新颖，构思独特，技术领先；广泛适用于实际教学，有较大推广价值。

2019 年全国职业院校技能大赛教学能力比赛关于教学创新部分的评分标准如下。[②]

（1）公共基础课。评分指标"特色创新"分值为 15 分。评比要素包括：公共基础课能够引导学生树立正确的理想信念、学会正确的思维方法、培育正确的劳动观念；能够创新教学模式，给学生深刻的学习体验；能够与时俱进地提高信息技术应用能力、教研科研能力；具有较大的借鉴和推广价值。

（2）专业（技能）课。评分指标"特色创新"分值为 15 分。评比要素包括：专业（技能）课能够引导学生树立正确的理想信念、学会正确的思维方法、培育正确的劳动观念；能够创新教学与实训模式，给学生深刻

---

① 《教育部办公厅关于举办 2017 年全国职业院校信息化教学大赛的通知》，教育部网站，http://www.moe.gov.cn/srcsite/A07/zcs_yxds/s3069_xxh/201709/t20170904_313131.html，最后访问日期：2019 年 12 月 20 日。

② 《2019 年全国职业院校技能大赛教学能力比赛方案》，全国职业院校技能大赛教学能力比赛网，http://www.nvic.edu.cn/Web/NewsPage/NewsDetail.aspx? id = 73896caa – e9ad – 475e – bf8e – 44f103bb4a6a，最后访问日期：2019 年 12 月 20 日。

的学习与实践体验；能够与时俱进地更新专业知识、积累实践技能、提高信息技术应用能力和教研科研能力；具有较大的借鉴和推广价值。

四 抽样示例与抽样信息

（一）抽样示例

遵循理论抽样的要求，在目的性抽样阶段，通过导师介绍，研究者接触到了第一个教师样本，为了保护该教师的个人隐私，研究者以编号 T1 代表该教师。T1 教师具有一定的典型性，能够为研究提供足够的信息。

研究者初次接触到 T1 教师是在 T1 教师参加完 J 省的省级教学能力比赛之后，T1 教师来自 J 省，J 省的高职院校教师在历次的全国职业院校教师信息化教学大赛中都有非常卓越的表现，T1 教师所属的院校为中国特色高水平高职学校。后来，T1 教师通过了 J 省的省内筛选，参加了全国职业院校教师信息化教学大赛，最终获得了全国大赛一等奖的荣誉。

在 T1 教师的教学展示中，信息技术在改变教学流程（不仅仅是翻转课堂理念的使用）、激励学生学习、实施多元评价等方面发挥了重要作用。T1 教师认可信息技术对课堂教学改革的促进作用，T1 教师：文科类的研讨啊、辩论啊，用你们这种录音笔嘛。就录完以后，它可以自动转成文字，这不算什么了，现在还有更厉害的，它能够自动提取关键词啊。因为我辩论吧，这种辩题啊，你说我说话题方向不是散的吗。它能够自动分析出你们要聚焦的问题到底是什么，这种对文科类的课堂教学效果特别好。

T1 教师有 13 年的教龄，一直在积累信息化教学的经验，其参加比赛的内容经过了三年的准备，T1 的信息化教学不是为了比赛，而是一个长期的、持续性的实施过程。

T1 教师提供了信息化教学创新的成果，有学生的阶段性作品、有教师的资源建设作品和学生参与教学创新的表现，T1 教师在参加比赛的内容中有许多资源建设都来自与学生团队的合作。

T1 教师反对为了技术而技术，其授课目标是在大纲的要求下，与企业商定而来，基于其 13 年来自身的教学经验与反思，以及对从企业应聘到学校教学的专业人士的教学情况的观察与反思，其信息化教学创新确实是源自真实的教学需求。

T1 教师参与本研究的愿望较为强烈，希望通过参与研究提升自己的教研能力。T1 教师对信息化教学创新有较为深入的思考，且后来作为 J 省的教学专家参与了一些教学比赛的指导活动。

根据对 T1 教师资料的分析，发现还需要收集更多的资料。例如 T1 教师在访谈中提到了学生团队的作用，所以在 T1 教师之后，研究者收集了学生团队的访谈资料。研究者的想法是这是一个一毕业就进入教育行业的高职院校教师的个人经历，那么学校从公司引进的教师与这类教师相比，他们的信息化教学创新经历会不会有所不同，所以研究者去寻找了原来是企业员工的教师，但条件符合一开始目的性抽样的标准进行新的访谈，也就是 T2 教师。因此，本研究根据理论发展的需要进行理论抽样，直至达到理论饱和。

关于理论抽样，本研究还通过备忘录的方式进行记录与反思。

关于理论抽样的备忘录

在 T4 教师的访谈中，教师提到了课程思政融入的创新点，以及挖掘课程思政的方法。我发现这是之前教师没有提到的概念，因此在之后的访谈中会对挖掘课程思政的方法进行访谈。

（二）抽样信息

本研究中的高职院校教师样本信息如表 3 – 1 所示。

表 3 – 1　高职院校教师样本信息

单位：年

样本名称	性别	教龄	学历	职称	基本信息
T1	女	13	硕士研究生	副教授	专业课教师，国赛一等奖
T2	女	10	硕士研究生	讲师	专业课教师，原为企业员工，国赛一等奖
T3	女	15	硕士研究生	讲师	专业课教师，国赛一等奖
T4	女	7	硕士研究生	双职称	专业课教师，原为医院职工，国赛一等奖
T5	男	14	硕士研究生	副教授	基础课教师，国赛一等奖

续表

样本 名称	性别	教龄	学历	职称	基本信息
T6	女	11	博士研究生在读	讲师	专业课教师，国赛一等奖
T7	女	4	硕士研究生	讲师	专业课教师，国赛三等奖
T8	女	1	博士研究生	讲师	专业课教师，国赛（信息化实训教学）一等奖
T9	女	7	硕士研究生	讲师	基础课教师，国赛一等奖
T10	女	16	硕士研究生	副教授	专业课教师，国赛（信息化教学设计）一等奖
T11	女	10	硕士研究生	副教授	专业课教师，国赛一等奖
T12	女	17	硕士研究生	副教授	专业课教师，国赛一等奖
T13	男	8	硕士研究生	讲师	专业课教师，国赛（信息化教学设计）二等奖
T14	女	22	博士研究生	教授	专业课教师，国赛（信息化教学设计）二等奖
教师座谈	2男5女	—	硕士研究生		某职业院校不同学院的7位教师（其中一位教师获得国赛一等奖）
参与团队	2男2女	—	专科	—	参与创新的学生团队

为了保证信息来源的多样性与丰富性，进行三角验证，本研究还抽取了部分高职院校教师所教高职学生的样本，研究共收集到高职学生样本4人，分别以 X1、X2、X3、X4 命名，其中男生和女生各 2 人，已毕业学生 1 人，在读学生 3 人。

第四节 研究资料的收集

扎根理论认为只有从资料中产生的理论才具有生命力。扎根理论中的资料范围较宽泛，这些资料就是展现真实的各种"碎片"，研究者把他们拼凑起来呈现给一定的对象。本研究使用访谈、实物资料以及实地观察的方式收集数据。资料收集的方式会影响资料的可信度从而影响理论构建的结果，这一点在访谈中特别明显。

一 访谈资料收集

在本研究中，作为旁观者可以观察到的是高职院校教师信息化教学创新的结果，但高职院校教师达到这个结果的过程、途径等并不能通过观察等方式反映出来，因此研究者有必要进行半结构访谈。访谈既要保证具有灵活性，又要保证具有一定的限制性，所有的访谈都会被录音，并且转录为文字资料。正式访谈一般通过面对面的方式或者网络通话的方式进行，由于可能存在被访谈者的时间限制问题，因此也会存在时间较短的非正式访谈。所有访谈会在征求被访谈者意见的基础上进行录音。

访谈的题目是开放且具体的，访谈采取由近及远的策略。由于采用扎根理论是为了发展概念，所以访谈题目会围绕着概念的发展而有所调整，访谈题目大致有："您怎么看待信息化教学创新，与一般的信息化教学相比有什么特点？""请详细说一下您信息化教学创新最成功的例子，其中的亮点在哪里？""您的创新经历了什么过程？""您已经有过信息化教学创新的经历，并且获得了专家的肯定，您觉得在进行教学创新的过程中有什么策略或者技巧吗？""有哪些因素会阻碍或者促进您的信息化教学创新？""进行信息化教学创新，您认为给你带来了什么影响（有利的或者不利的影响）？"访谈提纲是在预访谈经验的基础以及五位高职院校教师的修改意见上形成的，具体见附录所示。而后来随着访谈关注的概念逐渐丰富，访谈提纲经过多次修改，完善了"您的创新点是为了解决什么问题？""您（团队）为了实现创新做了哪些准备？""您怎样看待实际课堂教学与信息化教学设计两者之间不符合的地方？""您（团队）是怎么将当前国家提倡的课程思政元素融入您的教学中的？"等问题。

为了取得真实的资料，在本研究的访谈过程中会采用倾听、追问、回应等提问技巧。在访谈中研究者会对访谈对象表述不清的细节及时追问，例如 T1 教师在访谈中提到与她所教学科密切相关的 BIM 软件，她理所当然地认为研究者应该是知道这个软件的，因此，及时追问她，对相关信息进行补充获取研究资料是非常有必要的。在访谈中研究者会给教师反馈，例如点头、记录、说类似于"嗯"这样的肯定词、重点内容的复述，以及情感上小心的自我暴露等，从而引导教师给出更多的访谈信息。为了更好地使用访谈这种方法，研究者在每次的访谈之后会填写访谈备忘录，主要对访谈中方法的使用进行反思。例如在对 T1 教师的访谈中，研究者在访谈备忘录中就反思了自己对访谈方向的控制不足，对教师出现的沉默处理不好，特别希望打破沉默，反而打断了教师的叙述思路，以及在访谈过程中出现了一次评价性的回应，这是研究者在之后的访谈中需要非常注意的细节。在每一次访谈结束时，研究者都对访谈教师表示获得了丰富且有用的资料，并且再次强调保密原则，真诚地对受访教师表示感谢。

除了高职院校教师的访谈，本研究还进行了学生访谈，希望站在学生角度思考高职院校教师的信息化教学创新，具体的访谈提纲见附录。研究者对 14 位高职院校教师进行了单独访谈，其中 6 位教师的访谈次数在 2 次以上，每次访谈时间在半小时至一小时。研究者还与 7 位高职院校教师进行了时长近一个小时的集体座谈。此外，研究者还访谈了参与信息化教学创新的学生团队以及 4 位高职学生。在整个研究中，研究者共收集到了1133 分钟的访谈资料。

二 实物资料收集

对质性研究来说，访谈、观察、日记、历史文献、照片、图片、档案、新闻报道都是非常有用且可以分析的资料。本研究中，教师信息化教学创新的实物资料主要有教师的教案、高职院校信息化教学的相关文件等资料。收集教案资料是因为教案中可以比较明显地体现出教师的教学设计，没有良好的教学设计，就难以有创新。改进教学和学习的可靠设计是任何教学创新的核心，如果高职院校教师考虑信息化教学创新的实施，他们就有理由详细说明教学设计。收集高职院校信息化教学的相关文件是因为这些文件对于高职院校信息化教学的改革具有指引作用，同时也体现了高职教学的大环境。教案与高职院校信息化教学的相关文件可以验证访谈中的内容，也可以补充访谈资料。在研究中，研究者获得了 136 个课时的教案资料。

A1 教案："海绵住区绿地设计"，共计 16 课时。

A2 教案："扎染服饰品设计与制作"，共计 16 课时。

A3 教案："航空大气数据系统维护"，共计 16 课时。

A4 教案："心血管疾病病人的护理"，共计 16 课时。

A5 教案："语文古诗词"，共计 12 课时。

A6 教案："学前儿童音乐活动设计与指导"，共计 18 课时。

A7 教案："乡村康养庭院设计"，共计 16 课时。

A8 教案："室内甲醛检测"，共计 16 课时。

A9 教案："零件尺寸测量"，共计 2 课时。

A10 教案："喷气引纬工艺设计与优化"，共计 4 课时。

A11 教案："抗生素药物含量测定"，共计 4 课时。

三　观察资料收集

观察是观察者带着明确的观察目的，凭借自身的感知能力以及外界的辅助工具（录像机、录音机、观察量表等）从实际现场中获得与观察目的相关的资料，并且对这些资料进行分析与研究的方法。

研究者收集了教师的访谈资料、教案等实物资料，但教学设计一般是高于实际的课堂教学的。教学设计中的创新因素只是教学创新活动的开始，因为即使是精心设计的教学创新，在实际课堂中依然存在着很大的即时创新空间，在实际教学中教师不可能完全按照教案的设计实施教学，因此需要课堂观察作为访谈与实物资料的补充。

课堂观察一般分为定量观察与定性观察，在本研究中研究者的主要关注点为创新与素养，适合采用定性观察的方式并记录田野笔记。[①] 在正式观察之前，研究者需要确定观察点，也就是课堂观察纲要，作为课堂观察的内在线索。本研究事先确定了从三个维度考虑观察课堂：信息化教学环境、信息化教学过程、信息化教学效果。第一，信息化教学环境主要考虑课堂中的软硬件设备有哪些？哪些得到了有效的使用，有什么证据支持？教师预设了哪些信息化教学资源，哪些教学资源有利于学习目标的达成？

---

① 崔允漷、沈毅、周文叶等：《课堂观察 20 问答》，《当代教育科学》2007 年第 24 期，第 6～16 页。

第二，信息化教学过程主要考虑教师如何导入课堂、演示呈现、指导学生、评价学生？教学设计有哪些调整，效果如何？教学设计、情境创设与资源利用有何新意？教学设计、课堂气氛是否有助于学生表达自己的想法？第三，信息化教学效果主要考虑学生达成了什么目标？有什么证据（观点、积分、作业、演示）支持？学生生成了什么资源，教师是如何处理的？图3-3展示了实地观察情况。

本研究还观察了信息化教学专家的培训现场，研究者以专家团队成员的身份参与了某个高职院校的教师信息化教学能力提升的培训，培训现场借助摄像机记录下来。培训现场的观察点主要从两个维度考虑，即培训专家的培训内容与参与培训教师的反应。

图3-3 实地观察情况

实地观察记录示例如下。

【实地笔记】

培训教师说："中间几十秒一页PPT，PPT上打满字，从头读到尾，做完了，这样做了1000多个资源有什么用呢？所以我们讲现在许多资源库建设都是为了数量，这个有什么用不管，老师需要用的时候到哪里找也不管，所以为什么有的老师说我需要用的时候找不到资料，早先资源库的架构是有缺陷的……"

【反思笔记】

为了数量建设是一种形式上的资源建设。资源建设需要符合教学实际，方便教师使用。

【实地笔记】

在其他教师都在听课，用手机拍照并记笔记的时候。我观察到一位教师没有在听培训，而是在用笔记本电脑处理自己的事情。这名教师在回答培训老师的问题时说了自己的经历，他们团队获得过信息化教学大赛的国赛一等奖，在参赛期间找了公司帮忙制作各种资源，但是他们团队并不满意公司的制作，就和公司说应该怎么修改。后来，为了赶时间，这个团队就从早到晚睡在电脑旁边，公司修改人员休息了，他们团队的教师就亲自动手修改，在看着公司修改的过程中，他们都已经掌握了这些软件的操作方法。

【反思笔记】

不同高职院校教师的差异反应，表明他们在培训的内容上有不同的需求。参加比赛可能会促进教师信息化素养的提升。

第五节　研究资料的分析策略

一　微分析

在质性研究中，研究者通常在拿到第一份资料之后就开始分析，微分析是在将资料进行编码时常用的分析工具，一般在研究最开始时使用，并不是整个研究阶段都需要。微分析是一种更为详细的开放编码形式，[1] 关注的是资料中的细节，微分析帮助研究者合理怀疑每一种解释、探究各种可能性，以开放的心态接受各种可能的存在，防止过早下结论确定编码。在研究中研究者可以通过思考访谈内容中词语代表的含义；反面案例表示的意思；近义词表示的内涵；有针对性的提问；从不同视角发散思维得出各种可能性；名词代表的群体数量与群体类型；发生事件所涉及的人物、时间、情境与进行方式等手段对访谈内容进行微分析。研究以 T1 教师访谈的部分内容为例，微分析示例片段如下。

T1：最早，我们也是一步步地按 PPT 的形式，自己去学习图集啊、规范啊、图片啊，后来你发现就是这个东西不行，得让它动起来，动起来就

---

[1] 〔美〕朱丽叶·M. 科宾、安塞尔姆·L. 施特劳斯：《质性研究的基础：形成扎根理论的程序与方法》，朱光明译，重庆大学出版社，2015，第63页。

需要做动画、做三维，动起来以后你就会根据你的教学需要发现知识是分类的，有的是原理类的，有的是功能类的，然后有的就是构造类的，然后就是那个东西越做越系统，越做越全面……

首先，看第一个词"最早"。这可能指向一个过去的时间点，T1 教师用"最早"开始这段话，意味着她在时间上往前回忆，可能之后会出现"当前""之后"等一系列表示时间的词语；"最早"也可能是指某个流程的第一个环节，T1 教师可能在详细介绍某个流程，后续还存在其他环节的介绍。

其次，看"一步步地"。研究者试者寻找了一些它的同义词，如"一步接着一步地"，这是指按照某些规定的环节一个接一个地执行下去，又比如"慢慢地"，这是指教师经过一段时间积累了某些东西。

再次，看"这个东西不行"。"这个东西"在这里指什么，是 PPT 的形式，还是图集、规范与图片，或者这几种形式都不行？"不行"是什么意思，是指教学效果不好呢，还是指平面的形式不具备动态的效果？反过来说"这个东西行"又是什么表现，是动态的？是吸引人的？还是具有很明显的教学效果的？

最后，再看"那个东西越做越系统"中的"那个东西"指的是什么，是指资源类型越来越多样、丰富，还是指教学资源所涉的知识点越来越多，还是指资源与知识点都越来越系统。那个东西不系统有什么表现？

此外，研究者从维度入手，通过微分析策略分析资料，示例如下。

T1：原来我可能只需要做一个小点，因为自己的知识层次一开始也不够【知识层次（低—高）】，毕竟是全新的一个知识领域【知识领域（旧—新）】，你发现这个东西越做越大【知识范围（点—面）】，可能就需要全局域的全区域的，然后就会想到 BIM 啊，原来一根管网就够了，现在要做复杂的接入啊、排出啊【知识难度（简单—复杂）】。原来我们可能做的就是一个小的点，也不存在什么地形。随着项目的复杂程度变大，一个小区可能地形高差，南北误差十几米。然后我这个场地，把问题研究得越来越细了【问题范围（粗放—细致）】。嗯，就是怎么讲呢，就是结合地形，模拟出雨水。根据降雨量的现状，我大概都可以预测出来，这个地方是低注点，会有积水，然后那我怎么能直观地告诉学生呢。比如说呢，这一张地形分析图，CAD 你有可能听说过，CAD 图上面有明确的标高点，我能通过标高很明显地分析出谁高谁低，你自己建图可以明白，但对于我们的学生，他觉得好枯燥，绝对很枯燥【学生感受（枯燥—有趣）】，一个图纸、一些数据觉得太抽象了【呈现方式（抽象—直观）】。

这段微分析分析出来的属性与维度，还是初步的思考，后期还会根据对新资料的分析继续修改、补充与完善。

二　不断比较

不断比较是扎根理论中非常重要的方法，通过不断比较，研究者可以发现概念与概念之间的区别与联系，生成理论与现有理论之间的差异与关联，从而最终形成对经验资料比较全面、深刻的理解。科宾和施特劳斯认为进行比较可以帮助研究者理解资料，提高研究者的理论敏感度，便于研究者进一步收集资料、展开分析，从而生成理论，也可以帮助研究者审视自身偏见，发现新的内容。扎根理论中的比较包括持续比较和理论比较。首先，在对资料编码分析的过程中就需要寻找各种事件的相同点与不同点，将具有相同特性的事件归类为同一个概念，在形成了一些概念之后，又需要对概念的属性与维度进行比较，确定概念之间的联系，形成多个类属，而这些类属又可以进行比较，通过寻找到各个类属之间的关系从而形成故事线。例如，在 T7 教师的访谈资料中可以发现 T7 教师对高职学生前后态度的变化，从对高职学生存在偏见到认可高职学生，研究者可以对高职院校教师素养形成过程中的前后态度做出比较，并且可以比较各个教师对高职学生的态度。其次，扎根理论中至少存在前人的理论、研究者自己的理论以及资料中呈现的理论三种理论，在分析资料时，研究者需要在这三种理论之间来回地穿梭，才能更好地理解与分析资料。例如在访谈资料中教师普遍提到信息化教学创新点要真实，不能是技术作秀，而在研究者的日常生活经验中就有一个"形式主义"的理论，于是研究者就用"形式主义"的一些特性为理解信息化教学创新作秀提供洞见。

三　备忘录辅助分析

微分析关注细节，需要和更为一般的分析同时使用。研究者通常用备忘录进行更一般的分析，由于质性研究的时间通常比较长，所以研究者需要利用备忘录将分析资料的思考与灵感记录下来，方便后期追踪研究，因此撰写备忘录需要贯穿于整个分析过程。研究者从初步探究资料到形成类属到说明范式再到形成故事线等各种分析活动都需要备忘录的帮助。科宾在其著作中为了突破之前版本程式化的三级编码过程，特意借助了多个备忘录，以备忘录的方式分析资料。本书参考科宾做备忘录的方式，将每个备忘录编号，并且用概念作为标题来反映研究者对原始资料的思考，有时候会采用被访谈者的本土概念作为备忘录的概念。研究者在每一次与资料接触及分析的过程中都做了备忘录，例如在对 T1 教师访谈记录进行第一次分析时，研究者根据访谈的内容将访谈分为 12 个部分，形成了 12 个备忘录。以备忘录 2 为例，具体如下。

备忘录2　转变：认识、素养、技术功能

T1：PPT 就不讲了，就是视频啊、视频剪辑啊、微课啊，那都算不上什么信息化了。像翻转课堂、视频，基本上老师就这样，能这样就不错了，自己能剪剪片子，然后就得自己配音做个微课什么的，现在都是我们参赛老师的标配……现在有特别简单的就是，有一些平台，然后能够自动统计，单选题啊、词云啊……然后现在那种比较好的人工智能，那个我们也觉得挺好。文科类的研讨啊、辩论啊，用你们这种录音笔嘛。就录完以后，它可以自动转成文字，这不算什么了，现在还有更厉害的，它能够自动提取关键词啊。因为我辩论吧，这种辩题啊，你说我说话题方向不是散的吗。它能够自动分析出你们到底要聚焦的问题是什么，这种对文科类的课堂教学效果特别好……

以上为 T1 教师访谈中的部分片段，备忘录中的内容如下。

T1 教师对信息化教学的认识：传统媒体地位转变，PPT、微课之类是传统的媒体资源。高职院校教师信息素养的变化：使用 PPT、视频、微课是传统的方式，是现在教师的基础与标配技能。T1 教师对新技术功能的关

注：从原来她认为简单的平台到人工智能。在这一部分的分析中，我好像看到 T1 教师呈现了一个反比的关系，随着教师认识的提高、素养的提升，信息技术特别是传统信息技术的地位在下滑，其使用的难度也在降低。

T1 教师指出人工智能的自动提取功能和词频分析功能与文科类课程相关，之前的访谈中又提到了 BIM 软件的使用，也说了难操作的工科类课程需要大型虚拟仿真支持，因此，在 T1 看来教师的信息化创新是与各个学科特质密切相关的。

结合我之前参与的培训经历，在前年的教师教学比赛选拔与培训中，我发现许多老师使用蓝墨云班课、雨课堂之类的，在 T1 教师眼中这些是很简单的信息化教学平台，她提出人工智能在如今文科类教学中的使用情况是非常有效的。因此，从技术的角度考虑，信息技术好似处于一个可以上下移动的滑梯上，原来是 PPT、微课、教学平台（雨课堂）等位于顶端，现在它们逐渐下滑成基本技术或者逐渐后退成为背景板，新的技术出现在顶端，例如人工智能。但原有的技术又没有淘汰掉，信息化教学中的技术似乎很难真正淘汰，包括我们所说的黑板、粉笔到现在也没有真正淘汰，所以说老师在教学中应该是有选择地使用信息技术，所以技术地位、技术功能应该是其中的两个属性。

这部分备忘录只是初步分析资料的示例，分析得比较简单，随着后续资料的收集，再次回顾资料、分析资料、对比资料，还会得到更多的分析备忘录。

四　图表辅助分析

图表可以用直观的方式展现概念及概念之间的关系，备忘录、分析描述的内容都可以通过图表表示出来。特别是从初始概念归类为初步的类属（属性与维度），再从类属抽象为三级编码的过程，图表有利于研究者发现核心类属以及不同类属之间的层次。

五　NVivo 11 软件分析

本书中分析资料使用了 NVivo 11 软件以及思维导图软件。NVivo 11 可以将文档、视频、图片等资料汇集在一起进行分析，方便资料编码，同时可以查找到每个节点对应的各个资料中的内容，也就是材料来源与参考点，如图3-4所示。但随着资料越来越多，节点越来越多，NVivo 11中软件各个节点的调整并不方便，因此本书借助了思维导图软件，可以灵活地调整节点与节点之间的关系，方便尝试不同的资料理解方式。

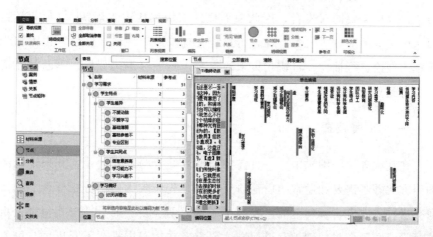

图3-4　NVivo 11在编码过程中的使用

第六节　研究资料的三级编码

不同的扎根理论者有不同的资料分析经验，格拉泽和施特劳斯的版本是最初始的版本，编码方式上采用两级编码，即实质编码和理论编码；施特劳斯和科宾的版本提出比较经典的三级编码方式，即开放编码、轴心编码和选择编码；之后科宾和施特劳斯对技术化和程序化版本进行修订，他们受到女性主义、建构主义等理论的影响，开始反思之前版本过于公式化、灵活性不够的问题，注重反思备忘录在资料分析中的作用，虽然仍然遵循逐级递进的编码，但其似乎在暗示三级编码不一定是必需的，各种灵活的备忘录是分析资料的依据。[①] 卡麦兹的版本建立在建构主

---

① 〔美〕朱丽叶·M. 科宾、安塞尔姆·L. 施特劳斯：《质性研究的基础：形成扎根理论的程序与方法》，朱光明译，重庆大学出版社，2015，序第4~5页。

义理论基础之上，编码遵循初始编码、聚焦编码、轴心编码和理论编码的程序。

本书中的资料分析主要参考科宾和施特劳斯提出的三级编码方式，并且在分析的过程中使用备忘录、图表等方式辅助分析。

本书采用三级编码的方式分析资料。按照扎根理论的要求，资料收集与资料分析需要同时进行，因此在下面的三级编码中先以 T1 教师和学生团队访谈资料的分析为例展现分析过程，初步浮现理论，然后再根据初步浮现的理论进行抽样，将新收集来的资料进行三级编码分析，不断补充资料，直到理论饱和。

一 开放编码

在扎根理论的编码中，一直需要研究者注意与遵守的是，扎根理论的编码方式并不需要如通常的质性研究一样预先设定编码的分析框架。如果研究者在正式分析资料之前已经确定了编码的类目，那么这与扎根理论拒绝预设、尊重资料的精神背道而驰。研究者在编码中需要不断反思自己的预设，尽可能使用本土概念，从原始资料中逐步提取与生成理论。正如卡麦兹总结格拉泽和施特劳斯的扎根理论成果后所说："从数据中而不是从预想的逻辑演绎的假设中建构分析代码和类属。"[1]

施特劳斯等认为开放编码是从数据中发现概念及发展概念的属性与维度的分析过程，在开放编码过程中，数据被分解成离散的部分，研究者需要仔细检查，比较不同部分的相似性和差异性，并将在概念上性质相似或意义相关的事件、对象和行动等归为更抽象的概念，称为"类属"。[2]

（一）访谈资料开放编码

简单来说，开放编码是将资料分解、比较、概念化、类属化的过程，基本环节包括为现象命名（贴上概念标签）—发现类属—命名类属—发

---

[1] 〔英〕凯西·卡麦兹：《建构扎根理论：质性研究实践指南》，边国英译，重庆大学出版社，2009，第 7 页。

[2] A. L. Strauss, J. M. Corbin, *Basics of Qualitative Research: Techniques and Procedures for Developing Grounded Theory*, London: SAGE Publications, 1998: 101–102.

展类属的属性和维度，其过程就像一个漏斗。[①] 本书首先对 T1 教师的相关资料（教师访谈、学生团队访谈）进行开放编码，通过贴标签，形成了初步的类属，本书截取了部分的访谈资料分析片段做示例（见表 3 - 2）。接着通过不断对类属进行比较、概括、提炼与抽象，形成了更上位的开放编码。后续随着抽样的进行又分析了其他教师的访谈、教案资料、课堂教学视频资料等，本书中也展示了各种资料开放编码的部分示例内容。

（二）教案资料开放编码

关于教案资料的分析，研究者主要对教案中的教学目标、学情分析、教学资源、教学过程、教学反思部分进行开放编码，教案开放编码示例见图 3 - 5。

【原始资料片段】

学生课前活动：1. 研读任务书，小组制作分析报告；2. 学习现状分析要点等微课资源；3. 完成测试题；4. 投票互评并预习新知。

（三）课堂教学开放编码

课堂教学开放编码主要对课堂教学环境、教学过程、教学效果等进行分析，以记录的课堂教学视频 T2 - V1 和 T3 - V1 分析为例，编码结果如图 3 - 6 所示。

（四）开放编码表

以上开放编码只是访谈、教案、课堂教学视频中部分资料的编码，随着资料的不断增加，概念的不断丰富，研究者对概念之间的关系有了新的理解与解释，因此，研究者对之前的开放编码进行了多次调整，使之更贴近对资料的理解。经过对不同资料的比较、提问，重新调整概念以及类属，选择参考点在 2 以上的概念，经过逐步抽象，形成了开放编码表，见图 3 - 7。

---

① 李方安、陈向明：《大学教师对"好老师"之理解的实践推理——一项扎根理论研究的过程及其反思》，《教育学报》2016 年第 2 期，第 58 ~ 70 页。

表 3 - 2　T1 教师访谈资料编码示例

原始资料片段	贴标签	编码		
		类属	属性	维度
T1 教师：我们高职强调做中学，做中教，一定要做，你再去做啊，一点效果都没有。先做，做不能是老师是让老师是能给你大椎，你拿着企业方案让学生去做，个题目你说的就是这么做，包括我自己也是，很不能。你就哪怕是一个企业让学生去做，一完整的项目，你也得把他精心设计成一个层层推荐的环节，就是幼的他们搭一个脚手架，就是一层一层地把台阶搭给你，你住上面走，还要搭个同题给他，从简单同题开始，他会有探索欲，这个同题他很能自己去解决了。这会感来越高阶，在你的协助之下，他就会很有成就感，我们还强调成果展，获得感。985、211 都是天之骄子，感觉很很，让他增强自信他都有点那种感觉。你怎么让高职学生人人都有出彩的机会。如果通过你的哪怕一个小任务，一个小成果，他就觉得通过自己或者团队合作，攻克了一个同题。完了发现，哎，我通过一个小游戏，通过一个什么小任务，通过老师给设计的小任务就是一步一步的铺，到最后这个大任务我发现，原来前面的小任务我全套完成，我们团队完成了一个大任务区的设计。然后后在校园里面我们由工程实训的带领下，他们把想法变成现实搭建实施操作的过程中，我懂了材料，又懂了施工工艺	做中学　先听后做　无效式讲授　学生无法下手　学习枯燥　精心的教学设计　搭脚手架　抛锚　学生有探索欲　学生自主学习　学习进阶　教师协助　学生成就感　学生自单感　增强学生自信　人人出彩　出彩机会　合作学习　攻克难问题　学生完成小任务　小任务辅助　学生完成大任务　实际操作　学生想法付诸实施　成就感累积	学习需求 学习过程 教学实施 师生关系	学习偏好 学生心理 学习方式 学习形式 学习结果 教学设计 授课方式 教学模式 教学内容 教师角色	枯燥—有趣 自单—自信 被动—主动 独立学习—合作学习 攻克问题—出成果—出彩 敷衍的设计—精心的设计 无效式讲授—有效式教授 先听后做—做中学 小任务（简单）—大任务（复杂） 权威—协助

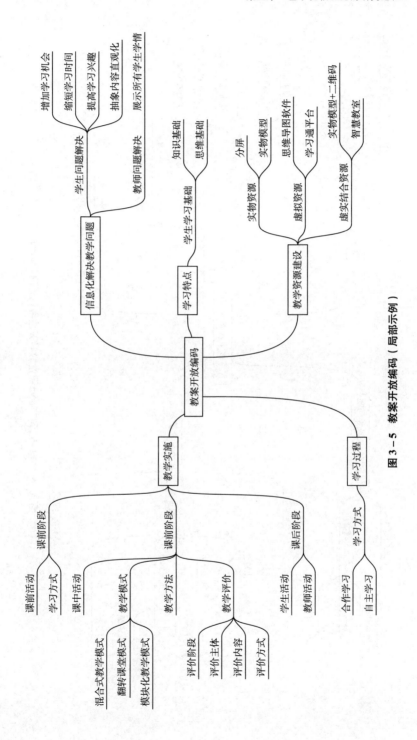

图 3－5　教案开放编码（局部示例）

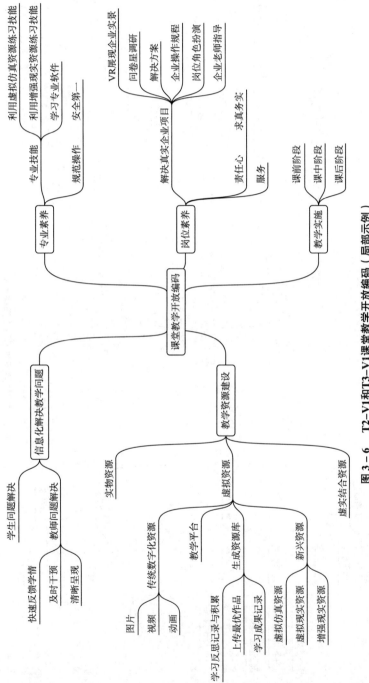

图 3 - 6 T2-V1和T3-V1课堂教学开放编码（局部示例）

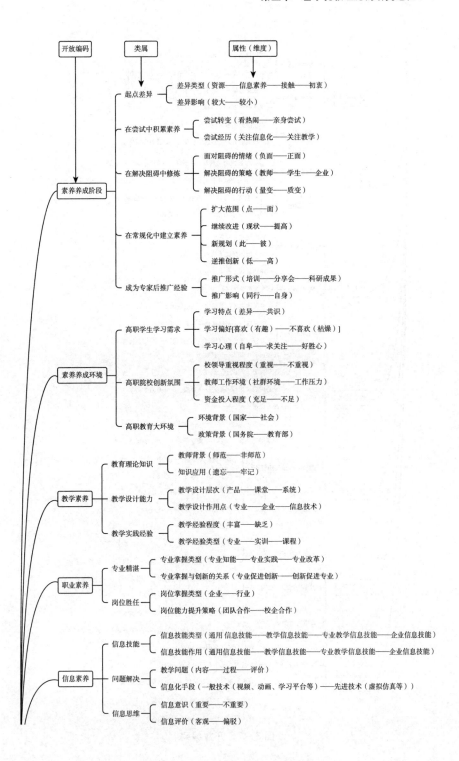

开放编码　类属　属性（维度）

起点差异
　差异类型（资源——信息素养——接触——初衷）
　差异影响（较大——较小）

在尝试中积累素养
　尝试转变（看热闹——亲身尝试）
　尝试经历（关注信息化——关注教学）

在解决阻碍中修炼
　面对阻碍的情绪（负面——正面）
　解决阻碍的策略（教师——学生——企业）
　解决阻碍的行动（量变——质变）

素养养成阶段

在常规化中建立素养
　扩大范围（点——面）
　继续改进（现状——提高）
　新规划（此——彼）
　逆推创新（低——高）

成为专家后推广经验
　推广形式（培训——分享会——科研成果）
　推广影响（同行——自身）

高职学生学习需求
　学习特点（差异——共识）
　学习偏好[喜欢（有趣）——不喜欢（枯燥）]
　学习心理（自卑——求关注——好胜心）

素养养成环境

高职院校创新氛围
　校领导重视程度（重视——不重视）
　教师工作环境（社群环境——工作压力）
　资金投入程度（充足——不足）

高职教育大环境
　环境背景（国家——社会）
　政策背景（国务院——教育部）

教育理论知识
　教师背景（师范——非师范）
　知识应用（遗忘——牢记）

教学素养

教学设计能力
　教学设计层次（产品——课堂——系统）
　教学设计作用点（专业——企业——信息技术）

教学实践经验
　教学经验程度（丰富——缺乏）
　教学经验类型（专业——实训——课程）

专业精湛
　专业掌握类型（专业知能——专业实践——专业改革）
　专业掌握与创新的关系（专业促进创新——创新促进专业）

职业素养

岗位胜任
　岗位掌握类型（企业——行业）
　岗位能力提升策略（团队合作——校企合作）

信息技能
　信息技能类型（通用 信息技能——教学信息技能——专业教学信息技能——企业信息技能）
　信息技能作用（通用信息技能——教学信息技能——专业教学信息技能——企业信息技能）

信息素养

问题解决
　教学问题（内容——过程——评价）
　信息化手段（一般技术（视频、动画、学习平台等）——先进技术（虚拟仿真等））

信息思维
　信息意识（重要——不重要）
　信息评价（客观——偏驳）

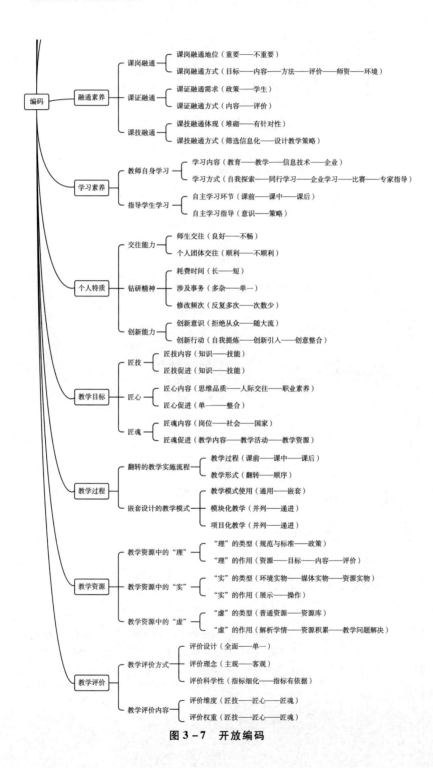

图 3-7　开放编码

二 主轴编码

主轴编码是将类别和子类别联系起来的过程，目的是重新组装在开放编码期间断裂的数据，形成对现象更精确、更完整的解释。[①] 针对开放编码，本书不断调整类属之间的关系结构，经过了几轮关系的迭代，在开放编码的基础上，按照因果条件—现象—情境—中介条件—行动/互动策略—结果的分析范式将不同类属按照故事发展的顺序联结起来。

通过重读教师与学生团队的访谈提纲，以及借助备忘录，故事线逐渐形成。

关于"素养：教学进化"过程的备忘录

在对教师和学生团队进行访谈的过程中，发现关于 T1 教师团队的教学改进经历，T1 教师提供了一个比较宏观的教学进化过程，她以高职学生的特点及学习体验为出发点，想要通过信息化教学创新去改变这种状况，因此，她和团队更新了教学理念、改进了教学设计、建设了新的教学资源，结果是学生既学到了知识，也有了成就感，T1 教师自身也有了发展。这样来看，这是一个比较简单的描述。而 T1 教师在阐述资源建设时明确表达了教学资源进化的过程，先是学生觉得图集枯燥不想看，T1 教师想改进图集的呈现方式，因此用电子化呈现，结果发现学生还是不想看；教师再把图集内容做成二维动画和三维动画，发现学生爱看了，但是二维、三维动画知识展现不够全面，因此教师团队又建设了"理""实""虚"结合的资源，这体现了教学进化过程。在对学生团队的访谈中，学生团队表示教学进化遇到了阻碍，学生表现出了崩溃、否定自我的情感，想要放弃，后来经过教师的安慰疏导才又坚持下来。我们通过头脑风暴思考，如果某个人在教学进化的过程中确实遇到阻碍，进行不下去了，这个人可能出现另一种表现就是放弃创新、放弃当前的教学进化，这是教学进化的另外一种可能。虽然总体上，教学进化按照

---

① A. L. Strauss, J. M. Corbin, *Basics of Qualitative Research: Techniques and Procedures for Developing Grounded Theory*, London: SAGE Publications, 1998: 123 – 124.

上面的方式呈现了一个比较粗略的因果关系－现象－情境－中介条件－行动/互动策略－结果的过程，但教学进化其实有更多的细节。我们需要做的是提炼出一个模型将粗略与细致的过程结合起来呈现。

关于"素养：创新过程"的分析备忘录

在分析 T2 教师访谈材料的时候出现了许多 T1 教师没有提及的内容，例如参加培训、大趋势、亲身尝试、真实生成等，如果 T1 教师是从团队角度叙述的话，T2 教师更多的是从个人经历的角度叙述，我看到了一个教师更为详细、微观的创新过程，与 T1 教师比较宏观的过程不一样，T2 教师个人经历了多个转变，例如以为用了信息化就是自己教学上的创新，发现部分信息化的瑕疵，拒绝形式上的信息化，等等，这都让我看到了一个教师在信息化教学创新中的发展历程，我看到了教师的转变，看到了教师采取的行动，更发现之前分析的一些类属之间的关系更为密切了，例如我们在发现教师的行动转变时，其实教师也正在经历着自身的完善与发展，同时教师创新策略的类属也深深卷入了教师的各种行动当中，这给我呈现了非常复杂的画面，同时我也发现用"教学进化"这个类属作为现象无法体现教师个人经历的各种事件与状态。同时在教师创新的个人经历中，我发现了不同条件、行动、结果，而且这些事件还存在一定的联系，例如教师尝试在教学中用信息化，逐渐发现了信息化的重要性，也发现了有些信息化手段在教学中应用的瑕疵（如浪费时间、不实用、功能不全面等），所以教师决定拒绝形式上的信息化教学创新，而为了配合这个决定教师展开了新的信息化教学创新的探索。因此，在 T2 教师的轴心编码阶段，我打算将教师个人创新的历程分为几个部分或者阶段，在每个部分或者阶段中尝试将各种复杂的概念、类属联系在一起，虽然存在许多信息的缺口，但我可以初步提出一个理论假设。第一个阶段是接触阶段，这个阶段学校推行信息化教学，举办了一些比赛，教师参加了国家和省里面的一些培训，教师接触到了信息化教学创新，教师处于看热闹的状态，认为别人用得很厉害，却不理解信息化教学创新的原因；第二阶段是亲身尝试阶段，在这一阶段，教师自己尝试信息化教学与创新，这个阶段教师最初认为用了信息化就是创新，同时也看到了信息化的重要性，反思了所用信息化的瑕疵，因此教师拒绝形式上的信息化教学创新；第三阶段是创新实践阶段，教师拒绝形式化的信息化教学创新，提出自己的创意或者整合各种创意，筛选最优的信息化手段，遇到阻碍，解决阻碍等；第四阶段是创新成果阶段，教师的信息化教学创新产生了一系列成果，例如教学模式、教学资源库等；第五阶段是创新成果推广阶段，这一阶段教师表现为向学校教师、区里面的教师传授经验等；第六阶段是继续改进阶段，表现为教师有了新的信息化教学创新的方向，例如 T2 教师计划建设在线开放课程。

在主轴编码时，本书将不同的资料整合在一起，根据新的资料，不断修改模型，最终用因果条件—现象—情境—中介条件—行动/互动策略—结果这个范式整理资料时，研究者发现高职院校教师信息化教学创新素养的养成过程是阶段性的，这种教学进化从学生开始，至学生结束。

高职学生在学习中呈现这个群体的特点，感觉学习枯燥，认为自己是高考失败者，有自卑感，他们偏好参与式的学习，喜欢互动、喜欢游戏化学习，如果在教学中只采用传统的讲授灌输，学生根本听不进去，无法集中注意力，也无法解决问题（因果条件）；于是，高职院校教师选择进行信息化教学创新来改进教学中的问题，需要提高自身信息化教学创新的素养（现象）；教师经历了信息化教学创新素养的养成过程，从外行看热闹阶段逐渐走向成为专家后的推广阶段（情境）；学校环境、教育大环境对信息化教学创新的过程有着重要影响（中介条件）；在此过程中，高职院校教师为了解决创新时遇到的困难，形成了转变理念、组建了团队、参加比赛以赛促改等（行动/互动策略）；其带来的变化是形成了丰富的教学资源及教学目标、教学环境与教学模式进化等（结果）。利用"条件—行动—结果"典型关系结构把开放编码中的类属联系在一起，形成了模型 M1，见图 3-8。

在不断比较类属的过程中，研究者将开放编码中的类属根据上面的范式提炼成更加抽象的类属，见图 3-9。

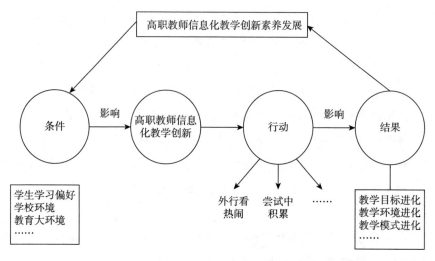

图 3 - 8　高职院校教师信息化教学创新素养发展模型 M1

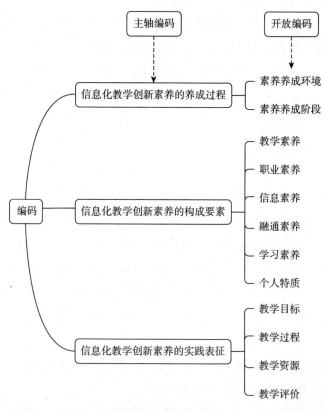

图 3 - 9　主轴编码

三　选择编码

选择编码是整合与提炼理论的过程。[1] 选择编码阶段需要提炼出核心类属，并且通过建立核心类属与支援类属的关系来建构理论。核心类属具有分析能力，能够将其他类属汇聚在一起形成一个可以解释的整体。[2] 关于核心类属的选择，既可以从现有的类属中挑选一个最核心的类属，也可以根据现有的类属生成一个核心类属，其他类属作为支援类属。

施特劳斯提出了核心类属的以下标准：核心类属必须是中心地位的，其他主要类属可以与之关联；核心类属必须频繁地出现在数据中；将类属联系起来的解释是合乎逻辑且不矛盾的，没有牵强的数据；核心类属的名称应该足够抽象，以便应用于其他实质性领域的研究，从而形成更一般的理论；核心类属的概念提炼表明了理论的深度和解释力都在增长；核心类属的概念是能够解释数据的变化以及主要观点的。[3]

根据本书的研究目标，研究者发现"高职院校教师信息化教学创新素养的养成"可以成为研究的核心类属，而高职院校教师信息化教学创新素养的养成过程、构成要素和实践表征都可以成为其支援类属。

根据核心类属及其与支援类属间的关系互动，本书形成了高职院校教师信息化教学创新素养模型 M2，见图 3-10。

本书发现，高职院校教师信息化教学创新素养需要考虑三方面的内容，即高职院校教师通过何种方式养成何种信息化教学创新素养以及养成这些素养的高职院校教师是如何实施教学的？高职院校教师信息化教学创新素养的养成需要经历一定的转变阶段，高职院校教师从刚开始的起点差异到在尝试中积累，再到通过不断解决问题修炼自身素养，再到

① A. L. Strauss, J. M. Corbin, *Basics of Qualitative Research : Techniques and Procedures for Developing Grounded Theory*, London：SAGE Publications, 1998：143.

② A. L. Strauss, J. M. Corbin, *Basics of Qualitative Research : Techniques and Procedures for Developing Grounded Theory*, London：SAGE Publications, 1998：146.

③ A. L. Strauss, J. M. Corbin, *Basics of Qualitative Research : Techniques and Procedures for Developing Grounded Theory*, London：SAGE Publications, 1998：147.

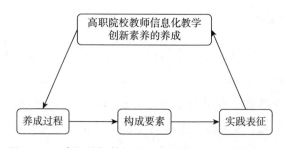

图 3 - 10　高职院校教师信息化教学创新素养模型 M2

信息化教学创新的常态化实施与经验推广，体现出了连续性，表示高职院校教师不同的行为反应对应着不同的自身素养。一些环境条件对于高职院校教师信息化教学创新素养的不断演化发挥了作用，特别是高职学生的学习需求、高职院校的创新氛围、高职教育大环境对于高职院校教师信息化教学创新素养的养成影响深远。高职院校教师在经历了不同的转变阶段之后，会形成比较稳定的信息化教学创新素养，体现为教学素养、职业素养、信息素养、融通素养、学习素养、个人特质。具备信息化教学创新素养结构的高职院校教师在教学实践中体现为教学目标、教学实施过程、教学资源和教学评价的进化。高职院校教师在教学实践中的进化又会促进其产生信息化教学创新的思考，从而进一步促进养成过程、养成结构的变化，形成一种递进的循环。

第七节　研究质量的检测

正如前文一直强调的，质性研究与量化研究遵循的是两种不同的思维方式。量化研究尤其强调研究的信效度，在量化研究广受欢迎的时代，质性研究者为了辩驳质性研究方法不科学、不客观、没有代表性等认识误区，维护自身方法的合理性，也会对研究质量进行讨论，从而体现出质性研究结果的真实与可靠性，以此得到学界的认可。

一　研究的效度

质性研究中"效度"这一概念是用来评价研究结果与实际研究相符的

程度的，而不像量化研究那样是对研究方法本身的评估。①

如何处理效度威胁，质性研究不可能像量化研究那样事先通过抽样和变量控制将威胁因素排除，质性研究中对于效度威胁的处理只能在研究过程之中。② 马克斯威尔在《质性研究设计：一种互动的取向》一书中提出了几种解决效度威胁的策略，例如集中、长期的关注，丰富的资料，受访者检验、干预等。③

以下将介绍研究者面对的几种效度威胁以及在上述策略的指导下处理效度威胁的手段。

（一）"研究效应"的效度威胁

研究效应是指当研究在一个人为的环境中进行时，被研究者可能表现得与平时不一样，从而导致效度失真。④ 也就是说研究中的人作为社会中的一员，其语言、行为等都可能会受到别人的影响。

本书确实存在研究效应的影响。

首先，在教师访谈中，因为参与访谈的教师来自导师的引荐，而导师为信息化教育教学方面的专家，访谈中可能存在参与访谈的教师为了在专家面前留下良好的形象，而故意夸大信息化教学创新的某些方面，或者刻意淡化某些情感乃至隐瞒事实。

例如在对 T1 教师进行第一次访谈时，研究者就信息化问题提出了与 T1 教师相反的观点，T1 教师几乎立刻附和了研究者的观点，这让研究者在分析资料时十分注意研究效应的影响。为了处理这个效度威胁，研究者后期在对 T1 教师做访谈时，又隐晦地提到了相关话题，以此来验证 T1 教师在初次访谈中的观点是否为其真实的想法。

在联系愿意参与本研究的教师时，研究者也体会到了研究效应带来的影响。研究者与某个学校的教师联系时，这个学校的教师要么不回复，要

---

① 陈向明：《质的研究方法与社会科学研究》，教育科学出版社，2000，第391页。
② 陈向明：《质的研究方法与社会科学研究》，教育科学出版社，2000，第401页。
③ 〔美〕约瑟夫·A. 马克斯威尔：《质的研究设计：一种互动的取向》，朱光明译，重庆大学出版社，2007，第85～88页。
④ 陈向明：《质的研究方法与社会科学研究》，教育科学出版社，2000，第399页。

么回复需要和领导联系，得到领导同意之后才能参与本研究。在研究者表示会和院系领导协商以及反复重申保密原则之后，该教师表明还需要学校领导的同意才可以参与本研究。后来研究者只获得了该校一位教师参与访谈的机会，并且这位教师参与访谈时第一句话就问："你有没有邀请我们学校的其他老师参与研究？"在访谈时对于和学校、院系相关的话题，该教师给予的回复都很简短，研究者进一步追问时依旧所谈不多，有所避讳。

因此，为了减少"研究效应"的效度威胁，研究者采取了以下手段。

（1）事先严肃声明保密原则，双方签署知情同意书。

（2）注重访谈策略的使用。在访谈中不随意评价教师观点，对于访谈中存疑的地方，研究者尽量用意思相近但表述不同的话确认信息。访谈不生硬开场，便于访谈者放松。

（3）根据研究的经验，研究者与教师接触时一般先从谈论高职学生学习问题入手，逐渐引入关于教师自身、学院、学校方面的话题。与上述受访教师的访谈契机是提到高职学生学习的情况，该教师的回复内容明显增多，并且还暴露了一些个人的情绪。在讨论关于学生的话题之后，上述教师才逐渐愿意表露一些想法。

其次，在对学生的访谈中，学生样本来自教师的引荐，学生为了学校、班级的形象，以及对教师权威的遵从，可能会隐瞒真实的想法。这种现象在课堂观察中更为明显，当教室中有外来人员听课或者教室中架设了摄像机时，教师和学生都有可能具有表演成分，教师表现得比平时亲和，学生表现得比平时配合，可能玩手机的学生都会放下手机配合教师，使一节课充满了戏剧性的表演成分。

学生访谈备忘录

这是我第一次对学生做相关访谈，我通过该学生的老师接触到她，我们事先在微信上确定好了访谈的方式，我们决定在该学生学校的某个教室进行面对面访谈。在见面的时候，该学生看见我的手上拎了袋子，主动要求帮我拎袋子，这一行为我不知道是这个学生对我表达的礼貌，还是她把我看成了等同于她老师的人。在正式访谈时，这位学生很谨慎，甚至有些紧张，每个访谈问题并不是脱口而出，而是都很谨慎、认真地回答，我既感激她，又有些无能为力的感觉，因为我感觉到我的身份对她产生了影响。

为了减轻研究效应，研究者采取了以下手段。

（1）避免以教师姿态出现，创设宽松的环境，声明保密原则与研究知情同意书，以平等的态度让学生们尽情表达。

（2）在访谈大致完成后关闭录音笔，再与学生交谈。

（3）结束访谈之后在与学生同行的路途中随意交流，通过这种非正式的访谈获得学生对于本研究相关话题比较全面的描述。

（4）在质性研究中，研究者本人就是研究的工具，所以研究者在研究中不断记笔记、写反思备忘录也是减小效度威胁的方法。

（5）对于一些敏感问题，研究者借用别人的口吻重新表述，以此减轻学生的防备，例如在访谈时说："听你们老师说，其他团队有矛盾和冲突，你怎么看呢？"

面对参与研究的教师和学生，研究者虽然需要尽量减轻研究效应，但在意识到研究效应的情况下，也可以观察被研究者行为的变化，对研究效应加以利用。

（二）"记忆问题"的效度威胁

记忆问题是指参与研究的成员记忆衰退导致的效度威胁。

在本研究的中后阶段，根据理论抽样的要求，研究者需要对往年信息化教学创新获奖的高职院校教师进行研究，因而研究者接触了部分2017年的获奖高职院校教师。对于这部分教师而言，某些当时的信息化教学创新经历与细节有所遗忘。例如在访谈其中一位教师时，她是通过查找电脑中存储的相关文档才回忆起某些事实的。

为了减少"记忆问题"导致的效度威胁，本研究采取了以下策略。

（1）采用三角验证。在质性研究中，利用被研究者的访谈资料、观察资料、实物资料相互印证是最常见的三角验证方法。观察法只能看到被研究者表现的行为，需要研究者用访谈挖掘出行为背后的动机，而实物资料又可以验证与解释被研究者的行为与动机等。在本书中，研究者收集了访谈资料、课堂观察资料以及教师的教案与学生作品等实物资料，不仅保证了原始资料的丰富性，还有助于资料的相互验证。

（2）尽量对这类教师的信息化教学创新团队成员进行访谈，通过比较的方式可以发现同一团队成员之间的描述、行为与反应等是否一致。特别是团体访谈的方式更容易帮助参与者回忆起事实。

（三）"文化前设" 的效度威胁

文化前设包括不同文化背景下研究者与被研究者的差异，也包括统一文化背景下研究者与被研究者固定的前设。

首先，在本书中虽然高职院校教师与研究者本人都是属于教育系统中的，但研究者本身一直在读书，除了相关实习，没有教师工作经验。虽然研究者一直接触不同类型的教师，也参与了一些相关领域的工作，却没有真正以正式教师的身份教学，与高职院校教师沟通时会存在偏差。

为了减少文化前设，本书采取了以下手段。

（1）在访谈时，研究者尽量对一些术语进行追问或者提前解释。例如 T4 教师在访谈中这样表示：在比赛中有专家问我们是怎么将教学与学生将来的工作、毕业考试结合起来的，其实就是"课岗证"。研究者针对"课岗证"进行了追问。

（2）将研究结果与导师讨论，从而丰富研究者看问题的角度。在本研究中，关于教师素养的相关话题，研究者的导师从新技术的使用和高职教改方面教给了研究者对于研究资料更加新颖的理解方式。

（3）在有了一些结论之后，研究者将研究结果反馈给参与者，看参与研究的教师们的反应。研究者将研究结果反馈给了 T1 教师和 T7 教师，T7 教师并未给予回复，T1 教师回复：你说的这个素养非常好，我很认同，现在也确实是热点话题。我在网上查看了一些你们学校关于素养研究方面的文章，有些写得太深奥了，我不太能够看懂，但我也在思考这个问题，我过去的经历、过去走的弯路，我们当时先搞信息技术，希望从无到有，就是教学设计老是设计不出来，因为我一直也没有时间去研究这些教学理论什么的，现在看来确实像你所说的这样……

其次，作为研究者与学生沟通访谈时，可能会存在陌生感，学生会对研究者的身份存在好奇与疑惑。在访谈时研究者可能会引入自己认为比较大众但对学生来说比较陌生的专业术语，这些也是文化前设的影响。

为了减少"文化前设"导致的效度威胁，本研究采取了以下手段。

（1）在与学生接触时，研究者尽量用白话语言进行沟通，表现出亲和感，尽量消除学生语言理解上的差异。

（2）对于一些特殊概念，研究者将其与其他高职学生的访谈进行对比，以此减少文化前设。

（3）用好访谈策略，对于一些存疑的概念，研究者以追问、变换表达形式的方式反复询问以获得理解。例如在访谈中，研究者访谈了风景园林设计专业的学生，该学生表示：他们喜欢手工画图、电脑绘图、实验的内容，我最喜欢的内容是小品设计。对于访谈内容中的"小品"显然不是研究者理解的有搞笑意义的作品，通过追问，研究者才理解这里的"小品"是指景观设计当中的艺术品，这进一步充实了研究者对高职学生学习分工、学习偏好的理解。

二 研究的信度

信度是指研究结果的可重复性。质性研究以研究者本人作为研究工具，强调研究者个人的独特性和唯一性，即使是在同一地点、同一时间，就同一问题，对同一人群所做的研究，研究结果也有可能因研究者不同而有所不同。[1] 在现象学看来，质性研究中的本质由主体在看向实事的过程中当场构成，不能脱离实事的显现，亦不能脱离主体，没有一个客观唯一的本质世界。[2]

所以，质性研究的重点不在于重复某个研究结果，在质性研究中很难实现研究结果的可重复。在教育领域中，即使是采用量的研究，也很难保证研究结果可重复。因此，许多质性研究者认为信度这一概念在质性研究

---

[1] 陈向明：《质的研究方法与社会科学研究》，教育科学出版社，2000，第100页。
[2] 叶晓玲、李艺：《现象学作为质性研究的哲学基础：本体论与认识论分析》，《教育研究与实验》2020年第1期，第11～19页。

中不适用，目前大多数质性研究者在研究报告中并不讨论信度问题。[①]

本研究还是考虑了信度问题。本研究采用的是扎根理论的研究路径，可以具体说明研究结论源自什么资料，是研究者通过什么方法、哪些步骤、经过哪些过程逐渐生成的，相对于质性研究中的其他研究路径，扎根理论所附带的理论生成过程让研究结论的得出有了一定的透明度。

三　研究的推广度

一项研究要想得到认可，避免不了讨论推广度，特别在量化研究中非常讲究从样本推论到总体。

对于质性研究而言，研究者需要讨论内部推广和外部推广问题。

内部推广是指可以将样本中获得的结果推广到样本所包含的情境和时间，将此时此地收集到的信息推广到研究对象所描述的彼时彼地或一个时期。[②] 为了保证本研究的内部推广度，本书在写作过程中注重筛选具有代表性的材料进行呈现以表现各种研究现象。

外部推广是指研究结果可以应用于样本范围之外的同类事物。[③] 外部推广与量化研究中从样本推论到总体的要求相似。受到量化研究思维的影响，人们对质性研究的普适性有所存疑，认为质性研究从小样本中得出的结论无法推广。

然而，质性研究的目的不是通过对样本的研究找到一种可以推而广之的普遍规律，而是对某一社会现象进行深入细致的调查，尽可能真切地再现其本质。[④] 正如本研究所持的哲学立场——现象学所支持的观点：所有个性中均蕴含着共性，所有现象中均蕴含着本质。

因此，本研究通过如下方式保证推广度。

（1）因为个性中蕴含着共性，可以通过研究结果的认同达到推广，[⑤]

---

① 陈向明：《质的研究方法与社会科学研究》，教育科学出版社，2000，第100~101页。
② 陈向明：《旅居者和"外国人"——留美中国学生跨文化人际交往研究》，教育科学出版社，2004，第42页。
③ 陈向明：《质的研究方法与社会科学研究》，教育科学出版社，2000，第100~101页。
④ 陈向明：《质的研究方法与社会科学研究》，教育科学出版社，2000，第100~101页。
⑤ 陈向明：《质的研究方法与社会科学研究》，教育科学出版社，2000，第100~101页。

所以研究者在论文写作中尽可能全面地呈现现象，通过对情境、背景、过程等方面的深描，暴露现象中潜藏的本质，使读者能够在叙述细节中体会到"真情实感"，产生共鸣。

（2）可以通过建立理论达到推广。[①] 本书采用扎根理论的研究路径，在研究中建立了高职院校教师信息化教学创新素养养成模型，可以对类似的现象进行阐释而达到推广。

四 研究的伦理道德

观照伦理道德是研究者所必须遵守的学术规范，本研究主要从以下几个方面考虑伦理道德问题。

尊重被研究者的知情权。在对被研究者进行资料收集之前，研究者会事先告知被研究者本研究的研究兴趣、研究目的、研究内容、资料收集方向，以及研究是为了完成学术论文等信息，在研究结束后，被研究者提供的内容被使用到何处也会告知对应的被研究者。

遵循被研究者自愿原则。虽然有的被研究者是研究者导师介绍的，但研究者依旧会询问对方是否接受访谈、观察和实物资料的收集。对于访谈中的录音，也会事先告知，征求意见。对于当时不能接受访谈、观察的教师，会征求意见留下联系方式，事后商定访谈与观察的时间与地点。例如，在研究者某次接触几位高职院校教师时，他们正处于比赛前期，虽然没有明确拒绝，但都表示自己比较忙，研究者必须尊重这些教师内心的意愿，因此，研究者和这些教师互留联系方式，商定其他时间收集资料。

恪守保密原则。在研究中会收集到关于被研究者乃至其周围人的各种个人信息，研究者会对暴露个人信息的内容进行保密处理。在本书中，被研究者的信息都做匿名处理，而且确保读者无法联想到被研究者个人，例如被研究教师的姓名，不会采用姓名缩写的形式，而是统一用"T"代替。

---

① 陈向明：《质的研究方法与社会科学研究》，教育科学出版社，2000，第411页。

保证公平回报原则。质性研究希望研究者与被研究者在研究过程中都能得到回报。在本书中，研究者与被研究教师的互动让被研究教师对信息化教学创新有更多的思考，帮助他们反思自身信息化教学创新的益处。例如，在与 T1 教师进行访谈时，T1 教师正处于全国比赛前期，在访谈中，T1 曾经表示：你问的这个问题，也是我准备在比赛中展示给专家们的。所以，这个访谈给 T1 教师提供了模拟答辩的机会。在 T1 教师的最后一次访谈之后，研究者还应 T1 教师的请求帮助修改小论文。对于参与访谈的学生，给他们提供了文具和手工作品作为回报，并且针对他们的升学情况给予了一些建议。

第八节　本章小结

本章梳理了本书的研究设计及研究实施过程。本书结合研究实际采用了质性研究中扎根理论的研究路径，并且在现象学哲学的立场上理解与实施扎根理论。为了增强自身的洞察力和理论敏感性，研究者遵从当前国内外著名质性研究专家的建议设计了本书的概念框架。本书的研究对象是一线高职院校教师，因此为了保证样本的典型性，本书在结合现有文献的基础上提出了六条筛选标准。研究者对符合标准的高职院校教师与高职学生进行观察、访谈以及相关资料的收集，在经验资料的基础上进行三级编码，逐步从资料中发现概念，发展类属及其属性和维度，通过资料收集与资料分析的不断循环，研究者对类属逐步抽象并且最终提取出了本研究的核心类属（素养养成）及其支援类属。本章最后讨论了本研究在保障研究效度、研究信度、研究推广度以及伦理道德方面所采取的措施。

需要再次声明的是，本书中的研究对象选择、资料收集与资料分析并非线性的过程，而是根据分析结果不断比较、不断聚焦的过程，可见图3-11。

受本章中现象学哲学立场以及现有质性研究保障推广度措施的启发与

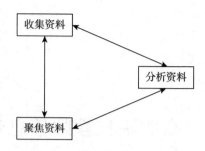

图 3 - 11　资料收集与分析的过程

要求，本书在写作方式上需要对研究过程以及现象、情境、背景等进行深入、细致的描述。因此，在后续的写作当中，研究者不仅穿插了分析资料时的思考，也重现了大量的访谈片段、情境片段、教案片段等，以此回应质性研究的要求。

第四章　高职院校教师信息化教学
创新素养的养成过程

　　了解如何养成信息化教学创新素养、养成过程有什么特点对于高职院校教师来说具有实际意义。本章根据从访谈、教案、视频、文件等资料的三级编码发展出的"信息化教学创新素养的养成过程"这个类属对高职院校教师信息化教学创新素养的养成过程进行详细阐述。"信息化教学创新素养的养成过程"这个类属主要包括两个子类属：一是"素养养成环境"，指高职院校教师信息化教学创新发生的环境，高职学生、高职学校和高职教育环境是影响素养养成的关键因素；二是"素养养成阶段"，指高职院校教师有成长的阶段，在不同阶段中有不同的信息化教学创新认识以及教学行动。具体的编码过程可见第三章。

　　实际上，高职院校教师信息化教学创新素养的养成过程属于教师专业发展的范畴。国内外教师专业发展研究都在努力探明教师专业发展具有的阶段性特征，并在此基础上分析教师需要的外界支持和帮助。换句话说，从内在层面来看，目前研究主要是对教师专业发展的阶段进行分析；从外在层面来看，目前研究主要关注教师专业发展的外在环境，希望从外部推动教师专业成长。因此，教师专业发展理论不仅需要阐述变化发生的过程与机制，也需要对一系列导致最终状态的变化做描述。①

　　与当前研究方向相符，在本书的资料分析中，关于高职院校教师信息

　　① 肖丽萍：《国内外教师专业发展研究述评》，《中国教育学刊》2002 年第 5 期，第 61 ~ 64 页。

化教学创新素养的养成也体现出了如上的特征。高职院校教师信息化教学创新素养的养成既有外力的推动也有高职院校教师内在自发的追求。围绕"素养养成过程"这个编码类属，研究资料主要呈现了两部分内容。

第一，高职院校教师是在什么样的环境中进行信息化教学创新的，这些环境对高职院校教师信息化教学创新素养的养成发挥了什么作用？

第二，高职院校教师信息化教学创新素养的养成经历了哪些阶段，每个阶段表现出什么样的特点？

第一节 高职院校教师信息化教学创新素养的养成环境

蓬生麻中，不扶而直。环境对个体的行为影响深远，最为激进的观点是行为主义提出的环境决定论，该理论认为人的发展是由环境决定的，虽然这种理论存在很大的争议，但不可否认环境在个体成长中具有重要作用。对于高职院校教师而言，他们与高职学生存在交往互动的关系，与同事存在互动、交流与学习的关系，与整个教育大环境、社会存在相互依赖的关系。因此，高职院校教师信息化教学创新素养的养成是需要一定环境支持的。从现有研究中，我们知道教学创新受到组织、个体等多个层面的影响，Amabile 和 Pratt 认为组织成分有双重影响，不仅可以影响组织创造力，还可以影响个体创造力。[1] Thurlings 等认为在组织中的角色、与同事的关系、组织文化、组织设备、任务性质等会影响教师教学创新。[2] 这启发了研究者从多个层面去思考高职院校教师信息化教学创新素养的养成环境，经过资料分析，研究者发现高职学生的学习需求、高职院校的创新氛围和高职教育大环境是三个主要环境因素。

---

[1] T. M. Amabile, M. G. Pratt, "The Dynamic Componential Model of Creativity and Innovation in Organizations: Making Progress, Making Meaning," *Research in Organizational Behavior*, 2016: 157 – 183.

[2] M. Thurlings, A. T. Evers, M. Vermeulen, "Toward a Model of Explaining Teachers' Innovative Behavior: A Literature Review," *Review of Educational Research*, 2014: 1 – 42.

一　高职学生的学习需求

高职学生的学习需求是高职院校教师专业发展的起点。联合国教科文组织认为"教师专业探究和知识建构的循环要从如何满足学生学习需要的问题着手"①，高职学生的学习需求对于教师专业发展的重要性已经不言而喻。

为什么本书认为高职学生的学习需求可以影响高职院校教师信息化教学创新素养的养成呢？这个观点在研究一开始就出现在访谈资料中，T1 教师团队的信息化教学创新点之一在于建设了"理""实""虚"相结合的教学资源，T1 教师在访谈中详细描述了他们团队资源建设的过程，对于海绵城市这一模块的教学内容，相关教学资源的建设经历了从静态三维呈现到动态闯关游戏再到实际沙盘模拟再到虚实结合资源的过程，其目的是吸引高职学生的注意力，帮助高职学生理解知识，让高职学生的学习从枯燥变得有趣。之后的学生访谈和 T2、T7、T11、T13 等教师的访谈中也提供了关于高职学生学习需求的资料。因此，研究者发展出了"高职学生的学习需求"这个类属。

那么"高职学生的学习需求"这个类属的内涵是什么？研究者根据资料分析，认为高职学生的学习需求可以从学习特点、学习心理、学习偏好三个方面来把握。

(一) 高职学生的学习特点

高职学生的学习特点要求高职院校教师提升自己的信息化教学创新素养。对于高职学生具备什么样的特点，参与访谈的高职院校教师给研究者提供了不同的理解。

一种高职院校教师认为高职学生不爱学习、不爱动脑。有老师这样描述高职学生：高职学生不喜欢动脑这是最大的特点，你让他算最简单的 A + B = C + D 他算不出来的。还有上课不认真，容易走神，就是我们以前读

---

① H. Timperley, *Teacher Professional Learning and Development*, UNESCO, https://unesdoc.unesco.org/ark:/48223/pf0000179161, 2020 - 05 - 25.

书排名在班级后面的那些同学。尤其是我们这种高职高专学生本来就不爱听课，学生的自律素质比较参差不齐或者他不愿意学习。

另一种高职院校教师认为高职学生动手能力强，如 T1 教师认为：现在高职的学生都很厉害，他们比我们同龄的时候不知道要强多少倍，动手操作能力特别的强，做事啊，我觉得都比较强。他们可能就是存在一些什么问题呢？就是知识的那个系统性、连贯性，包括钻研探究精神欠缺，但是极个别的还行。

研究者在对 T1 教师团队中的学生团队进行访谈时，确实发现学生团队中的每个人都有自己对高职教学的一些思考，他们在访谈中从各个方面为研究者提供了大量信息，而且 T1 教师团队中的许多动画、视频等教学资料就是出自学生团队之手，这些学生比较符合 T1 教师所描述的善动手的特点。

为什么会有这样相差较大的理解？结合相关资料，研究者认为这与高职学生的学习背景和所学专业有关。

目前，我们国家高职院校的生源有多种，中职学生、普通高中学生、退役军人、下岗失业人员、农民工和新型职业农民均可以入学高职院校成为高职学生，学生可以通过提前招生、普通高考、对口单招等方式入学。多种多样的高职生源给高职学生的学习需求差异打下了天然的基础。多种高职教育的入学方式导致高职学生差异大，学习目标、学习基础、学习自律性等参差不齐。在百万扩招的背后，高职教育面对的是如何保证教学质量的挑战，在教学实施过程中，既存在"面对多元化的生源结构怎么教"的问题，还面临"如何高质量地完成教学任务"的问题，质量型扩招成为当务之急。[1] 正如 T14 教师所说：学生有好的和差的，成绩参差不齐，有的是高考考过来的，有的是招生进来的，有的门槛都没有就进来了，学生素质参差不齐。

另外，对于不同专业的学生而言，他们具备不同的专业背景，这种专业背景可能会让高职院校教师对其产生差异较大的理解。T5 教师在一所幼

---

[1] 丁帮俊：《百万扩招背景下高职教学实施存在的问题与策略》，《教育与职业》2021 年第 14 期，第 85~91 页。

儿师范高等专科学校教授语文学科，他们团队设计了新的教学模式，他们在本校选择了两个较好的专业，即学前教育专业和建筑专业，当他将同一种信息化教学模式在两个专业同时使用时，他发现两个专业学生的反应相差甚大，虽然建筑专业的学生平时表现出了非常好的素质，但在这种授课模式下表现却不如学前教育专业的学生好。

虽然高职院校教师对高职学生的学习特点的理解有所差异，但是他们对高职学生有一种共同认识。学习基础差、没有良好的学习习惯、学习动力不足成为许多职业院校学生的学习特点。[①]

T1 教师：比如说呢，这一张地形分析图，CAD 你有可能听说过，CAD 图上面有明确的标高点，我能通过标高很明显地分析出谁高谁低，你自己建图可以明白，但对于我们的学生，他觉得好枯燥，绝对很枯燥，一个图纸、一些数据觉得太抽象了。

A5 教案：学前教育专业学生在古诗词学习上存在缺乏鉴赏兴趣、悟情太浅的特点，个别学生对古诗词学习有畏惧心理。

T14 教师：（高职学生）普遍素质偏低，就是不好教，基础比较薄弱。第二个他们不爱学习，尤其是不爱学习理论，学生听不进去高深的理论原理这些东西，所以你必须要改变教学方法来让他们感兴趣。第三个他其实逻辑思维表象弱一点，他不像本科生那样学高数和理论推导很厉害。

高职院校教师认为高职学生普遍知识基础薄弱、逻辑思维能力弱、学习能力与本科生相比差距大、学习兴趣不高，特别是对于理论原理性知识、难以直接观察到的教学内容、图纸、传统的实操课等感觉抽象与枯燥，不愿意学习。这与我们社会当前对高职学生的看法相似，相较于德国、日本等国家，我国高职教育在社会中的认可度通常比较低，我国高职学生也通常被认为知识基础差、学习积极性不高，是被高考机制淘汰下来的学生。虽然近年来在国家的不断投入与推动下，高职教育的地位逐渐提升，但是考试投档的平均分数、职校转设的阻碍还是显示出社会对高职教育质量的存疑。

---

① 姚梅林、邓泽民、王泽荣：《职业教育中学习心理规律的应用偏差》，《教育研究》2008 年第 6 期，第 59～65 页。

综上可以看出，高职学生普遍基础薄弱、不爱学习，学生之间也存在较大差异，有的学生善动手、爱思考，有的学生则相反，同时学生入学背景也存在较大差异，这就需要高职院校教师创新教学方式，既改善高职学生基础薄弱、不爱学习的普遍现象，又满足不同学生的学习需求。

（二）高职学生的学习心理

学习心理是指因受各种内部因素和外部因素的刺激与影响，学生在学习过程中产生的不同心理反应。[1] 学习心理是影响大学生学习质量的要素之一。[2] 学习心理决定着学生如何看待学习生活，也决定着学生的学习行动。作为以提高教学质量为职业目标的高职院校教师，其信息化教学创新素养的养成势必有高职学生学习心理这个因素的影响。

根据资料分析，高职学生主要表现出不自信、希望得到关注与重视、有好胜心三种学习心理。

第一，基于我国的高职教育实情，高职院校的入学门槛确实低于普通高校。高职学生过去的学习经历导致高职学生不自信，认为自己是学习上的失败者，完成不了高职院校教师布置的学习任务，对于难度大的学习任务更是不愿意探索，有畏难心理，学习积极性不高，没有主动参与课堂的意识。

T1教师：我们学生他都有点那种loser、那种高考失败的感觉。你怎么让他增强自信心呢？李克强总理说过，要让高职学生人人都有出彩的机会。如果通过你的哪怕一个小任务、一个小成果，他觉得通过自己或者团队合作，攻克了一个问题……通过老师给设计的小任务，我有成就感，到最后这个大任务我发现，原来前面的小任务就是一步一步的铺垫，大任务我全套完成，我们团队完成了一个大住区的设计，那种自豪感、成就感油然而生。

---

① 林钧昌、张宏溧、赵民：《学习心理视域下铸牢大学生中华民族共同体意识路径探析》，《黑龙江民族丛刊》2021年第6期，第11～17页。

② 李雄鹰、黄海峰、马树超、李昭君、秦晓晴、马垚青：《兰州大学"拔尖计划"人才培养质量研究——基于大学生学习投入、学习心理与学习收获的视角》，《兰州大学学报》（社会科学版）2018年第5期，第188～197页。

针对学生学习不自信的情况，高职院校教师需要帮助学生获得成就感、增强自信心，高职院校教师需要寻找到高职学生的"最邻近发展区"，为高职学生搭建合适的脚手架，使高职学生从完成小任务到完成大任务一步一步地达成学习目标。此外，高职院校教师还可以利用学习平台中的积分奖励、教师及时反馈、学生互评等功能让学生及时获得学习成就感。

第二，高职学生希望得到高职院校教师的重视与关注。虽然从哲学角度看，教学是教师主体和学生主体之间的交往，教师和学生是平等的关系，但是从实际的社会角度看，教师本身具有的文化资本使学生看待教师有了层级之间的错差。这就意味着学生有可能需要从教师的关注中获得学习的心理支持。

作为规模化的班级，一对多的教学方式最难以实现的是规模化重视与关注，即一位教师给予每个学生适配的重视与关注。这就需要高职院校教师利用信息化手段给高职学生提供均等的学习机会，当前一些学习平台确实可以给这些原来在学习生涯中受到忽视的高职学生有针对性的关注。高职院校教师还可以精心设计信息化教学活动，保证每个高职学生有提问、发言、表达观点、获得教师指导的机会。

T2教师：新兴的一些（软件）可能会使师生之间的互动更多一点，学生也希望比如说单独看了他的作业之后，给他一些相关的建议，这样的话他也会觉得老师比较重视……以前收作业都是统一收的，收了之后统一打了分，可能写两句评语就发过去了，但是没有这种一对一的感觉好，包括学生在线撰写，交了作业之后在线给他评价，他还可以再继续回复，可以在上面进行讨论，这些都是信息化创新的区别。

信息技术使教师对学生规模化的重视与关注成为可能，这也是信息化促进教育公平在学生心理层面的体现。

第三，高职学生有好胜心、有竞争意识，这种取胜的动机可以驱使高职学生努力完成学习任务。高职院校教师需要善于利用高职学生的好胜心，设计小组竞赛、多样考核等学习活动，通过小组间完成任务情况的对比、学生个人考核成绩的对比等方式激发高职学生的好胜心。

A1 教案：学生的好胜心驱使他们力争最佳，促使他们努力完成……分享环节让学生的好胜心得到最大的满足，同时其余学生可以汲取经验，以共同进步，教师在组织中要注意适时点评。

（三）高职学生的学习偏好

正如上文所述，高职学生普遍基础薄弱、学习动力不足，那么投其所好的教学方式应该得到发展。因此，高职学生的学习偏好同样会影响高职院校教师信息化教学创新素养的养成。

总体来说，高职学生不喜欢学习理论知识，也不喜欢死板的讲课方式。这也正是高职院校教师进行信息化教学创新的原因之一。

X2：老师上课不要像高中、初中那种特别死板，光讲知识，光在讲台上讲课、写黑板板书，太笼统了。高中上课容易睡着，都是黑板白字。

高职学生更喜欢"做中学"、喜欢有趣的学习过程、喜欢灵活的教学方式。那么这些学习偏好对于高职院校教师信息化教学有什么影响呢？

第一，高职学生喜欢"做中学"，希望通过"做"的方式让自己知行合一。

T3 教师：相对比学理论来讲，学生更感兴趣的还是多动手，然后理论结合实践，他们相对来说理解起来更容易一些，通过这样子的方式，企业是这么做的，他们就一目了然了，他们就会更感兴趣一些。

"做中学"的意义产生于"中"，它代表学生经验的不断增多，是一个学习怎么做事，边做事边理解的过程。① 高职学生的这种喜欢参与、喜欢动手、喜欢"做中学"的学习偏好恰好符合职业教育基于工作过程教学的方式，符合职业教育技术性人才培养的理念。过去"做中学"的学习需求在传统的实训教学、顶岗实习中才可以实现，现如今高职院校教师可以利用先进的信息技术手段，综合使用虚拟仿真、学习平台等教学资源增加高职学生实践锻炼的机会、丰富高职学生实践学习的体验。

第二，高职学生喜欢有趣的学习过程，希望通过趣味性提高自身学习

---

① 田友谊、姬冰澌：《重识中小学创客教育：基于杜威"做中学"思想的审视》，《教育科学研究》2019 年第 12 期，第 53~58、66 页。

的持久力。

X1：现在的信息化课堂，（我）觉得很有趣，上课很开心，就PPT、动画、模型啊，不觉得无聊。

高职学生对理论授课方式并不感兴趣，他们喜欢参与、喜欢实践。那么就需要高职院校教师去思考如何创新信息化教学方式，使高职学生的学习过程变得有趣。在收集的资料中有的高职院校教师设计小游戏，以游戏闯关的方式帮助学生在玩的过程中掌握知识和技能；有的高职院校教师借助学习平台，用师生双向互动的方式增加学生学习过程的趣味性；有的高职院校教师借助大型的虚拟仿真、虚拟现实平台，为高职学生创造学习的实践性；还有的高职院校教师采用案例教学、项目化教学的方式增强学生的学习体验。

第三，高职学生喜欢互动，希望通过互动打破课堂的沉闷。

T5教师：你还是那套不停地讲授的模式，没有任何的互动，那他上课无非睡觉、玩手机、发呆，这种现象在很多学校都存在，不仅仅是我们学校，所以我们在想怎么样能够通过课堂、通过信息化手段去激励学生、去鼓励学生。

没有互动的课堂对于高职学生来说非常枯燥。高职学生喜欢的互动既体现在师生之间，又体现在生生之间。为了更好地促进师生、生生之间的互动，在收集到的教师教案中，每一位高职院校教师在进行信息化教学创新时都使用了各种学习平台，高职院校教师在教学中逐渐形成了课前推送资源，课中点评、提问、沟通、纠错、指导，课后答疑与资源共享的师生、生生互动方式。

可以看出，高职学生的学习特点、学习需求以及学习偏好对高职院校教师信息化教学提出了比较高的要求，高职院校教师需要提升自身的信息化教学创新素养，改进教学实践，从而满足高职学生的学习需求。

二 高职院校的创新氛围

高职院校的创新氛围是影响高职院校教师信息化教学创新素养发展的环境因素之一。Chang等通过实证研究发现，组织创新氛围整体水平与教师教学创新水平显著相关。[①] Song 等研究者也认为学校创新氛围可以促进教师的教学创新。[②] 现有关于学校创新氛围对教师教学创新影响的研究已经比较成熟，多从工作条件、团队运作、领导效能等方面探讨两者之间直接或间接的关系。[③]

与现有研究结果相符，高职院校的创新氛围对高职院校教师信息化教学创新的影响也可以在本书中找到很多资料依据。其中 T4 教师是一个比较典型的案例。

访谈者：你们是怎么想到这种教学模式的，从你们想到它到最后把它落实再到参加比赛，你们经历了什么过程？

T4 教师：我们这个不是从无到有的，是基于我们学校这么多年人才培养的基本模式来确定的，我们学校人才培养的基本模式是医教融合。我们学校它是有十几年的实践基础的，所以我们的学生第二学年采用的是 1 + 1 + 1 的培养模式，第一年在学校，第二年在医院学习技能、学习专业知识，第三年还是在医院进行岗位的实习，一般的学校是 2 + 1 模式，前面两年都在学校，后面一年是在医院，我们跟它不同，我们是 1 + 1 + 1，重点是第二个 1。

T4 教师信息化教学的创新点之一是教学模式创新，这种模式上的创新正是依托于学校层面的医教融合人才培养模式。

可见，高职院校教师信息化教学创新素养的养成除了源自学生学习的需求，还源自院校推行信息化教学创新的努力。从 T4 教师的案例中，研究者可以看到高职院校的创新氛围对于高职院校教师信息化教学创新素养的养成的影响。因此，本书发展出了"高职院校的创新氛围"这个类属，经过资料的补充分析，高职院校的创新氛围主要体现在高职院校

① C. P. Chang, H. W. Chuang, L. Bennington, "Organizational Climate for Innovation and Creative Teaching in Urban and Rural Schools," *Quality & quantity*, 2011, 45 (4): 935 – 951.

② J. H. Song, W. Kim, D. S. Chai, et al., "The Impact of an Innovative School Climate on Teachers' Knowledge Creation Activities in Korean Schools: The Mediating Role of Teachers' Knowledge Sharing and Work Engagement," *Kedi Journal of Educational Policy*, 2014, 11 (2): 179 – 203.

③ 侯浩翔、王旦：《基于多群组结构模型的学校创新氛围与教师教学创新关系研究》，《现代教育管理》2018 年第 9 期，第 74 ~ 79 页。

领导的重视程度、高职院校教师的工作环境、高职院校的资金投入程度三个方面。

（一）高职院校领导的重视程度

已有研究表明领导风格能够对员工创新行为产生显著影响,[①] 多项研究表明校长的领导方式会正向影响教师的教学创新，高职院校领导对教学创新的重视程度会影响高职院校教师的信息化教学创新素养，高职院校领导对信息化教学改革与创新越重视，越会在学校层面推行信息化教学。

本书在对访谈资料的分析中发现"高职院校领导的重视程度"这个编码有 9 份材料来源 19 个参考点，这些院校领导对信息化教学创新的重视表现在：引进新的学习平台、邀请信息化教学的专家开展讲座与培训、给予教师信息化教学创新资金支持、自身加入高职院校教师信息化教学创新团队、帮助解决后勤事务、组织校内教学比赛、组织教学经验分享会等。

本书以高职院校教师接受信息化教学创新的培训为例，展示不同高职院校领导在信息化教学创新重视程度上的差异。在本书中，研究者的导师团队曾经受到某个高职院校的邀请，进行了为期四天的信息化教学创新培训。在培训中，研究者可以感受到该高职院校的领导对信息化教学创新的重视，也在培训中看到了高职院校教师各方面素养的提升与进步。培训现场中高职院校教师的行为表明了他们对于信息化教学创新的重视程度以及提高自身信息化教学创新素养的愿望。

培训确实是国家和学校促进高职院校教师专业发展的一种重要手段与途径。如《全国职业院校教师教学创新团队建设方案》中就提出"组织团队教师全员开展专业教学法、课程开发技术、信息技术应用培训以及专业教学标准、职业技能等级标准等专项培训，提升教师模块化教学设计实施能力、课程标准开发能力、教学评价能力、团队协作能力和信息技术应用

---

① 苏屹、梁德智：《包容型领导对员工创新行为的影响：基于组织和谐的中介作用及组织创新氛围的调节作用》，《商业经济与管理》2021 年第 1 期，第 27～36 页。

能力"①。关于高职院校教师专业发展的促进研究肯定了培训的作用，提出了多种培训模式，如张君华、左显兰提出的校本培训模式②；梁云真等提出的线上线下相结合、分级分层培训和个性化培训模式③。因此，从理论上讲，培训对于高职院校教师信息化教学创新素养的养成是有促进作用的。

那么，高职院校教师接受培训的机会又是怎样的呢？在正式开始研究之前，研究组已经对国内湖南、山东、广西、江苏等省份243所高职院校教师的信息化教学做过调研，调研中包括教师培训这项内容，调查发现高职院校教师参加培训的机会存在差异，如图4-1、图4-2所示。在所有参与调研的243所高职院校中，只有39.92%的院校的全部专任教师参加过培训，而其余的高职院校中只有部分专任教师参加过培训，培训的覆盖面还不够广。关于培训的次数，有一半以上的高职院校教师的培训每学期一次以上，也有少部分高职院校教师的培训次数较少，甚至没有培训。

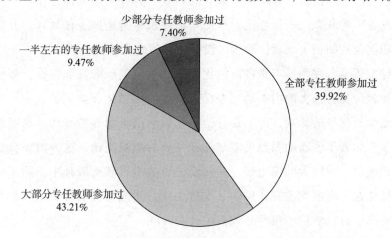

图4-1 高职院校专任教师参加信息化教学等培训的比例

---

① 《教育部关于印发〈全国职业院校教师教学创新团队建设方案〉的通知》，教育部网站，http://www.moe.gov.cn/srcsite/A10/s7034/201906/t20190614_385804.html，最后访问日期：2019年12月20日。

② 张君华、左显兰：《高职教师专业发展的内涵及发展途径探讨》，《职教论坛》2008年第21期，第15~18、53页。

③ 梁云真、蒋玲、赵呈领、黄志若：《职业院校教师信息化教学能力现状及发展策略研究——以W市5所职业院校为样本》，《电化教育研究》2016年第4期，第107~113页。

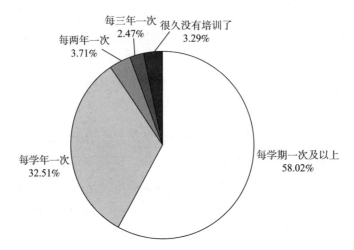

图 4 - 2 高职院校专任教师参加信息化教学等培训的次数

虽然培训可以让高职院校教师接触到信息化教学创新，且理论上培训对高职院校教师信息化教学创新素养的养成也具有一定的促进作用，但实际情况是一些高职院校信息化教学的培训并未覆盖全体专任教师，并且有的高职院校教师很少或者已经很久没有接受信息化教学培训了。

综上可见，在领导不重视信息化教学改革与创新的高职院校，即使高职院校教师具有强大的内在动力去提升自己的信息化教学创新素养，也不得不受学校领导的影响，停下提升信息化教学创新素养的步伐。高职院校教师信息化教学创新的强烈渴望与外在领导的忽视交错，这种情况会让高职院校教师产生巨大的无力感。在接受访谈的所有获奖教师中，除了一个教师团队在比赛前期没有获得领导支持之外，其他所有参与访谈的教师团队都提到了自己学院的领导对他们的大力支持。

（二）高职院校教师的工作环境

高职院校教师的工作环境会影响高职院校教师信息化教学创新素养的养成。这里所说的工作环境主要是指人文环境，在资料分析中表现为高职院校教师的社群环境以及高职院校教师面临的工作压力。

第一，高职院校教师的社群环境可以改变高职院校教师的观念，使某些原来在教育理念上并不认同的事情变得习以为常，体现在无论是教师内在世界的教学意识素养，还是外在世界的教学行为能力素养，均在深层次上表现出了撕裂与分离的焦虑景象。①

T5 教师：要回归教育的初心，其实我们很多老师，尤其上了五年到十年课的职业学校的老师有一个通病，这个绝不是我们一个学校一个老师，甚至在中小学也有，就是我们在师范院校里面学的很多理论、很多思想都是对的，没有问题，一旦我们来到学校之后，由于各个学校的实际情况不同，我们就发生变化了。比如我到小学去，可能就顺应小学的一套规则，到中学去就可能顺应应试的那套规则，到职业学校又可能变成另外一套，这个没有错，但我们往往忽略了一些东西，就是什么叫回归教育的初心。

T5 教师具有师范生背景，受过系统的师范教育，并且有 14 年的教龄，这段话是 T5 教师在参加完全国职业院校技能大赛教学能力比赛之后的反思。T5 教师具备一定的代表性，经历过严格系统的师范生训练的高职院校教师是有自身的教学理想与抱负的，这种教学的理想与抱负一般体现在青年教师身上。随着时间的推移，处于高职教育的工作环境中，包括 T5 教师在内的许多教师的教学理想逐渐被遗忘，教学变成了只追求最终目的的功利性活动。为了达成这个目的，教师忽视了对过程与手段的思考，将教育知识与学科专业知识分离、知识与人分离、教学与伦理分离，教师在惯性和惰性的因素作用下用着最粗糙的方法控制学生。② 如果不反思工作环境的现状，这类型的高职院校教师是难以真正实施信息化教学创新并提升自身的信息化教学创新素养的。

虽然高职院校教师可能会受到周围教师的影响，如上述 T5 教师所说的逐渐忘记自己教育的初心，接受了周围教师的学生观，逐渐习惯了灌输式的教学模式，但是周围教师也会对高职院校教师信息化教学创新素养的提升起到促进作用。教师创新行为会受到组织反馈的影响。T2 教师在访谈时表示，当他们团队获得全国一等奖后，学校对他们团队进行了表扬，并且组织全校教师参加该团队的经验分享会，分享会上有其他教师表示从来

① 崔振成：《教育知识觉悟下教师教学素养发展智慧》，《教育科学研究》2019 年第 4 期，第 85～90、95 页。
② 崔振成：《教育知识觉悟下教师教学素养发展智慧》，《教育科学研究》2019 年第 4 期，第 85～90、95 页。

没有听说过这个比赛。可见，处于同一个职业院校的教师在信息获取渠道上也是存在差异的。因此，当周围教师改变某些教学行为时，就如向湖心投入一枚石子，激荡的涟漪会向外扩散，引起教师认识的改变，从而促进教师信息化教学创新素养的提高。研究者通过访谈了解到，除了一个教师团队外，其他获奖高职院校教师团队都在本校乃至本市或者更大的区域范围内分享过他们的教学经验、比赛经验，这对于激励其他教师进行信息化教学改革与创新具有重要作用。同时在对前几年获奖教师的访谈中发现，这部分教师已经成为信息化教学创新的专家，发表了相关文章，开设了多场讲座，并且指导其他高职院校教师的信息化教学创新，参与访谈的 T2 教师团队就接受过前几届获奖教师 T10 的指导，这不得不让人意识到教师的社群环境对教师信息化教学创新素养提升的影响。

第二，高职院校教师面临的工作压力也会影响其信息化教学创新素养的提升。高职院校教师信息化教学创新的工作量非常大，需要团队合作才能完成。从访谈资料与教案资料中可以看出信息化教学创新的范畴已经从课堂延伸到课外，这就需要高职院校教师学习教育教学理论、提升自身的信息化水平、建设多种资源、调整课程模块、重新进行教学设计与备课等。只有协调好各方工作，才能实现信息化教学创新。T1 教师团队甚至邀请多个学生加入信息化教学创新团队，经历了三年的反复修改才真正完成创新。

T6 教师：我觉得最大的困难是在实际的信息化教学创新过程中，它远远超出了我们日常普通的教学工作量，它这种方式很好，我也很赞同这种方式，因为它能够非常好地扩展教学内容的容量，而且学生自主学习积极性比以前高，学习的效果也显著，但不管是在课前还是在课后，老师的工作量已经从原来单纯的课堂教学拓展到了前端和后端教师对于学生学习效果的监控。

由上述可知，仅仅是信息化教学创新这项工作就需要花费很多精力。但高职院校教师在教学创新过程中还面临其他压力。

T8 教师：博士不仅有教学要求，还有科研要求，一个人的时间是有限的，我把时间大量地花在与教学相关的东西上面，那我的科研就相对来说比较薄弱，我觉得这个不是一个很好的地方，毕竟人的精力在那。他们自己想把我往教学为重的那个方向进行培养和引导，但我个人还是希望我能兼顾一些科研，因为以后申报一些科研项目也好，还是进一步评职称等等其实还是要有一定的科研方面的成果和技术。

可以看出，高职院校教师除了教学创新外，还需要花费精力在其他事务上，比较典型的就是高职院校教师的科研活动。有研究显示，高职院校教师的科研压力在其职业压力中占比较高。高职院校的科研定位要求教师科研活动源于实践，研究成果要重在应用，服务于行业企业、人才培养等，但高职院校教师整体上科研能力相对较弱，科研活动对他们来说是难度比较高的工作。① 这些工作要求与工作压力都会耗费高职院校教师的时间与精力，对高职院校教师信息化教学创新素养的提升产生影响。

（三）高职院校的资金投入程度

高职院校的资金投入程度也会影响高职院校教师的信息化教学创新实践与素养。关于经费的重要性，访谈资料中有 10 个材料来源 16 个参考点，可见绝大部分教师都明白经费对于信息化教学创新实践的重要性。

正如 T10 教师提到的：设备是有限的，都比较贵，为了做教学设计我们其实就买了一套头盔，并且他这个头盔用的还不是台式机，用的 VR 公司设计携带的专门电脑，就相当于只有这样的电脑才能播放出来……所以只买了一台，这两个设备加起来也有四五万块钱，所以也不可能给全班同学买。

高职教育讲究教学的实践性、职业性，高职学生的学习特别需要教学资源库、虚拟仿真平台等资源的支持，通过这些信息化设备，高职院校教师可以更好地实施信息化教学创新，然而这些资源设备却极为耗费资金。因此，高职院校相关的经费投入会影响高职院校教师信息化教学创新的实施，影响高职院校教师信息化教学创新素养的养成。

在访谈中，关于资金的投入程度各方呈现不同的局面，同处于一个省

---

① 张菊霞：《高职院校专任教师职业压力实证研究——基于全国 14 所高职院校的调查》，《职业技术教育》2020 年第 6 期，第 56~60 页。

份的不同高职院校存在差异，甚至同处于一个高职院校的不同院系也存在差异。

我们以 T2 教师和 T6 教师这两个同一个省份不同院校的教师做比较。T6 教师说：在比赛过程中，不管是视频的拍摄还是软件的开发，学校都是以保障充足的资金为第一要务，所以这一块我们也觉得非常的欣慰。T2 教师说：我们以前参赛全都是自己在往里面垫钱。

T11 教师的访谈内容体现了同一个学校不同院系之间的区别：我们当时学校进决赛的有两个团队，另外一个团队是我们学校比较好的，属于学校招牌专业。学校对他们专业的支持力度都是很大的。我们学校总共 8 块教学电子显示大屏全部给他们搬走了，我们组一块大屏都没有，等他们拍完教学视频我们才能拍。学校拍视频都是有补贴的，我们是没有的。对于T11 教师采用的是电话访谈，虽然研究者看不到 T11 教师的面部表情，但是在整个访谈中她是带着情绪的，对于学校的区别对待可以听出来她是委屈和愤愤不平的。

为什么高职院校存在经费上的投入差异与区别对待，研究者并未找相关领导展开深入访谈，但可以看出高职院校在信息化教学创新上的经费是有限的，当然这种经费的投入程度也与上文提及的领导重视程度有关。

从表面来看，经费上的约束不利于高职院校教师的信息化教学改革，但以上几位参与访谈的教师都获得了全国职业院校信息化教学大赛或者全国职业院校技能大赛教学能力比赛一等奖，其教学团队确实在信息化教学创新上有一定的探索。因此，经费短缺问题虽然让高职院校教师有所困扰，但资金的匮乏并不能完全限制高职院校教师的信息化教学创新，反而有可能促使高职院校教师思考创新的其他途径。

例如 T2 教师由于缺乏资金，亲自开发教学资源，如制作课件等，提升了自身的信息化素养。T2 教师说：对于我们普通的老师来讲，困难就是资金……学校的每一分钱，比如说他买一张桌子，这属于固定资产可以放在这，但是我参加这个比赛，我要做这个软件可能要花 10 万块钱，那学校可能就要考虑了……以前参赛很多东西我都是自己做的，包括比赛的一些PPT、讲稿、软件，我们能找免费的就找免费的，所以就是老师在启动的时候其实资金也是存在很大的困难。

T10 教师虽然认为经费的限制不利于信息化教学创新，却也在思考如何在现有条件下创新教学形式，提高教学质量。T10 教师说：VR 展示其实没那么简单，因为只有一个头盔，一个人在那看的时候，其他的人就只能在旁边，看不到什么东西，那我只能设计好活动……有的学生在用 VR，那另外的学生要干什么。虽然我的设备只有一台，我的眼镜只有一副，但我也在想着这一组的同学在看 VR 资源，另外几组我也给他安排点任务，让他们轮着来看。

综上可见，经费充足确实有利于高职院校教师信息化教学创新，但有限的经费在某种程度上也可以促进高职院校教师信息化教学创新素养的提升。在学校经费投入不充足的情况下，高职院校教师依旧可以通过自身素养的提升及精心的教学设计来实现信息化教学创新。

三 高职教育大环境

整个高职教育大环境都意在促进高职院校教师信息化教学创新素养的养成。

T5 教师在参赛后反思：我们国家为什么要举办这个比赛，我个人认为对于国家来说，发一百个一等奖证书跟发一个证书对它来说就是发几张纸，没有什么不同，对于我们老师个人来说，拿个一等奖还挺厉害，对于国家来说没有任何意义，它办这个比赛的目的是什么？我认为，它一直在强调创新。

从 T5 教师对全国职业院校技能大赛教学能力比赛的反思中可以看出，高职院校教师已经意识到国家促进信息化教学创新及提升教师信息化教学创新素养的目的。为进一步理解 T5 教师的反思，研究者查看了 2019 年的全国职业院校技能大赛教学能力比赛评分指标。评分指标包括目标与学情、内容与策略、实施与成效、教学素养、特色创新五大指标，其中特色创新部分可见本书第三章。

结合这些指标的具体要素以及 T5 教师的反思，可以发现我们国家确实正在有意识地推进信息化教学创新，希望通过这种以赛促改的方式影响高职院校教师提升自身素养从而进行信息化教学创新。这也就体现了高职教育大环境对高职院校教师信息化教学创新素养的影响。

在此，研究者模仿科宾对越南战争中战士所处环境的研究，寻找了一些当前高职院校教师教学创新的文件，通过比较发现高职教育大环境是如何影响高职院校教师信息化教学创新的，此处仅以 2019 年发布的主要文件为例。

（一）国家与社会环境

随着国际竞争的日趋激烈、经济结构的转型升级，我国提出制造强国战略、"一带一路"倡议和创新驱动战略，因此提升技术技能人才培养质量的重要性不言而喻。[①] 国家和企业对高职教育的人才培养提出了新的要求。与一般学校不同，高职院校与社会联系紧密，其发展与国家政策、政府导向、社会企业需求、当地发展情况等有密切联系，其发展定位会随着外部变动进而发生改变。

党的十九大报告提出要"建设知识型、技能型、创新型劳动者大军，弘扬劳模精神和工匠精神，营造劳动光荣的社会风尚和精益求精的敬业风气"[②]。显然社会需要将高职学生打造成为具有一定认知能力、合作能力、创新能力、职业素养以及工匠精神的高素质技术技能型人才。这些培养目标是高职教育的出发点和归宿，培养目标的实现依赖于教学过程，要实现培养目标就必须变革教学过程，创新教学模式和教学手段，革新教学内容。[③]

同时，高等教育普及化时代即将来临，受教育群体不再局限于传统应届生源，生源多样化趋势日益明显。[④] 教学如何适配生源结构的多样性差异，需要高职院校教师养成自身的信息化教学创新素养，实施教学改革，

① 胡茂波、刘冰清：《新时代高职教育人才培养质量的价值导向及实现策略》，《职教论坛》2019 年第 6 期，第 17 ~ 22 页。
② 习近平：《决胜全面建成小康社会 夺取新时代中国特色社会主义伟大胜利——在中国共产党第十九次全国代表大会上的报告》，人民出版社，2017，第 31 页。
③ 樊泽恒：《提升大学教师教学能力的技术选择及策略》，《高等教育研究》2009 年第 8 期，第 38 页。
④ 刘晓、刘婉昆：《扩招百万背景下高职教育发展的挑战与应对》，《教育与职业》2019 年第 14 期，第 5 ~ 11 页。

从而培养出符合社会需求的人才。

（二）政策环境

2019 年 1 月，国务院颁发《国家职业教育改革实施方案》，该方案提出了职业教育二十条改革目标，肯定了职业教育的地位，职业教育由追求规模扩张向提高质量转变，由参照普通教育办学模式向企业社会参与、专业特色鲜明的类型教育转变。[①] 该方案对职业教育制度、职业教育人才培养方式、职业院校与职业学校的办学方式、经费等保障措施、监督评价制度等展开了深入的探讨。例如在经费这一项中，就提出"经费投入要进一步突出改革导向，支持校企合作，注重向中西部、贫困地区和民族地区倾斜"[②]。前文论述了高职院校的经费投入程度对高职院校教师信息化教学创新以及信息化教学创新素养养成的影响，《国家职业教育改革实施方案》中的这一信息，显然会影响高职院校与高职院校教师，在一定程度上激励高职院校教师提升自身的信息化教学创新素养。《国家职业教育改革实施方案》中还提出了高职教育的"双高计划"，希望建设 50 所高水平高等职业学校和 150 个骨干专业（群），为职业教育改革发展和培养千万计的高素质技术技能人才发挥示范引领作用。[③] 从《国家职业教育改革实施方案》可以看出我国高职院校面临转型升级，因此高职院校教师需要在这种背景下回应时代的要求，养成信息化教学创新素养。

2019 年 5 月，教育部等六部门提出《高职扩招专项工作实施方案》，要落实高职教育大规模扩招 100 万人的需求，高职学生的构成更加多元，增加了退役军人、下岗失业人员、农民工、新型职业农民等群体，高职学生群体的多样性决定了高职学生学习需求的差异性，这就意味着高职院校

---

① 《国务院关于印发国家职业教育改革实施方案的通知》，教育部网站，http://www.moe.gov.cn/jyb_xxgk/moe_1777/moe_1778/201904/t20190404_376701.html，最后访问日期：2019 年 12 月 10 日。

② 《国务院关于印发国家职业教育改革实施方案的通知》，教育部网站，http://www.moe.gov.cn/jyb_xxgk/moe_1777/moe_1778/201904/t20190404_376701.html，最后访问日期：2019 年 12 月 10 日。

③ 《教育部、财政部关于实施中国特色高水平高职学校和专业建设计划的意见》，教育部网站，http://www.moe.gov.cn/srcsite/A07/moe_737/s3876_qt/201904/t20190402_376471.html，最后访问日期：2020 年 5 月 20 日。

教师需要进行教学创新，从而面对多种学生群体的需求。从前文对高职学生学习需求的分析可以看出，目前高职学生已经存在一定的差异，而高职扩招的这个政策更加大了高职学生之间的差异。在正式访谈开始前的预访谈中，被访谈教师提到其所在的高职院校已经开始招收社会人员，而教师面临的一大问题就是如何处理好社会成员学生以及应届学生的上课问题，是创新一种可以同时面对两类学习群体的教学模式，还是两者分开进行相应的教学设计？高职学生扩招政策对高职院校教师信息化教学创新素养提出了新的要求。

2019年5月，教育部出台《全国职业院校教师教学创新团队建设方案》，明确指出要打造高水平的职业院校教师创新团队，示范引领高素质"双师型"教师队伍建设，深化职业院校教师、教材、教法"三教"改革。① 方案的提出明确指向了高职院校教师的创新素养、理论与实践素养，需要高职院校教师参与创新团队建设，形成高质量的创新成果并向全国乃至全世界推广创新经验。

综上可知，高职教育人才培养的大环境需要高职院校教师提升自身的信息化教学创新素养、实施信息化教学创新，而国家确实出台了一些政策来支持高职教育、支持高职院校教师信息化教学创新素养的提升。

第二节　高职院校教师信息化教学
创新素养的养成阶段

教师专业发展的过程不仅是时间上的延续，更是一种螺旋式的上升，因此不少学者对教师专业发展阶段进行研究，提出了教师专业发展的三阶段论、四阶段论、五阶段论和多阶段论。② 高职院校教师专业发展具备阶段性。这启发了研究者从阶段性的角度考虑高职院校教师信息化教学创新

---

① 《教育部关于印发〈全国职业院校教师教学创新团队建设方案〉的通知》，教育部网站，http://www.moe.gov.cn/srcsite/A10/s7034/201906/t20190614_385804.html，最后访问日期：2019年12月20日。
② 叶颖：《不同成长阶段教师专业发展的现实困境与对策——基于TALIS2018上海数据结果的实证分析》，《上海教育科研》2020年第9期，第58~62页。

素养的养成。在实际的访谈资料中，T2 教师的访谈内容说明了高职院校教师信息化教学创新素养的养成确实存在阶段性，由此形成了关于养成过程的备忘录。

分析备忘录部分片段

在分析 T2 教师资料的时候发现了许多 T1 教师没有呈现出来的内容，例如参加培训、大趋势、亲身尝试、真实生成等，T1 教师是从团队的角度叙述，T2 教师更多的是从个人经历的角度叙述，我看到了一个教师在创新中的更为详细微观的过程。与 T1 教师比较宏观的过程不一样，T2 教师个人的体验经历了多个转变，例如以为用了信息化就是自己教学上的创新，发现部分信息化的瑕疵，拒绝形式上的信息化等等，这都让我看到了一个教师在信息化教学创新中的发展历程。我看到了教师的转变、看到了教师采取的行动，更发现之前分析的一些类属之间的关系更为密切了，例如我们发现在教师的行动转变时，教师也正在经历着自身的完善与发展，同时教师创新策略的类属也深深卷入了教师的各种行动当中，这给我呈现了非常复杂的画面……

因此，研究者形成了"高职院校教师信息化教学创新素养的养成阶段"这个类属，通过后续资料的不断补充，本书将高职院校教师信息化教学创新素养的养成过程分为起点差异、在尝试中积累素养（尝试阶段）、在解决阻碍中修炼素养（解决阻碍阶段）、在常规化中建立素养（常规化阶段）以及成为专家后推广经验。

当然这些不同阶段之间的划分是相对的，并不是完全没有交叉的。第一，各种素养在每个阶段几乎都是存在的，只不过每个阶段高职院校教师信息化教学创新素养功底的深浅程度有所区别而已。第二，不同阶段教师的行为也不是完全互斥和不相关的，而是有所交叉和相关联的，例如在尝试中积累素养和在解决阻碍中修炼素养之间就存在一定的交叉，尝试中也可能有解决问题的行为，解决问题中也可能有不断尝试的行为。

此外，本书关注的是素养养成的阶段，在不同阶段，我们看到的是高职院校教师的不同行为现象，这也是研究材料直接提供给我们的。但如何说明素养的养成呢？我们是站在现象学的哲学立场上指导本次质性研究的，在现象学哲学的视角下，质性研究追寻的"真"不是客观外在的唯一，而是寓于现象之中的本质，是当场构成的。① 也就是本质寓于现象之中，研究者可以在现象中直面本质。那么对于本书中素养的养成阶段而言，虽然研究材料没有直观告诉我们素养发展的不同阶段的答案，但是对高职院校教师信息化教学创新现象的详细描述，可以将蕴含的本质体现出来，所以本书可以通过详细描述高职院校教师信息化教学创新行为的转变来揭示高职院校教师信息化教学创新素养的养成过程。

一　起点差异

本书的研究对象既有具备多年教学经验的成熟教师，也有教龄很短的新手教师，对于这些高职院校教师而言，他们信息化教学创新素养养成的起点与基础并不相同，特别是新手教师，他们在信息技术使用和数字化资源利用方面比老教师高效得多。因此，高职院校教师信息化教学创新素养养成的起点是存在差异的。

（一）从不同的起点开始信息化教学创新

根据对资料的分析，不同高职院校教师在最初进行信息化教学创新时表现出了以下差异：资源差异、信息素养差异、接触差异和初衷差异。

（1）资源差异（荒漠—丰富）

T1 教师：2017 年的时候，我们叫资源荒漠状态，当时要去建设在线开放课程，这是之前没有的，那我们就一点点学，拍各种视频，当时也是为了满足评价要求，你要有数量嘛，但基本上资源是不太有用的。

T1 教师：现在老师他不是没有信息化手段的资源，他有，但他真的不会做教学设计，这是最重要的一个问题。现在学校都有钱了，特别是骨干专业那些资源太多了……这个资源都是有的，平台教师都会弄了，都会建

---

① 叶晓玲、李艺：《现象学作为质性研究的哲学基础：本体论与认识论分析》，《教育研究与实验》2020 年第 1 期，第 11～19 页。

课了。

（2）信息素养差异（不太懂—都会用）

T2 教师：像我是学艺术出身的，本身对理科的信息化这些东西就不太懂，可能只会一些专业的软件，但其他一些软件，我真的是不了解，信息化教学的创新让你需要有收集资源、收集资料的能力。

T1 教师：他（指现在的老师）会用信息化，会用大量的信息化手段，比我们那时候强多了，平台都有，都在课上见过，什么手机、腾讯课堂、智慧云都会用。

（3）接触差异（接触几年—比赛前接触到）

T2 教师：首先我了解信息化教学创新也是近几年，而且参加过省培和国培，就是针对信息化教学的方面。包括今年暑假，在参加国赛之前还参加河南省课程开发和在线课程开发的一个省培，之前微课的国培也参加过，从这些培训当中慢慢地接触到了信息化教学创新。

T8 教师：我们是 2017 年 6 月底接到通知开始准备比赛，一直到国赛就五个月的时间。真正的准备是接到通知要去参赛才开始的……你也知道我是新教师，我第一稿肯定做得很烂的，然后他们点评了好几次，基本上每次都是大改。

（4）初衷差异（教学目的—功利目的）

T7 教师：我当时初衷也是比较简单，就是去体验一下、感受一下这个比赛，因为之前听很多老师讲过，参加这个比赛之后，教学理念、教学方法等都会有一个质的飞跃，所以我当时是抱着一个学习的心态去参加这个比赛的。

T1 教师：可能有一半的老师他是自愿，是想去做教学改革，改善教学情况，绝大部分老师只是源于评职称的要求，或者说获得绩点，比如说学校里面有科研绩点、教学绩点。

根据访谈资料，第一，在信息化教学创新所需的资源方面，不同高职院校教师所拥有的信息化教学资源存在差异。目前我们国家已经经历了建设资源库—资源共享课—网络课程—精品课—MOOC—SPOC 的过程。对于 T1 教师来说，因为当时缺乏足够的信息化教学资源，所以她的信息化教学创新历程是从信息化教学资源的建设开始的，T1 教师称之为"荒漠状态"。而与 T1 教师的经历不同，现在的新任高职院校教师，他们既可以直接在前辈教师积累的丰富教学资源的基础上进行信息化教学创新，也可以直接在教学中使用前辈教师积累的信息化教学资源，因此，新任高职院校教师信息化教学创新的历程可能并不需要从资源建设起步。

第二，在信息素养方面，不同高职院校教师存在差异。特别是新、老高职院校教师，他们在信息素养方面存在比较大的差异。T2 教师只对本专业的相关软件比较熟悉，但是信息检索能力、资源收集能力都比较差，信息检索等还是在信息化教学创新的过程中学会的，但 T7 教师作为较为年轻的"90 后"教师，自身具有较高的信息素养。这在信息化教学创新团队的分工中也有体现，在团队中，青年教师一般负责信息化手段这一方面的工作。因此，在信息化教学创新中，有的高职院校教师已经可以非常熟练地使用信息化设备与软件，而有的高职院校教师却才开始摸索不同教学软件、教学平台的使用方法。

第三，在接触信息化教学创新方面，不同高职院校教师的接触渠道存在差异。T2 教师有 10 年的教龄，有在企业工作的背景，其了解信息化教学创新是在最近几年，这位教师的信息化教学能力是随着培训培养起来的，而不像有师范背景的教师是从学校带出来的。T8 教师是在比赛中接触信息化教学创新的典型案例，作为 2017 年刚毕业就被领导安排参加比赛的新手教师，T8 教师对信息化教学创新的理解完全是随着比赛发展起来的。

第四，在信息化教学创新的初衷方面，不同高职院校教师之间存在差异。T7 教师是"90 后"教师，T7 教师回顾自己的上学经历，认为老教师的教学模式过于固化，因此，出于自身的好奇以及教学需求，T7 教师参加了信息化教学比赛，希望通过比赛知道如何改进信息化教学。而 T1 教师呈现了另一种情况，T1 教师认为也有高职院校教师是出于评职称、获得教学绩点的考虑才进行信息化教学创新的。

综上可知，不同的高职院校教师在进行信息化教学创新时所处的环境有所差异，特别是近两年的新手教师，他们是可以站在前辈教师的基础上进行信息化教学创新的。可见，高职院校教师信息化教学创新素养是在不同的起点与基础上养成的。

（二）起点差异带来的影响

正如前文所述，不同高职院校教师之间存在资源积累、信息素养、接触渠道等方面的差异，那么这些差异对于高职院校教师信息化教学创新素养的养成有无较大影响呢？通过资料分析，可以发现这些新手教师依旧需要前辈教师的"传帮带"才能快速成长，依旧需要如同前辈教师那样经历一些关键阶段才能养成信息化教学创新素养。

T6 教师：我们当时在比赛的时候，因为你也知道 2019 年是新换的比赛规则，完全没有任何可参考的材料，所以说我们做出来的所有的东西都是我们自己总结或者是专家跟我们讲之后，我们自己去归纳总结如何把专家的这种思想理念应用到我们的教学设计当中。但是这些老师多数不具备这个能力，其实我们团队已经把自己的一些想法、思想上的精华提炼出来给他们了，但是那些新手老师还是没有能真正地吸纳进去。

T2 教师：（我）只是看到别人参加，别人用了什么东西（信息技术）好厉害，他们用这个东西，一个是我不知道他们从哪引用的这个，然后也不知道他们是怎么用的，以前很多都不知道，自己也没有去尝试。

正如 T6 教师所说，即使前辈教师对新手教师进行了专业指导，甚至手把手地将教学实施报告的写作大纲传授给新手教师，这些新手教师依旧不会写教学实施报告。T2 教师最初参加了各种信息化教学培训，虽然认识到信息化教学的强大作用，承认信息化手段的功效，迫切想要提升自身的信息化教学水平，但不知道这些信息化手段的来源，也不知道该如何正确使用这些信息化手段。T2 教师、T6 教师的访谈内容进一步说明了虽然高职院校教师信息化教学创新的起点与基础并不相同，新手教师确实可以通过前辈教师的专业指导快速成长，但是他们在信息化教学创新中存在一些共性问题，如新手教师依旧需要如同前辈教师一样经历一些关键阶段才有可能体悟信息化教学创新的核心要义，才能养成信息化教学创新素养。

二 在尝试中积累素养

T2 教师将自己信息化教学创新素养养成的经历与周围教师进行对比

后，认为许多教师并没有将从培训中学习到的知识与经验落实到课堂中进行实践，因此研究者发现了"亲身尝试"这个概念。而随着其他资料的补充，研究者发现高职院校教师在尝试中积累了多种素养，因此研究者提出了"在尝试中积累素养"这个类属，意即高职院校教师的信息化教学创新素养从尝试中开始转变，经历了多种尝试，积累了多种素养。

（一）从"看热闹"到"亲身尝试"：转变的开始

信息化教学创新的讲座、培训、经验分享等提供给教师的是知识理论，理论的学习为实践提供了知识基础，[①] 但把知识内化为自身的素养需要依托实践的桥梁，理论付诸实践、理论与实践并行才能解决信息化教学创新中理论与实践脱节的问题。尝试信息化教学创新显然是关键一环，高职院校教师在尝试中不断领悟信息化教学创新的核心要义，发展自身的信息化教学创新素养。

T2 教师：我在一开始参加过微课比赛，然后我们学校也有信息化教学的比赛，有信息化课堂教学的多媒体课件比赛，然后（我）慢慢地觉得可能学生在上课的时候或者我们在教学的时候需要一些信息化的手段吧……对信息化教学创新他们（指其他教师）只是每次听，学校要求你信息化创新，但是他可能没有真正地去考虑如何在课堂当中去创新，就是说可能某些方面还没有落实。

T2 教师在培训和比赛中逐渐意识到需要在教学中实施信息化教学创新。她对比了周围同事的行为反应，认为束缚高职院校教师信息化教学创新素养养成的因素之一是有些教师只是听了一些培训中信息化教学创新的建议，却不去真正在课堂中实施、落实。

由此可见，由"看热闹"到"亲身尝试"，是高职院校教师信息化教学创新素养发展的一个重要阶段。实践出真知，实践是认识的来源与基础，是认识发展的动力。高职院校教师无论接受多少培训，要想实实在在地提高自身信息化教学创新素养，就必须尝试真正将培训中学习到的内容

---

① 刘正伟、林晶晶：《实践与理论并行：加拿大师范教育改革的探索》，《教育发展研究》2021 年第 9 期，第 37～43 页。

与经验落实到实际教学中去，实现理论与实践的联结。"亲身尝试"的实践行为帮助高职院校教师实现了从理论接受者到行动者的转变，也帮助高职院校教师将外界的理论经验内化为自己的智慧与素养。

在尝试阶段，高职院校教师常常思考的是如何让信息化教学更有新意。T2 教师团队参考综艺节目《最强大脑》中的挑战环节丰富了教学资源库：刚开始我们的灵感是看了一个综艺节目，它弄的是一个挑战式的活动，好像是《最强大脑》还是什么，反正是挑战式的一个节目，然后我们就说能不能把这个变成课堂上的一种挑战。T5 教师团队希望参考《中国诗词大会》建设一个古诗词学习平台。高职院校教师也需要学会与企业合作，与企业员工讨论教学中的创新点，将企业中的生产实际与教学结合起来思考教学创新的落脚之处，例如 T3 教师认为：和企业的工程师讨论在学校如何能够实现或者达到企业维修的标准，后来商量说学生可以在一个维修任务当中完全按自己的维修流程来实践，这个是当时我们和企业工程师讨论制订出来的教学方案……我们叫岗位角色代入，这也是我们其中一个创新点。同时高职院校教师也可以依托学校平台实施教学创新，直接将学校教育教学创新的成果应用到自身教学当中。高职院校教师需要做一个有心人，学会从其他领域吸收一些创意应用到教学中。

（二）"信息技术"和"教学"：关注点不同的尝试经历

在尝试信息化教学创新的阶段，高职院校教师表现出不同的教学行为与认识，每个高职院校教师或者每个教师团队都有不同的尝试经历。

高职院校教师在尝试阶段会认为用了信息化手段就是信息化教学创新。

T2 教师：不知道为什么要去进行信息化创新，原先要求信息化教学创新，那我可能用了雨课堂我就觉得是信息化教学的创新，但实际上没有真正去考虑到底解决了什么样的问题，可能浮于表面，我觉得还是这个问题，就只是表面上我用了这个创新或者用了什么样的手段，但是没有真正去想，用了这个手段对学生有什么样的好处。

信息技术的酷炫功能吸引了部分高职院校教师"看热闹"，因此出现了部分新兴技术的狂热追捧者。技术的功能作用非常显眼，相对于教学理念创新、教学模式变革等，技术在教学中产生的作用非常明显且及时。在不断尝试的时期，高职院校教师对信息化教学创新的认识并不深入，再加上之前对信息化教学创新的片面认识，他们会认为用了信息技术就是信息化教学，用了新技术就是信息化教学创新。在这个阶段，高职院校教师为了教学创新主要关注信息技术的使用，将各种新技术堆砌到教学中去，可能会存在"为了信息化而信息化"的现象。"为了信息化而信息化"是访谈中出现的本土概念，它有可能导致无用信息化教学资源的堆砌，从而造成高职院校教师将信息化教学创新理解为炫技、作秀的结果。

高职院校教师在尝试阶段会出现创意不能在课堂中落实的情况。

T5 教师：根据我们实际的教学过程来看，一开始我们自认为自己的很多教案、教学设计都合理，如果光看我提供给你的书面化的东西确实也合理，找不到什么毛病，那为什么在课堂上不能够实施？

高职院校教师的信息化教学创新一般蕴含在教学设计当中，而当高职院校教师将教学设计应用到实际教学中时会发现学生的反应并不是预设的那样，教学设计是理想的，实际教学是现实的，两者之间存在错位。可以说，提出教学创意，并且将之融合到教学设计中是需要花费高职院校教师许多精力的，但 T5 教师团队的教学设计却不能在实际课堂教学中实施。这其实反映了高职院校教师在信息化教学创新中存在教学设计与实际课堂教学严重脱节的现象。

高职院校教师在尝试阶段会遇到来自学生的阻碍。

T7 教师：把很多的课程知识的……自主学习放到课前，这个要求其实对学生是很难的。我发现翻转课堂对于老师是有一定要求的，但最主要的是学生是否配合，他课前不做，再怎么翻转也没有用……

T7 教师团队希望将翻转课堂的理念引入教学中去创新教学，但发现这种理念依赖于高职学生的配合，高职学生如果不配合，这个教学创新就难以推进下去。这种尝试虽然反映了高职学生的问题，但也确实反映了高职院校教师在信息化教学创新中没有将学生特点考虑进去，或者理解学生的程度不够，再或者考虑到了学生特点却没有针对性的措施。

高职院校教师在尝试阶段会出现教学内容与企业脱节的情况。

T8 教师：我记得我的省赛作品中的一个教学重点是要会读数，就是你测的数值是多少你要会读，但后来省里面的专家点评说，现在读数不算是一个教学重点，因为现在很多都是速写的，就是你不会读刻度其实关系不是很大，这个东西其实有点细枝末节。另一个是我们的视野不够开阔，我当时只想着拿一个零件测数值，把它读出来判断结果对不对，后来省里面专家提醒我说，现在有大批量生产的零件，那么多的零件你怎么测量，你也是这样一个一个地去测吗？

T8 教师团队包括三个高职院校教师，T8 教师是刚刚博士毕业就入职并且参与团队的，另一个教师是有三十年教龄的实训指导教师，还有一个教师是有二十多年教龄的课程负责人。如果从团队结构上讲，T8 教师团队应该知道当前企业实际发展的状况，但整个团队还是将读准刻度值作为教学目标，而实际上这种教学内容并不符合当前企业发展的状况，对于企业来说能大批量测量零件，快速获得各个零件的数值才是有利于企业生产的。其他访谈教师也反映高职教学内容陈旧，有些课程的教学任务可能三五年都没有变。我们在调研中发现这种经历其实反映了一些高职院校教师与企业的联系不够密切，跟不上企业实际发展的节奏，所以其教学内容在信息化教学创新时显得落后。

在尝试阶段，高职院校教师的信息化教学创新还有可能存在"虚假创新"的现象。

T10 教师：虽然大家都在做线上线下混合式教学，但是我做了这么多次评委，也评审了很多的作品，就发现很多作品都是假的，没有真的线上线下混合起来，为什么我说它是假的呢，因为课前放了视频给学生在线学习了，课中的内容跟课前没关系，就相当于学生课前学了这些东西、学了这个视频，课中好像用不上了，没有连上课前，课中的内容跟课前的内容是脱节的。

高职院校教师设计了创新点，并且将创新点应用到了教学中，但只是发挥了形式上的作用，没有达到实际效果，特别是对于翻转课堂、混合式教学只知其形，不知其意。正如 T10 教师在访谈中所提到的，高职院校教师可能接收了一些新的教学理念，学习了典型的信息化教学创新案例，却没有思考如何将这些新理念、新案例与实际教学结合起来去解决实际教学问题。

总体来看，高职院校教师在尝试阶段会出现认为用了信息化手段就是信息化教学创新、创意不能在课堂中落实、创新中遇到来自学生的阻碍、教学内容与企业脱节、解决不了问题的"虚假创新"等情况。这些尝试经历可以粗略划分为两类，一类高职院校教师的关注点在信息化上面，重视教学中使用的新技术、新资源等；另一类高职院校教师的关注点在教学上面，重视教学中的教学内容、教学方法、教学模式等。

高职院校教师在尝试阶段表现出不同的尝试经历，教学中的改进与创新多来自高职院校教师自身的预设，是理想化的，当教师把这些创意点转换成教学设计时，就形成了表面上的创新、形式上的创新，而且这种创新的不合适之处可能高职院校教师自己都意识不到。这种形式化的信息化教学创新并不能实际解决教学过程中的问题，信息化教学设计中理想的创意点也难以落实到实际课堂教学中去生根发芽，更不能培养出符合企业要求的高素质技术技能型人才。不论是用了信息化手段就是创新的想法，还是"虚假繁荣"的形式化教学创新，抑或教学内容陈旧的信息化教学创新都不能解决实际的教学问题、满足高职学生的需求。

总体来说，高职院校教师在尝试阶段存在的问题主要有三类，即没有真正理解学生需求、没有真正理解课堂信息技术需求、没有真正理解企业发展对高职人才培养需求。但不论是哪一类信息化教学创新的尝试经历，都可以为高职院校教师的素养积累打下基础。

T13 教师认为：创新的过程中一定会有很多尝试，有成功的，也有无功无过的，甚至有失败的，但每一个都为教学方式带来了新的活力。

可见，不论尝试创新的结果如何，都能给高职院校教师的信息化教学创新提供有益的经验，为高职院校教师信息化教学创新素养的养成提供基础。

三　在解决阻碍中修炼素养

创新的过程有所反复，Amabile 和 Pratt 认为创新过程的第五个阶段成果评估中包括失败、成功以及进步，并且创新过程涉及多次迭代和循环，可能需要重新确定目标和问题，重新进行准备，并且重新提出解决办法等。①

信息化教学创新的过程也是如此，高职院校教师在创新的过程中解决问题，在解决阻碍的过程中修炼自身的素养。正如 T1 教师所说：学生在学校期间其实就应该具备这种翻阅图集的习惯，但他们那么小，高职学生你也知道他们的学习，专注力也不是很强，要怎么吸引他们去养成这种习惯呢？我不能真给他看这种图集。我们就把图集电子化，根据图集建成三维的模型，因为景观不全是三维的嘛，图集不全都是图纸嘛，第一步，就是这样。他还是不一定用，老师必须把它跟教学结合在一起。因为图全是死的，光把它搞成三维的可能有点意思，但你不给他任务还是不行，你要把这些东西变成纠错题、一个试验场，和游戏闯关一样，因为图集不是死的嘛，很多标准规范都是死的。试验场后台可以编程序、出错，那么学生放什么东西，设计什么东西，啪弹出来"你错误了"，然后提示说为什么不行。通过试错的过程，他就知道原来我要满足什么规范，我们就充分把这个枯燥的图纸利用起来，是吧。

T1 教师团队为了满足高职学生的学习需求，使教学过程符合高职学生的学习特点，在教学资源上进行了创新，将静态图集资源转化为三维数字资源，再转化为游戏闯关式的教学资源。从 T1 教师团队的资源创新经历中可以看出，信息化教学创新是长时间的过程，不是一蹴而就的，T1 教师团队经历了分析学情—建设数字化教学资源—将数字化资源落实到教学中—发现学生问题—改进教学资源的信息化教学资源创新的过程。在解决阻碍的过程中，高职院校教师对学生有了更加深入的理解。

面对在尝试阶段信息化教学创新过程中出现的各种问题，高职院校教师在不断解决问题中修炼自身的素养。本书中"在解决阻碍中修炼素养"这个类属主要包括三个方面，即阻碍带来的负面情绪、解决阻碍的策略和

① T. M. Amabile, M. G. Pratt, "The Dynamic Componential Model of Creativity and Innovation in Organizations: Making Progress, Making Meaning," *Research in Organizational Behavior*, 2016: 157 – 183.

解决阻碍的行动。

（一） 阻碍带来的负面情绪

面对阻碍，高职院校教师需要不断改进教学。教学不仅是一种认知活动，也是一种情绪活动。[①]

T10 教师：我们反复打磨的过程比较辛苦，比如教案至少推翻了三四稿，像我们的教学设计稿和模拟授课稿都是以日期命名，隔个三四天就要推掉一稿，就觉得很辛苦，但每一稿我们自己打磨完之后，比如第一稿跟第二稿之间，第二稿跟第三稿之间，就觉得为什么要这样改、为什么要那样改，回过头再看的时候确实越改是越好的，就是过程比较痛苦，但确实是越打磨就越接近我们理想的状态。

反复改进教学设计，反复修改教学资源，反复与公司、学校和团队教师沟通是高职院校教师在信息化教学创新过程中的常态。反复修改中遇到的阻碍给高职院校教师带来了巨大的压力，高职院校教师表现出较为负面的情绪，"情绪崩溃""备受摧残和折磨""沮丧""过程比较痛苦""纠结""坚持不下去""达不到要求"等情绪性的概念在资料中反复出现。

令研究者印象最深刻的研究对象是 T11 教师，在访谈最初，T11 教师的语速较慢，也很谨慎地回答研究者的提问，但是当研究者问到他们团队信息化教学创新过程中遇到的困难时，T11 教师的语速变得非常快，情绪激动，带着委屈和愤愤不平，这种在信息化教学创新过程中产生的情绪在访谈中一触即发。图 4－3 为高职院校教师面对信息化教学创新阻碍时的情绪表达。

教育与其他行业的不同之处在于，它的主客体都是鲜活的、有思想的人，情感是连接他们的纽带，但在当前急功近利、学风浮躁的背景下，教师往往被视为生产工具。[②] 高职院校教师秉持着自身的责任感、事业感和

---

① 尹弘飚：《教师情绪研究：发展脉络与概念框架》，《全球教育展望》2008 年第 4 期，第 77～82 页。

② 张意忠：《论教师职业情感的生成与培育》，《高等教育研究》2010 年第 5 期，第 56～61 页。

图 4 - 3　高职院校教师面对信息化教学创新阻碍时的情绪表达

师爱进行信息化教学创新，从高尚的出发点去追求信息化教学变革的成就，然而创新过程中遭遇的阻碍推迟了高职院校教师的成就获得感，由此打破了情绪的稳定性。

（二）以"实际需求"取代"教师预设"：解决阻碍的策略

那么面对信息化教学创新过程中遇到的阻碍，高职院校教师采用了哪些策略去解决问题呢？以下部分呈现了高职院校教师在信息化教学创新中解决阻碍的策略，在这些策略的使用中可以体会到教师自身的素养发展情况。

1. 以师生信息化需求取代信息技术乱用

面对当前如此多的信息化手段，不论是传统的还是最新的信息技术，都需要高职院校教师以师生信息化需求取代信息技术的乱用，从而解决"用了新的信息技术就是信息化教学创新""为了信息化而信息化"的现象。

那么，如何以师生信息化需求取代信息技术的乱用？

第一，在信息化教学创新过程中，高职院校教师需要认识到一些信息化手段在课堂中是不实用的。教育变革过程的研究表明，获得新的技术本身并不会带来变化。[①] 高职院校教师在信息化教学创新过程中常出现使用

---

① 曾茂林：《"教育＆技术"耦合创新教育技术的过程本质》，《电化教育研究》2016 年第 9 期，第 28～32、40 页。

的信息技术并不能带来教学质量的提高，反而导致了许多新问题的现象。例如，T11 教师认为在课堂上采用连线企业专家的方式指导学生并不实际，因为这会占用课堂与企业专家的时间；T4 教师认为使用多个学习平台并不利于学习数据汇总，不利于对高职学生的评价；T5 教师认为通用的学习平台没有针对具体科目的特色；等等。师生是母体，这些信息技术面向的是师生，再酷炫的信息化手段都得通过师生的验证。

第二，高职院校教师需要在教学中筛选信息化手段，关注信息化的功能，结合教学内容选择最适合的信息化手段解决教学问题。T2 教师说：我每一个教学活动，每一个信息化的手段，在某一个环节到底适不适用，有一些我们在课上可能会用到的一些 App、软件，不是为了信息化而信息化，要去筛选，哪些是效果最好的，然后才来使用。因此，高职院校教师不要在课堂中硬塞信息化手段，而是需要选择最优的信息化手段，将信息化用在最需要解决的教学问题中，从而突破重点、难点。

第三，高职院校教师的信息化教学创新需要信息技术，但更需要超越信息技术层面。正如 T3 教师认为的：信息化肯定是一种辅助教学的手段，我认为只要是能够达到教学目标和教学效果的方式，都属于一定程度上的创新，这些创新它怎么界定？如果说在大家都采用这种信息化方式的情况下，那教学效果更好的，应该都是一定程度的创新。对于访谈中的高职院校教师来说，他们的信息化教学创新更多侧重以教育为导向的"技术教育化"过程，是有选择地、创造性地使用技术的过程，其目的是更好地育人、更有效地实现教育的社会功能。[①]

因此，高职院校教师信息化教学创新需要围绕学生、考虑教学质量，综合考虑信息技术功能与师生教学需要，在实际教学与信息技术的融通中实现信息化教学创新。由此，高职院校教师拒绝了浮于表面的、形式化的信息化教学创新方式，逐渐走向真实的、扎根于实际教学的、课技融通的信息化教学创新。

---

① 曾茂林：《"教育 & 技术"耦合创新教育技术的过程本质》，《电化教育研究》2016 年第 9 期，第 28 ~ 32、40 页。

2. 以学生生成取代教师预设

以高职学生生成的问题取代高职院校教师的教学预设意味着高职院校教师信息化教学创新的实施需要根植于学生真实生成的问题来调整。这可以解决在尝试阶段出现的难以触及根本的"虚假创新"、创意难以落地实施、创新受到学生阻碍等问题。"根植于学生真实生成的问题来调整"这个编码在研究资料中出现的频次很多，有 19 个材料来源 48 个参考点，是访谈中多个高职院校教师多次强调的。

T5 教师自我反思后发现：我们回归教育初心的时候要因材施教，还要注意换位思考，我们没有站在学生的角度，我们这个教学改革强调了这么多，一直强调以学习者为中心，但我们脑子里还有一个声音在悄悄地告诉我们是以老师为中心，所以我们始终是拿老师的眼光来看，这问题就应该是这样子的，包括给其他语文老师看，嗯，这个问题就是这样子的，下面顺理成章地一步步推下去，实际上学生他不是你想的那样……T5 教师的这段话正是他们团队在教学创新难以落实到课堂中的情况下进行的反思，T5 教师意识到了需要站在学生的角度思考问题才能将创新创意真正落实到课堂中去。

教育领域一直提倡教师和学生应该是主体间平等交往的关系，这种平等交往能够实现的条件之一就是理解学生，认可学生的主体性。一些高职院校教师创新难以实际落实的原因就是忽视了学生的主体性，忽视了学生是活生生的人，是在课堂上可以表现出各种可能行为的主体。

但教师在教学设计的时候肯定是存在预设的，如何解决这种预设与实际教学的偏差，需要高职院校教师锻炼自身的素养。

第一，高职院校教师需要更新教育理念，懂得因材施教，理解高职学生的特点，回归教育初心，关注学生主体、关注学生之间的差异、关注学生生成的问题，信息化教学创新的创意点需要落在高职学生真实生成的问题上。

第二，有了理解学生的意识，高职院校教师又该如何站在学生真实生成的问题上进行信息化教学创新？这需要高职院校教师有一定的教学经验积累，注重过去教学资源的保存，从而基于过去学生生成的问题有针对性地实施创新。

第三，高职院校教师需要摆正自己的态度，认识到教师的角色是引导者而非严肃的权威者与监督者，可以以学生朋友的身份定位自己的教师角色，打造良好的师生关系，通过与学生的交流去理解学生，围绕学生进行信息化教学创新。正如 T7 教师所说：（他）会跟你说他到底是不是知道这个知识点，他懂还是不懂。以前学生他不愿意跟你说，就算他懂也不会跟你说，你就教你的，我就按照你的步骤来，但现在，你如果跟他去交心，去真的跟他玩在一起，在教学的过程当中你们是玩在一起的，他会给你一个非常不一样的反馈。

第四，每个高职学生都有其独特性，每一届学生也有所不同，即使高职院校教师有教学经验的积累，但也无法判断过去学生生成的问题就是现在学生存在的问题，所以高职院校教师需要修炼自身的信息素养，在教学中借助信息化手段去解决问题，用学习平台等收集学生课前学情，用教学资源库解决课堂中临时生成的问题，而且问题的解决也有利于调动高职学生学习的积极性，满足他们希望受到教师关注的学习心理。正如 T5 教师所采用的：它有个功能，它可以随时连接上网，本身它有个资源库，假如学生在教学过程中，生成了新的东西，那可以随时用信息技术把这个资源调出来给你看，这样就能提高学生的积极性，然后促成很多课上生成的知识。

3. 以企业生产实际取代内容预设

对于信息化教学创新中教学内容与企业实际生产脱节的问题，高职院校教师需要紧跟企业的实际生产状况，实现真正的产教融合。紧跟企业的实际生产状况应该是每一个高职院校教师都牢记于心的，毕竟高职教育就是为企业培养一线人才的。

T8 教师团队在尝试阶段把教学目标定位为读刻度，却不了解现在企业对读刻度能力的要求已经大大降低，而且在质量检测理念上也有所改变。T8 教师团队的教学内容落后，经过专家建议，他们团队去了企业调研，通过调研，他们不仅发现了新的技术，而且还确定了新的教学目标。

教学内容与企业的脱节是十分重大的问题，如果高职院校教师仅仅局限于过去的想法或者书本的内容，即使信息化教学创新的设计做得再好，也不能培养出符合企业生产、服务、管理等要求的高素质技术技能型人才。

那么如何紧跟企业实际发展状况，解决教学与企业脱节的问题呢？本书的访谈资料提供了几种策略。

第一，高职院校教师需要依托校企合作平台，与企业密切联系，在校企合作平台上发展自己的专业与行业素养，这在前文关于高职院校教师信息化教学创新的校园氛围中已经明确指出了。

第二，高职院校教师可以参与企业培训，体验企业真实的生产流程，T3 教师说：我们是校企合作的，老师要到企业参加培训，实际了解企业是如何进行、如何完成这项维修任务的，经过培训之后老师都很熟悉。参加企业培训的过程是高职院校教师发展行业素养的过程，也是高职院校教师思考如何将行业知识融入教学的过程。

第三，高职院校教师可以与企业师资合作，在平时的教学中发挥企业导师的作用。高职院校教师可以设置企业导师进行教学指导的环节，让企业导师布置学习任务、参与实践指导、参与教学评价。

（三）从"量变"到"质变"：解决阻碍的行动

1. 反复修改，止于至善

T9 教师说：我们的人才培养方案和课程标准全部推翻重写是最大一次修改，修改这个模块内部部分作品大概的框架结构算是中等的修改，内部每篇课文里面的模块或者这一块的小活动修改算是小修改。虽然是小修改，比如一篇课文的教案至少推翻三个以上才能定下来，要不停地写了推，推了写。

在某职业院校培训现场的培训专家说道：现在这个时候这种教法你觉得很好，换一个老师换另一种方法他觉得更好，所以我讲教学没有最优解。

T2 教师用"止于至善"来形容反复修改的过程。

反复修改，止于至善可以帮助高职院校教师解决创新阻碍。反复修改，止于至善其实是高职院校教师成功实现信息化教学创新的必经之路。辩证唯物主义的发展观认为事物发展的前途是光明的，道路是曲折的。信息化教学创新的过程也一样，刚开始由于认识的不足，信息化教学创新不够成功，这就需要高职院校教师具备坚毅的品质，扛住压力，坚持修改下去，不断更新教学内容，不断推翻与重新设计教案，不断为高职学生寻找与替换更合适的教学资源，不断筛选合适的信息技术。"合抱之木，生于毫末"，高职院校教师只有不断解决信息化教学创新中的问题与阻碍，才能在反复推翻、反复修改的量变中达到"至善"的质变。

2. 抓住质变的机遇

高职院校教师在信息化教学创新中不断尝试，反复修改，解决教学问题的过程是唯物辩证法发展观中量变的过程，但从量变到质变需要高职院校教师抓住质变的机遇。而比赛就是这个机遇，在研究者所访谈的高职院校教师中，除了座谈中的小部分教师是否在参赛中获得了成长不得而知，其他教师都表示参加比赛对于修炼自身素养极为重要。

谈到比赛的意义，T7 教师说：对我自身来讲，还是非常非常有用的，因为我的教龄很短，我进学校工作才四年，所以我教学的理论知识没那么强，不像其他参赛的老师，很多都是十年、二十年的教龄，但我回来之后发现在这短短的三个月、六个月，后来集训也是一两个月的时间，比在学校里面待三年四年都有用，因为他们是集中式的培训，而且都是最先进的理论。大家会有一个思维的碰撞，会有头脑风暴的产生，会去思考……所以这对我自己个人发展眼界、教学理论创新、教学模式改革，都是一个很好的提升、很迅速的提升。

由此可见，对于高职院校教师来说，信息化教学创新素养发展的时机就是比赛，通过比赛，得到专家质疑与指导，学习各种先进理念，快速成长。国家举办教学比赛的目的之一就是以赛促改，例如在 2019 年全国职业院校技能大赛教学能力比赛方案中就明确了"以赛促教、以赛促学，以赛促改、以赛促建"的指导思想，并且评分指标中的一些要素也可以促进高职院校教师的思考，如"实施与成效"指标中的要素之一"能够针对学习和实践反馈及时调整教学，突出学生中心，强调知行合一，实行因材施教"[①]，这与前文

---

① 《2019 年全国职业院校技能大赛教学能力比赛方案》，全国职业院校技能大赛教学能力比赛网，http://www.nvic.edu.cn/Web/NewsPage/NewsDetail.aspx?id=73896caa-e9ad-475e-bf8e-44f103bb4a6a，最后访问日期：2019 年 12 月 20 日。

强调的高职院校教师需要关注学生生成的真实问题非常符合。因此，高职院校教师需要把握住机会，参加比赛，以赛促改，通过高质量的教学比赛促进自身信息化教学创新素养的发展。

四　在常规化中建立素养

经济学家威廉·鲍莫尔认为在竞争的压力下，现代企业（尤其是高科技寡头企业）将创新常规化，形成技术转让市场，由此不断推动资本主义经济快速发展。[①] 虽然教育教学不同于经济市场，但是高职院校教师在取得一定的信息化教学创新成果后，其创新会产生继续发展的方向，形成比较常规、持续的信息化教学创新实践，表现出信息化教学创新的常规化。因此，根据资料编码分析结果，以研究对象在其参加的最高级的比赛中的作品为比较基点，研究者形成了"在常规化中建立素养"这个类属，高职院校教师可以通过以下四种方式实现信息化教学创新的常规化。

（一）新规划式的信息化教学创新

新规划式的信息化教学创新是指高职院校教师用不同于以往的方式在资源建设、教学实施等方面的创新。

T1 教师的信息化教学创新常规化经历最让研究者印象深刻：现在应该是常态化了，而且你要不断地去创新……我们的 MOOC 已经在中国大学MOOC 平台上授课了，今年 2 月份开的课。我们学院有 10 门课，我们虽然是一个小的专业，但我们的数据全校第一，虽然也不是特别高，大概2600。来自全国各地的可能还有好多本科院校的学生，他会来选你的课，我后来梳理了一下，高职里面能有这个数据的还不是很多，我觉得有的国家精品课还没有这个数据。当然我们的课程数据不算多，有的特别多。

在研究者第一次访谈 T1 教师时，T1 教师认为她们团队的信息化教学创新点之一是建设了"理""实""虚"相结合的信息化教学资源。在第二次访谈 T1 教师时，T1 教师主要介绍了其团队在原先信息化教学创新的

---

① 〔美〕威廉·鲍莫尔：《资本主义的增长奇迹——自由市场创新机器》，郭梅军等译，中信出版社，2004，第 60 页。

基础上建设了 MOOC，并且在中国大学 MOOC 平台上成功开课。图 4 - 4 为 T1 教师团队的 MOOC 建设情况。

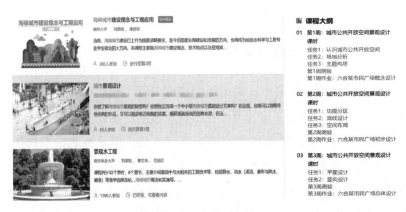

图 4 - 4　T1 教师团队的第一期 MOOC 建设

在第一期 MOOC 开课之后，T1 教师团队发现了新的问题：我们发现里面有两个问题，第一个是一个老师在那讲还是 out 了，我们看到人家的一些比较好的 MOOC，就做成那种 Flash、动画比较好，学生会更感兴趣。第二是讲的不要太专业，就是你如何保证你的点击量大，就是找一个专业的问题，要具有普适性的。因此，T1 教师团队对 MOOC 教学模式进行了修改，开设了第二期 MOOC 课程，如图 4 - 5 所示。

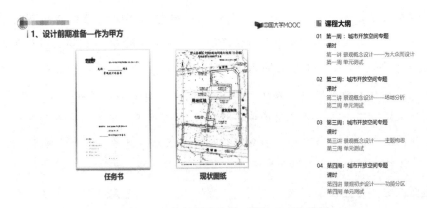

图 4 - 5　T1 教师团队的第二期 MOOC 建设

从新规划式的信息化教学创新来看，一门课程的信息化教学创新方向绝不止一个，正如 T1 教师团队建设信息化教学资源一样，"理""实"

"虚"相结合的资源是一种创新，紧跟在线学习需求的 MOOC 建设也是一种创新，这恰恰表现出了高职院校教师信息化教学创新的常态化，而高职院校教师也在这种常态化中逐渐建立自身的信息化教学创新素养。

（二）范围扩大式的信息化教学创新

范围扩大式的信息化教学创新是指高职院校教师将原有的信息化教学创新经验迁移到新的授课内容。

T6 教师是研究对象中的一个典型。T6 教师团队从 2017 年开共始参加了三次信息化教学比赛。2017 年该团队的"幼儿园区域环境创设"获得国家级信息教学比赛"教学设计项目"一等奖。2018 年该团队将此教学设计进一步实施并且再次参赛。2019 年 T6 教师团队借鉴过去两年开发教学软件的创意，将新创意实施在"学前儿童艺术教育"课程当中，该课程包括四部分：解读指南艺术领域、学前儿童音乐教育概述、学前儿童美术教育概述、学前儿童艺术教育评价。2020 年，T6 教师团队又打算将音乐教学模块的创意迁移到美术教学模块中。

T6 教师：我当时比赛的课程是学前儿童艺术教育，它其实分为音乐和美术两个模块，我们当时参赛的是音乐模块，我们正好依托了学校混合式教学模式项目的建设，所以下半学期也就是 2020 年整年的建设目标是首先完成学生课程整体的建设，然后从美术方面再去下手，把一些资源和一些内容扩充和优化。

范围扩大式的信息化教学创新一方面体现出了高职院校教师对信息化教学创新效果的认可，另一方面表明高职院校教师认为信息化教学创新的范围应该扩大，可以将当前信息化教学创新的一些经验成果迁移到其他课程上，由一门课程的创新向其他课程的创新慢慢辐射，从而形成比较有体系的信息化教学创新成果。

（三）继续改进式的信息化教学创新

继续改进式的信息化教学创新是指高职院校教师沿着原有的信息化教学创新路线继续改进以求达到理想教学效果。

T10 教师：教学上的创新我还继续在做，就相当于我这种线上线下的混合式教学，还有我的考核方式、这种激励测试，我还能不断地实施再完善，包括有的学生在用 VR，那另外的学生要干什么……包括奖章的激励，除了奖章的激励我还能加分，他们也很高兴在这个课程的总成绩中加个分，他们也想拿奖学金，也希望拿高分……包括课前的学习，他们不爱学我应该发发红包激励激励他们，给班级同学发红包让他们好好地学习，包括课程证书、学霸等级。

T10 教师是 2017 年获得全国信息化教学大赛一等奖的教师，上面的访谈内容是在 2019 年底的访谈，也就是说经历了两年多的时间，T10 教师依旧在她原有的信息化教学上继续创新、继续改进。T10 教师的改进更多地体现为教师模式、评价方法的改进。因此，高职院校教师信息化教学创新常规化还体现在继续改进信息化教学、深化信息化教学创新实践方面。

继续改进式的信息化教学创新体现出细节改进的特点，这种改进可能并不需要长时间规划，只需要对教学活动与环节稍加调整即可，考夫曼和贝赫托提出创新的"4C 模式"，认为"小 C"可以代表日常活动和经验中产生的创新，"迷你 C"代表个人在学习和体验过程中新颖而有个性的洞见，继续改进式的信息化教学创新其实就属于这两个层面。[①] 这说明信息化教学创新并不是都需要产生颠覆式的创新，高职院校教师在信息化教学上做出的有效的、细节上的改进都可以视为创新。

（四）逆推式的信息化教学创新

逆推式的信息化教学创新与前三种信息化教学创新的常态化方向相反，前三种信息化教学创新中"新规划式的信息化教学创新"是一种在平行维度上的创新常规化，"范围扩大式的信息化教学创新"是一种在下属维度上的创新常规化，"继续改进式的信息化教学创新"是一种在原有维度上的创新常规化。逆推式的信息化教学创新是指高职院校教师基于现有问题，回溯上位原因，从上属维度上创新教学以求达到教学效果。

T8 教师：还有一个我们目前设想但还没有做的，我们可能要对这个课

---

① J. C. Kaufman, R. A. Beghetto, "Beyond Big and Little: The Four C Model of Creativity," *Review of General Psychology*, 2009, 13 (1): 1 – 12. E. O. Bereczki, A. Kárpáti, "Teachers' Beliefs about Creativity and Its Nurture: A Systematic Review of the Recent Research Literature," *Educational Research Review*, 2018, (23): 25 – 56.

进行一个改革，这个课叫作公差配合与测量技术，这个课目前比较偏理论，然后会讲很多概念性的东西，我们现在想对它进行一个改革，就是从注重理念、注重技术方面进行一个转变。我们可能会把这个课拆成两个课，公差配合与测量技术是48学时的，我们可能要拆成两个课，一个课是16学时，一个课是32学时，16学时我们讲一些公差配合和测量方面基本的概念、基础知识等理论，32学时我们可能会做一些测量的项目，就更加侧重于实践性。这是我们接下来的设想，打算接下来会去做的。

T8教师认识到原来的课程设置是存在问题的，不符合职业教育注重动手操作和实践的理念，因此，T8教师计划增加32课时的实践课程。逆推式的信息化教学创新还表现在对课程结构、教学内容等的反思性建设上。

从上述几位高职院校教师的表现可以看出，高职院校教师信息化教学创新的常规化有多种表现，可以由点到面，由下而上，不断改进，并且这种常规化并不是个例，而是一种普遍现象。

克里斯滕森提出了两种创新路径，即颠覆性创新和持续性创新。不论高职院校教师信息化教学创新的常规化形式是什么，都属于持续性创新的创新路径，即在现有基础上对过去教学创新的改进。既然实现了信息化教学创新，高职院校教师就不会退回原有的状态，他们对信息化教学有更深的理解、更高的追求。与企业创新常规化是出于外界经济社会淘汰的压力不同，高职院校教师信息化教学的常规化已经不是为了比赛或者迫于外界压力的实践，而是出于自身对教师职业、教学的热爱与追求而进行的活动，是自发与内在的诉求。

五 成为专家后推广经验

"成为专家"是T14教师的本土概念，T14教师认为：我们经过国赛之后三个老师的能力其实都得到了很大的提高，后面我们做课程建设、专业建设其实都变成专家了，都蛮厉害，所有参加国赛之后的人都具有这个本领。

诚如T14教师所言，在经历了信息化教学创新的尝试阶段、解决阻碍阶段、常规化阶段之后，高职院校教师体现出了信息化教学创新专家的特质，从信息化教学的知识与技能到教学中问题的解决，再到教学的思维都体现出与其他教师相区别的特征。这些专家型教师可以通过各种方式指导同行，向同行教师传授养成信息化教学创新素养的经验。因此，研究者形成了"成为专家后推广经验"这个类属。有研究者认为"创新扩散是在特定的时间通过特定的渠道在特定的社群中传播的过程"[①]。因此，成为专家后推广经验其实是高职院校教师进行信息化教学创新扩散的过程。研究者关注的是专家型高职院校教师通过何种渠道进行创新扩散，以及这种创新扩散过程给自身和同行信息化教学创新素养带来的影响。

（一）经验推广的形式

本书中成为信息化教学创新专家的高职院校教师主要通过以下几种方式推广信息化教学创新经验及信息化教学创新素养的养成经验。

1. 开展培训指导

访谈中的 T10 教师和 T14 教师都是前几年就参与全国信息化教学比赛的教师，在他们的身上最能看到作为信息化教学创新专家的特质。令人印象深刻的是 T10 教师，因为 T10 教师曾经指导过 T2 教师。T10 教师于 2017年获得全国职业院校信息化教学大赛一等奖，并且作为专家在全国做了多场关于信息化教学的讲座。

T10 教师：从 2018 年开始，我陆陆续续在全国各地进行了多场报告，包括做省赛评委，包括学校让我去给他们做评审，包括其他省让我去会议上做报告。评委报告是给他们辅导参赛作品，今年我指导了两个作品，一个是浙江金融拿了国赛一等奖，另一个是南通职大的作品拿了一等奖，这都是我指导过的。

T10 教师在微信朋友圈写道：为期 10 天的省级纺织服装类专业教师信息化能力培训开始了，我跟学员们这样说，只要你们愿意学，我就愿意教，倾尽所有，毫无保留，他们的反应让人很欣慰，作为老师，最开心的事莫过于看到学生专注的眼神和一颗好学的心。

---

① 何琦、艾蔚、潘宁利：《数字转型背景下的创新扩散：理论演化、研究热点、创新方法研究——基于知识图谱视角》，《科学学与科学技术管理》2022 年第 6 期，第 17～50 页。

从 T10 教师的行为可以看出，T10 教师愿意在培训中毫无保留地分享自身信息化教学创新的经验，也希望同行高职院校教师能够快速地提升信息化教学创新素养。T10 教师的这种培训指导确实取得了成效。

2. 经验分享会

据参与访谈的高职院校教师反映，在全国职业院校信息化教学大赛和全国职业院校技能大赛教学能力比赛中获奖的高职院校教师需要对本校教师或者本地区的高职院校教师进行经验分享。一般而言，经验分享包括三个部分：教学设计展示、模拟授课展示以及个人感悟分享。T6 教师在经验分享会中对高职院校教师需要领会的信息化教学创新素养进行了介绍：四十分钟的经验分享我把它凝练成五个点，分别是一读、二定、三建、四创、五悟……五悟，就是我说了一下整个比赛过程的五点体悟，第一点是引智，就是要学会学习经典的教学比赛的方案，比如《信息化教学设计精彩纷呈》，比如谢传兵老师的《触摸教育的未来》等，在以往的经典比赛案例中，去学习吸纳他们优秀的教育方案设计。第二个体悟点是协作，是团队优势能力的体现。第三个是积累，整个教学比赛它是综合考核老师的教学设计能力……

上述 T6 教师的经验分享指出了高职院校教师信息化教学创新所需的学习能力、教学设计能力、团队交往能力等，说明成为专家的高职院校教师意识到了信息化教学创新素养发展的重要性。

3. 转化为科研成果

除了上述所提到的讲座、培训、经验分享会等信息化教学创新素养发展的推广形式之外，高职院校教师还可以将自己的信息化教学创新实践经历转化为科研成果，通过学术论文、科研项目的方式推广自身信息化教学创新的实践经历与信息化教学创新素养的发展经历。例如，T1 教师完成《以学习者为中心教育生态构建——以城市景观设计课程改革与实践为例》论文；T3 教师完成《基于案例的分享学习模式在自学考试专接本教育中的应用——以护理学专业的内科护理学为例》论文；T6 教师成功申报省级重点课题"'互联网＋职业教育'背景下学前教育专业领域课程教学模式创新与实践"；T8 教师成功申报省级一般课题"'双高计划'背景下产教融合集成平台建设研究与实践";T10 教师成功申报省级重点课题"以卓越课堂认证为牵引的'三教'改革探索与实践"以及完成《基于分层分类教学的模块化建课与应用——以现代纺织技术专业国家教学资源库为例》论文。

可以看出,成为信息化教学创新专家的高职院校教师不仅仅满足于经验的分享与指导,还会将自身信息化教学中的创意点及感悟总结、凝练与理论化,进而转化为科研成果进行推广。高职院校教师在信息化教学创新的过程中逐渐生成了实践性理论。这些实践性理论既是教师自我"教学行走"的"写真",又是在"写真"的基础上,进行适度抽象与概括形成的教师个人对相关教学领域的理性认识乃至理论观点。[①] 从朴素的经验到去粗存精的智慧,这种融合感性和理性,跨越不同情境及实践者的理论产生了更强的实用性和操作性。

综合上述几种高职院校教师的经验推广形式来看,高职院校教师经验的推广既有外界的推动,也有自身的追求。教育部门重视对相关经验的推广,教育部《全国职业院校教师教学创新团队建设方案》中指出职业院校教师要"总结、凝练团队建设成果并进行转化,推广应用于全国职业院校专业人才培养实践,形成具有中国特色、世界水平的职业教育教学模式"[②]。高职院校教师信息化教学创新的成果与经验也被当作优秀案例收集在一些书籍与公众号中,例如《全国职业院校信息化教学大赛部分优秀作品点评》《信息化教学设计实例精析》《信息化教学设计精彩纷呈》《触摸教育的未来》等书籍以及"聚焦教学能力"等公众号。高职院校教师既有被外界推动着推广成果的外部动力,也有主动分享信息化教学创新经验的胸怀。

(二)"帮助同行"和"促进自身":经验推广带来的影响

虽然成为信息化教学创新专家的高职院校教师对同行教师的指导以及

---

① 冯卫东:《教师如何生成自己的理论——关于实践性理论的若干思考》,《人民教育》第 2009 年第 11 期,第 31～34 页。

② 《教育部关于印发〈全国职业院校教师教学创新团队建设方案〉的通知》,教育部网站,http://www.moe.gov.cn/srcsite/A10/s7034/201906/t20190614_385804.html,最后访问日期:2019 年 12 月 20 日。

经验推广并不意味着同行教师可以立即领悟信息化教学创新的核心要义，有可能出现 T6 教师所说的情况：比如说很简单，教学实施报告大家不知道怎么写，那么我们把从哪几个部分写（标题）给他们，但是他们写的还是不对。我们已经够直观了，我就告诉你第一点写什么，第二点写什么，第三点写什么，第四点写什么，第五点写什么，等他们把资料返给你的时候还不是这样，连这样都做不到，而且不是一个两个老师。但 T1 教师也描述了另一种情况：其实老师挺辛苦，就说你想当一个好老师的话，你要筹划，一步一步就像你刚才讲的，你不可能一口吃个胖子，不可能一年变成我这样，你肯定至少是 10 年的一个积累，走了很多弯路……所以为什么让老教师传帮带？没有人指导的话，他自己摸索真的蛮难的，时间就会很长，如果真的说是有人手把手教他的话，告诉他一些方法，会有捷径。

可见，成为信息化教学创新专家的高职院校教师对同行教师的指导与经验推广是可以对同行教师信息化教学创新素养的发展起促进作用的，能够在一定程度上促进同行教师教学行为的良好转变，形成"传帮带"的良好氛围。

但这种经验的推广并非对信息化教学创新专家自身毫无意义。对于信息化教学创新的专家教师而言，其自身信息化教学创新的方法、技巧以及信息化教学创新素养发展的过程、路径都是教师掌握的隐性知识，需要自身将其理论化为显性知识从而方便培训指导同行、举办经验分享会以及生成教研成果。而这些经验的总结与凝练又恰恰对于专家教师进一步实施信息化教学创新具有推动作用。正如 T9 教师所说：我们之前有一些萌动的这种理念，其实就是多元体验，但我们自己不知道可以这样去提炼它，落实得也不够全面。当我们开始想我们的创新点是什么，然后把之前的做法提炼出这样的理论之后，反而更有利于我们后面的教学。所以还有一个很大的收获就在于，因为参赛我们看了一些书，自己的教学理念、教学的想法更加理论化了，理论化之后又可以更好地去指导实践，我觉得也是很大的收获。

高职院校教师信息化教学创新的经验来自高职院校教师的行动，是高职院校教师在与高职学生、同行教师、教育专家、企业专家等互动的过程中产生的，身处职业教育快速发展的时代，高职院校教师在学生、院校、社会交杂的情境下生成了种种经验。对于成为专家的高职院校教师而言，将创新经验进一步抽象化、理论化是其向外界推广经验的前提，可以说高职院校教师推广经验的过程其实就是其总结经验并且将经验升华成理论的过程，而从实践情境中生成的理论又可以再次指导教学实践。高职院校教师的信息化教学创新素养随着经验抽象生成理论和理论指导实践积累经验的过程而养成。

第三节　本章小结

本章主要讨论与分析了高职院校教师信息化教学创新素养的养成过程。

在高职院校教师信息化教学创新素养的养成环境方面，本书发现高职学生学习特点上差异大、基础薄弱、不爱学习；学习心理上缺乏自信、希望得到教师的关注与重视、有好胜心；学习偏好上喜欢"做中学"、喜欢互动、不喜欢理论学习。这些学习需求是影响高职院校教师信息化教学创新素养养成的学生因素。高职院校领导的重视程度、高职院校教师的工作，以及高职院校的资金投入程度是影响高职院校教师信息化教学创新素养养成的学校因素。国家与社会的经济结构转型需求、职业教育改革的政策环境是影响高职院校教师信息化教学创新素养养成的大环境因素。

在高职院校教师信息化教学创新素养的养成阶段方面，本书发现高职院校教师信息化教学创新的起点并不相同，存在资源、技能、初衷、接触渠道方面的差异，但无论高职院校教师从何处开始信息化教学创新都需要面对共性问题，经历一些关键阶段。从"看热闹"到"亲身尝试"是高职院校教师信息化教学创新素养转变的开始，一般会有两种创新经历，即关注点在信息技术方面和关注点在教学方面，在尝试中高职院校教师逐渐积累了信息化教学创新素养。面对信息化教学创新中的阻碍，高职院校教师需要消减负面情绪，学会以师生信息化需求取代信息技术乱用、以学生生成取代教师预设、以企业生产实际取代内容预设，通过不断修改、以赛促改的方式解决阻碍。随着信息化教学创新成果的初步取得，高职院校教师会实现常态化的信息化教学创新，对创新的范围、创新的方向都有新的思考。在信息化教学创新的常态化中，高职院校教师的素养逐渐建立。而随着外界推动与自身追求，成为信息化教学创新专家的高职院校教师会进一步通过讲座、经验分享会以及发表科研成果的方式推广自身的经验，这些经验的理论化不仅可以帮助同行教师，还可以促进自身信息化教学创新素养的进一步养成。

第五章　高职院校教师信息化教学
创新素养的构成要素

　　信息化教学创新素养是影响信息化教学事业的关键。高职院校教师信息化教学创新素养是反映职业教育以及劳动力市场中的毕业生质量的一个关键点。[①] 对于高职院校教师来说，信息化教学创新绝非易事，从尝试阶段到成为信息化教学创新的专家，需要明确的是高职院校教师到底需要具备哪些素养才可以顺利地进行信息化教学创新？这是教师专业发展所研究的横向剖面，[②] 相当于给高职院校教师提供了一个专业发展的目标，在经历了多样的个人成长过程后，高职院校教师能够形成这些素养，并在这些素养的支持下改进信息化教学。高职院校教师信息化教学创新素养作为一个整体性的高阶概念，既以普通高职院校教师素质结构为基础，又具备信息化教学创新的特殊性。探讨信息化教学创新素养的构成要素，意在将其剖析分解，深入了解其枝叶脉络。本书将实施信息化教学创新活动且获得专家认可的高职院校教师选定为研究对象，试图通过对访谈资料、教案资料、视频资料以及技术文献的分析回答高职院校教师进行信息化教学创新到底需要哪些素养的支撑。

　　本章主要围绕"信息化教学创新素养的构成"这个类属及其六个子类

---

① M. A. Arifin, R. Mohd Rasdi, M. A. Mohd Anuar, et al., "Competencies of Vocational Teacher: A Personnel Measurement Framework," *International Journal of Academic Research in Business and Social Sciences*, 2017, (7): 147 – 164.

② 胡志坚：《关于教师专业发展研究中几个问题的思考》，《教育研究与实验》2009 年第 6 期，第 38 ~ 40 页。

属展开讨论。信息化教学创新素养的构成要素主要包括：其一，教学素养，指高职院校教师需要具备的基本教学能力，在理论上、经验上和教学设计能力上有一定的储备；其二，职业素养，指高职院校教师对于高职学生专业发展和岗位发展的理解；其三，信息素养，指高职院校教师有能力使用信息技术解决问题，并且对信息技术的使用保持一定的理性；其四，融通素养，指高职院校教师能够在教学中实现课岗融通、课证融通、课技融通；其五，学习素养，指高职院校教师能够自主学习和指导高职学生学会自主学习；其六，个人特质，指高职院校教师自身具备不断提升教学水平的精神品质。

第一节　教学素养

高职院校信息化教学创新的突破口是对教学形态予以解构，并按照类型教育的要求予以重构，① 高职院校教师教学素养的重要性不证自明。

根据资料分析，本书形成了"教学素养"这个类属，其又涵盖教育理论知识、教学设计能力和教学实践经验三个次级类属。

一　教育理论知识

一线教师在信息化教学创新中发现了大量的事实，如何科学理解与应对这些教育事实考量的是教师对教育理论知识的掌握程度。正如王建华所认为的"事实无法解释事实。解释事实需要理论。理论不是什么神秘的东西，而是基于理性对事实的一种合理化解释，目的在于揭示隐藏在事实背后的机制或因果关系"② 。高职院校教师需要借助理论看到教育事实、理解教育事实、应对教育事实。对于教育理论知识，叶澜教授认为教育学科类是教师专业知识结构的第三个层面，可以帮助教师认识教育对象、教育教

---

① 壮国桢：《论新时代高职教育教学改革的核心要义》，《职业技术教育》2020 年第 35 期，第 37～41 页。
② 王建华：《论"高等教育理论"的建构》，《清华大学教育研究》2022 年第 1 期，第 12～22 页。

学活动和开展教育研究。[①] 陈向明认为教师的理论性知识是指教育专家普遍认为应该如此的理论，也是教师应该知道的理论。[②] 高职院校教师需要具备教育理论知识已经是业界默认的条件，教师是否具备教育理论知识是专业与非专业的区别之一。

本书中的教育理论知识是指教师可以通过阅读、听讲座等形式获得的帮助其认识与理解教育教学现象的教育学、心理学等方面的原理性知识。

高职院校教师的来源具有多样性，因此本书在第一章中就已经说明从企业中引进的专家教师在教育教学素养上的欠缺，这在本书的相关资料中也体现了出来。例如 T1 教师在访谈中提到了学校引进的行业专家的教学情况，并将行业专家的教学与学校里其他教师的教学进行了对比。T1 教师说：你专业特别牛，外面接活啊，赚钱啊，开公司啊，你不懂教学也不行，我们也有从公司请来的老师，学生普遍反映课上得太差了，他就会拿一个图纸，学生哪里听得进去啊。T1 教师的表述验证了从企业中引进的教师缺乏足够的教育教学素养。

T2 教师来自企业，不具备师范生教育背景，T2 教师在访谈中介绍了缺乏关于教学设计的理论知识给其进行信息化教学创新带来的困扰：所有信息化手段的应用，包括策略的实施都要以学生为主，以学生为出发点，围绕学生去进行课堂的一个整体教学设计，然后针对某一个环节，再去想用什么信息化手段。原先我们都是先去找信息化手段，然后把它硬塞在课堂里，但现在我们就知道，其实这样顺序是不对的，你应该是先从学生出发，从学情出发，比如说你的课程标准、培养目标，或者缩小到这一课重点难点是什么，然后怎么去突破你的重点难点，在突破重难点的过程当中，是不是我有这个软件了，这个软件的效果是不是更好，那我再把这个软件用进去，就是这样的一个顺序才对，我认为是这样的。

从 T2 教师的表述中可以看出，T2 教师原先的教学设计是以信息化手段为起点，先寻找各种信息化手段，并试图将其硬塞到教学当中。在经历

---

① 叶澜：《新世纪教师专业素养初探》，《教育研究与实验》1998 年第 1 期，第 41～46 页。
② 陈向明：《实践性知识：教师专业发展的知识基础》，《北京大学教育评论》2003 年第 1 期，第 104～112 页。

了几个月的学习以及专家指导之后，T2 教师现在认为教学设计应以学生的学情为出发点，围绕学情进行教学设计，再针对教学设计中的各个环节考虑使用合适的信息技术与资源。然而如果 T2 教师在信息化教学创新的最初就具备教学设计的理论知识，掌握一些教学设计模式，就会很自然地从学生学情的角度出发进行教学设计。因此，T2 教师的教学设计经历完全能够证明教育理论知识对于高职院校教师的重要性。

相对于 T2 教师这类来自企业的高职院校教师，具备师范教育背景的高职院校教师同样强调掌握教育理论知识对信息化教学创新的重要性。

T5 教师在一所幼儿高等师范专科学校任教，具备师范生教育背景，T5 教师说：首先是理论，你没有一定的教育理论，不看思想方面的书籍是肯定不行的，最基本的教育理论书籍要读……我们在师范院校里面学的很多理论、很多思想都是对的，没有问题，一旦我们来到学校之后，由于各个学校的实际情况不同，我们就发生变化了。比如我到小学去，可能就顺应小学的一套规则，到中学去就可能顺应应试的那套规则，到职业学校又可能变成另外一套，这个没有错，但我们往往忽略了一些东西，就是什么叫回归教育的初心。比如因材施教这是最基本的教育理念，但实际上我们教学过程中，很多人，可能刚工作的年轻老师有激情愿意做下去，你将来如果有机会也从事这个教育工作，你会发现有这种现象，就是大多数老师都已经忘了这条了。

T5 教师的访谈内容既说明了高职院校教师掌握教育理论知识对于信息化教学创新的重要性，也说明了另一个现象，即高职院校教师教育理论与教学实践的分裂。可能在最初高职院校教师是有一定的教育理论积累的，但随着融入学校环境，高职院校教师在工作中逐渐出现了职业懈怠、职业素养的遗忘，或者为了顺应学校发展的需求而放弃自己对教育理论知识的坚持，忽视自己作为教师应该具备的教育理论知识。这种现象的存在与高职学校教学环境、高职学生的特点有密切关系。所以，研究者不能理所当然地认为 T5 教师这类有师范教育背景的高职院校教师在信息化教学创新时能够发挥出自身的高职教学素养。这些具备师范教育背景的高职院校教师在信息化教学创新的过程中依旧需要重新学习教育理论。

此外，在参与的几次高职院校教师教学培训的现场，研究者发现培训专家主要提供有关教育理论知识、教学设计知识、传播学知识的培训，且从培训现场中高职院校教师不断记笔记、拍照的行为可以看出，高职院校教师并没有如理论上所言具备一定的教育理论知识，他们在教育理论知识上是存在欠缺的。研究者在与多位教师的接触中也发现他们对教育理论知识的把握并不全面，且这种现象普遍存在于访谈中各个专业、各个年龄段的教师之中。

从上述资料中可以看出，具备教育理论知识是高职院校教师信息化教学创新的必要条件，教育理论知识为信息化教学创新提供了合理的解释，也揭示了信息化教学创新背后的机理。虽然教育理论知识是显性知识，且非常容易传播与共享，然而就研究中所接触到的高职院校教师来看，这种非常容易传播与共享的显性知识没有扎根到他们的素养之中，缺乏足够的教育理论知识是高职院校教师难以进行信息化教学创新的原因之一。虽然高职院校教师在职前接受了"高等教育学""高等教育心理学""高等教育法""高等教育教师职业道德"4 门课程的培训，但整个高职院校教师群体都表现出了教育理论知识方面的不足。[①] 因此，不论是有师范背景的高职院校教师还是没有师范背景的高职院校教师，要进行信息化教学创新就需丰富与激活自身的教育理论知识。

二　教学设计能力

"创新"和"设计"在内涵上有一定的重叠性，从词源学上来讲，"设"就有"创造"的含义，"创新设计"也是常见的词组。因此，教师的教学设计中常常承载着教师的教学新意。教学设计可以将教学创新塑形，或者说教学设计是推进教学创新落地的关键媒介。

教学设计是指教师将教育教学理论转化成实际教学安排的系统化过程。教师需要考虑学习需求、教学目标、教学内容、教学方法、教学评价等要素的设计。

---

① 聂伟进：《基于高职教师知识结构的培训项目体系设计》，《中国职业技术教育》2019 年第 27 期，第 41~49 页。

教学设计能力对于高职院校教师信息化教学创新非常重要，正如 T1 教师所说的：作为老师，你要把它（信息化教学资源）用到合适的地方，你要精心地设计，教学设计特别的重要。教学设计你怎么来的，围绕目标、围绕学情，定好目标你要干什么，很多老师觉得我的设计很好啊，但他的设计脱离了目标，脱离了评价，脱离了我要出什么成果，脱离了学生的学情，你再设计得好，只是你认为你设计得好。

那么高职院校教师进行信息化教学创新需要在哪些方面发挥教学设计能力呢？

本书以 T5 教师的教学设计经历为例，展示高职院校教师进行信息化教学创新所需的多方面教学设计能力。

比如我们开发校本的学习平台，我们看过其他学校也在做这个。就拿语文来说，古诗词单元我怎么开发？首先想要将学生常规能够用到的古诗词全部放到学习平台里面去，现在电视上有《中国诗词大会》，我可以把它的游戏环节、互动环节全部加进去。我还可以在课前自主学习的时候自己设计几个环节，根据学生的不同学习能力特点，设计比如初级模式、中级模式、高级模式、进阶模式，通过游戏闯关，通过互动的形式，给你上句，你填下句，或者给你挖空，挖几个空让你来填，或者这里面有几个典故，你找出来，通过这种互动来激发学生的兴趣。

上述为 T5 教师团队的信息化教学资源设计思路。

从上课的流程来讲，我们语文课一开始介绍作家作品，然后开始朗读，读一遍划分三个段落、四个段落，然后拆解，第一段是什么意思，第二段是什么意思，然后再读一遍，告诉我们意思，这篇课文结束，常规的不都这样吗？我想能不能换一个形式，所以我们也在做这方面的思考，让学生掌握知识就是我的目的。一定要用传统的形式吗？我觉得不一定，只不过大家都是这么上的，我的老师也是这么教的，所以我就应该这么上……

上述为 T5 教师团队对传统语文课堂教学模式的反思。

每个院系用的语文教材都不一样，后来我们找了另外一个大学的语文教材，是通用版的，我们拿过来一看发现也不行，因为那个大学语文没有针对性，它本科也能用，专科也能用，首先我们要做学情分析，我就没有办法做……所以我们当时选了三本书，我们自己重新制定的课程标准……然后语文组所有的老师坐下来开会……决定这个可行，我们的课程标准一定要契合我们本专业的人才培养方案，要把学前教育人才培养方案拿出来一一地进行比对，先确定课程标准，课程标准确定下来以后，我们建了几个模块，每个模块设计一个主题。

上述为 T5 教师团队与语文教学组的同事合作设计高职语文教学课程的过程。

从 T5 教师的访谈来看，高职院校教师进行信息化教学创新不仅仅是对某一堂课或者某一个教学内容的设计，而是涉及微观、中观和宏观三个层次的设计，这与教学设计的三个层次正好对应。也就是说高职院校教师进行信息化教学创新需要具备三个层次的教学设计能力，即以产品为中心的层次，需要高职院校教师根据专业教学需求开发出合适的信息化教学资源、教学材料等；以课堂为中心的层次，需要高职院校教师反思传统教学，利用现有的教学条件改进教学流程、教学方式等；以系统为中心的层次，需要高职院校教师从整个教学系统的角度考虑教学实施，这个层次的教学设计难度较大。

T5 教师团队所体现出的教学设计能力也存在于其他高职院校教师团队之中，因此，高职院校教师进行信息化教学创新需要同时兼具产品、课堂、系统三个层次的教学设计能力。

本书进一步思考的是，高职院校教师如何发挥他们这三个层次的教学设计能力从而实现信息化教学创新呢？通过资料分析发现，高职院校教师进行信息化教学创新主要通过以下几种教学设计作用点来实现，即通过教学设计将行业发展与专业教学相结合，通过教学设计将信息化与专业教学相结合，通过教学设计将学生专业素养发展融入基础课教学中，通过教学设计将行业发展前沿与专业教学以及信息化资源相结合。

综合来看，教学设计在高职院校教师信息化教学创新中的独特地位如图 5-1 所示。高职教育需要传授专业前沿知识，高职院校教师可以通过教学设计实现专业教学与企业行业发展的对接，在专业教学中融入企业行业的最新职业要求；高职院校教师也可以通过自身的教学设计能力设计出既符合企业行业工作实际，又符合高职专业教学的信息化资源；高职院校教师还可以通过教学设计把企业行业的最新发展、专业前沿知识、教育教学以及各种信息化资源适配地结合在一起实现信息化教学创新。

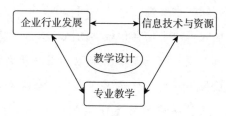

图 5 - 1　高职院校教师信息化教学创新中的教学设计

三　教学实践经验

麦兹罗认为，经验是成人学习的条件和基础，成人对新知识、新观点的理解是建立在已有经验基础上的，其借由对经验的反思加深对新知识或新观点的理解进而实现学习目的。[①] 信息化教学创新离不开教师的教学实践经验。教师成长的公式为：经验 + 反思 = 成长。如果说教育理论知识是冰山浮于水面的那一部分，那么教学经验则是冰山隐藏在水面下的一部分，具有个体性、隐性等特征，是波兰尼所说的隐性知识。教学经验生发于课堂，源于教学实践，体现在教师与学生的交往活动中，是教师主体与外界互动时的感受、体悟与思考等。

教学经验与功底是教师的一种实践性知识，在教师接受外界信息（包括理论性知识）时起过滤的作用，它不仅能够对教师所遭遇的理论性知识进行检验、筛选，还在教师解释和运用此类知识时起重要的引导作用。[②] 在对教师专业发展的理解中，教学实践经验是区分新手教师和优秀教师、专家教师的一个关键点，一般将有教学经验的教师等同于优秀教师乃至专

---

① 殷蕾：《转化学习理论视角下教师培训的困境与出路》，《中国教育学刊》2018 年第 10 期，第 87～91 页。

② 陈向明：《实践性知识：教师专业发展的知识基础》，《北京大学教育评论》2003 年第 1 期，第 104～112 页。

家教师，这也说明了教学经验对于教师教学的重要性。

本书中的研究对象一般都有几年到几十年的教学经验，高职院校教师对教学经验的强调有 13 个材料来源和 19 个参考点。

本书以缺乏教学经验的 T8 教师的信息化教学创新为例，说明教学经验对于信息化教学创新的重要性。T8 教师于 2017 年 1 月入职某高职院校，在院领导的督促下加入了一个信息化教学团队，参加了 2017 年的全国信息化教学大赛并且获得奖项。T8 教师说：你也知道我是新教师，我第一稿肯定做得很烂的，然后他们点评了好几次，基本上每次都是大改……首先是教学重点没有抓住。我记得我的省赛作品中的一个教学重点是要会读数，就是你测的数值是多少你要会读，但后来省里面的专家点评说，现在读数不算是一个教学重点，因为现在很多都是速写的，就是你不会读刻度其实关系不是很大，这个东西其实有点细枝末节……我们团队成员是这样的，我是新教师，第二个团队成员是有三十年教龄的实训指导老师，第三个团队成员是有二十多年教龄的课程负责人。课程负责人对整个课有一个比较全面和细致的了解，他对我的帮助主要体现在教学设计上面，就是整个教学过程怎么去实施、去设计，这是他对我最大的帮助。实训指导老师，他对我最大的帮助是他对学生测量的时候遇到哪些问题很清楚，还有他来指导我怎么做，因为我刚来没多久，所以我测的可能也不是特别到位，然后他来指导和纠正，我来测量……觉得我没什么困难，我最大的困难就是我的教学功底还不够。

T8 教师认为自己最大的劣势就是缺乏专业教学经验。由于缺乏一定的教学经验，T8 教师的教学目标设定存在偏差。最终，T8 教师是在团队中经验丰富的教师的指导下才实现了信息化教学创新。T8 教师团队中的课程负责人和实训指导教师都是具有丰富教学实践经验的教师。课程负责人指导 T8 教师如何进行教学设计，实训指导教师帮助 T8 教师了解学生操作中容易出现的问题。从 T8 教师这个新手教师的自述中可以看出教学实践经验对于高职院校教师信息化教学创新的重要性。

根据对访谈资料的分析，高职院校教师的教学经验主要体现在教师对学生学情的解析上。高职院校教师可以依据教学经验对教学做出相应调整。

学生 X4：老师上课有一些专业名词啊我们听不懂，有一些老师把这些专业名词通俗地翻译给我们，方便我们理解。

T2 教师：因为我解析的话，可能会根据往届的学生学情去判断，他到这里的话可能会出现一样的反应，然后我去给他解析。

T8 教师：我们做了一个规范测量考核单，是根据我们平时的教学经验做的，我们知道学生哪些地方容易犯错。比如像一个测量步骤，看上去很简单，一分钟甚至三十秒就可以搞定，其实它有很多个要点，然后把这些要点写成一条一条的，每一个动作应该怎么做，然后配合一张图片进行说明，学生在练的时候就对照这个考核单，一个一个地去比对自己的动作是否正确。

高职院校教师的教学经验在于其清楚地知道学生专业学习的薄弱点，它是高职院校教师在长期面对类似教学情境时归纳的教学问题处理办法，高职院校教师可以根据往届学生的学习反馈深入浅出地讲解知识、设计信息化教学。

除了有针对性地给出教学指导，教学经验还可以帮助高职院校教师应对学生的突发问题。

T7 教师：根据学生对别人作业的自我评定，我再确定他在哪个地方学习得不是特别好，然后对此进行二次备课。其实这个对老师的要求是很高的，需要老师的积淀，需要老师自己对这个设计掌握得很好，这样他才能够对学生突发的或者每次不一样的问题进行回答。

信息化教学创新带来了新的教学观，新教学观为学生自主学习与主动探索赋能，因此，高职学生在实际的学习与探索中必然会产生新的疑惑与新的观点。高职院校教师的教学经验可以帮助其自身应对与处理学生在学习中产生的各种问题，应对超出备课范围的突发情况。

综上可见，本书的研究资料中关于高职院校教师信息化教学创新所需教学经验的描述包含不同类型，例如授课经验、学情分析经验、教学设计经验等，但是不论是何种教学经验，高职院校教师考虑的都是这种经验与高职学生学习情况的联系。高职院校教师需要非常熟悉教学内容、专业知识，才能深入浅出地将知识传授给高职学生。高职院校教师良好的教学积淀对于教学设计中的学生学情解析具有支持作用。高职院校教师对往届学生学情的了解可以帮助他们有根据地做出教学上的调整。同时，高职院校教师的专业教学经验可以应对教学中出现的突发问题，反映出高职院校教师的教学智慧。

总体来说，虽然作为观念性的存在，教学经验难以言说，但是教学经验为发现高职学生学习问题与解决高职学生学习问题提供了实践性的积累乃至反思。高职院校教师信息化教学创新的教学经验是反省的教学经验，是艺术化的教学经验。约瑟夫·熊彼特认为解决问题的能力就是创新，教学经验就是发现教学问题的途径，信息化教学创新需要在教师教学经验的基础上开展。

第二节　职业素养

从高职教育的特点以及当前高职院校教师队伍的建设中可以看出专业精湛和岗位胜任的重要性，这也是本书在文献回顾中有所提及的，特别是关于"双师型"教师的研究十分明确地指出了专业素养与岗位素养对于高职院校教师教学的重要性。对于"双师型"教师，学界一直有不同的理解。王义澄先生最早提出"双师型"教师的概念，提倡注重教师实践能力的培养，认为教师需要具备教师与工程师的双重身份。[①] 1995 年《国家教委关于开展建设示范性职业大学工作的通知》中第一次提出教师应达到"双师型"的要求。到现在，"双师型"包括"双证书说""双职称说""双能力说"等多种内涵。2019 年《国家职业教育改革实施方案》中提出要打造"双师型"教师队伍，方案指出"从 2019 年起，职业院校、应用型本科高校相关专业教师原则上从具有 3 年以上企业工作经历并具有高职以上学历的人员中公开招聘"，方案对"双师型"教师队伍的建设要求体

---

① 左彦鹏：《高职院校"双师型"教师专业素质研究》，博士学位论文，辽宁师范大学，2016，第 30 页。

现了高职院校教师既需要懂专业理论知识，也需要懂岗位实践知识。① 教师需要具备专业素质与岗位素质的要求与当前打造"双师型"教师队伍的要求相符合，高职院校教师必须理解教育、劳动力市场和社会之间的联系，从而促进学习者的进步。② 从现有文献来看，高职院校教师进行信息化教学创新需要专业精湛、能够胜任岗位是理所当然的。

显然，对于高职院校中的专业课教师而言，懂专业与懂岗位是他们必备的素养，这一点毋庸置疑。然而本书中的研究对象涉及高职院校的公共基础课教师，这启发了研究者去思考：对于公共基础课教师而言，他们进行信息化教学创新需要懂高职学生的专业以及高职学生未来就业的岗位吗？研究者根据自身的学习经历认为高职院校的公共基础课教师并不需要懂专业与行业，毕竟公共基础课教师面对的是所有专业的高职学生。然而，T5 教师的信息化教学创新经历让研究者确定了即使是高职院校的公共基础课教师依旧需要懂专业、懂行业。

T5 教师是学前教育专业的语文教师，其团队在安排教学活动时将学前教育专业学生所需的专业技能融入教学中，例如在《春江花月夜》一课中将学生的音乐技能融入教学中，在《水龙吟》一课中将学生的绘画技能融入教学中，这也是 T5 教师团队信息化教学的创新点之一。

T5 教师说：他这种作画过程将来在幼儿园教学中也会得到体现……比如我不教孩子古诗，但我可以教他画画，因为古诗中很多诗歌是可以画出来的，那我自己在做幼儿绘本的时候，我在学校阶段，已经通过古诗和语文课上这种诗画的学习掌握了这套技能了，将来学生毕业从事教学的时候，相对来说可以轻松自如地做到这一点……非常有意思的是什么，我们是学前教育，我们还特地挑了不是学前教育的其他一个（专业），发现又不一样了。因为你上课的古诗词里面提到了诗画，这个学前教育专业的学生他本身会画所以他感兴趣，但是你换成建筑工程（专业），他就不感兴

---

① 《国务院关于印发国家职业教育改革实施方案的通知》，教育部网站，http://www.moe.gov.cn/jyb_xxgk/moe_1777/moe_1778/201904/t20190404_376701.html，最后访问日期：2019 年 12 月 10 日。

② Finnish National Board of Education, *Competence Framework for VET Professions Handbook for Practitioners*, Sastamala：Vammalan Kirjapaino Oy, 2009：19.

趣，所以你提的问题没有任何答案给你，就偶尔应付两句，答的内容也是风马牛不相及的。

从 T5 教师的访谈以及教案中可以发现，T5 教师不仅懂得学前教育专业的知识，还知道幼儿园教育的现状。T5 教师团队还将在学前教育专业使用的信息化教学创新策略使用在建筑工程专业的语文教学中，但他们发现这些策略没有发挥作用。

因此，要想进行信息化教学创新，不论是专业课教师还是公共基础课教师都需要懂所教高职学生的专业与行业，都需要学会将行业发展内涵融入专业教学中去。我们国家关于职业教育的一些政策文件也印证了以上观点，例如 2011 年《教育部关于进一步完善职业教育教师培养培训制度的意见》中指出，专业教师和公共基础课教师都需要定期到企业实践，可见高职院校教师的岗位素养不仅仅是专业课教师需要具备的素养。[①] 因此，综合以上考虑，本书形成了"职业素养"这个类属，包括高职院校教师的专业精湛和岗位胜任。需要说明的是，高职院校教师的专业精湛与岗位胜任是密切联系的、可以相互促进与反馈的，在现有研究中也是放在一起论述的，在本书的各种资料中也可以看到岗位胜任对专业精湛的影响。但是在对高职院校教师的访谈中发现，专业精湛并不代表具备岗位胜任能力，高职院校中的部分教师专业素养较强，但是专业教学是与行业脱节的。因此根据资料分析的结果，本书虽然承认专业精湛与岗位胜任的密不可分，但在这一部分依旧将专业精湛与岗位胜任分开介绍。

一 专业精湛

本书所说的专业精湛并不是指现有研究中提出的教师教学的专业素养。现有文献中喜欢用职业素养、专业素养、职业能力、专业能力等术语来涵盖高职院校教师的实践素质、职业素质、教育教学素质等，这是从高

---

① 《教育部关于进一步完善职业教育教师培养培训制度的意见》，教育部网站，http://www. moe. gov. cn/srcsite/A07/s7055/201112/t20111224_129037. html，最后访问日期：2020 年 5 月 20 日。

职院校教师专业化发展的角度去理解的。专业精湛从不同角度看有不同的理解：从教师知识的角度来看，伯利纳、舒尔曼、格罗斯曼等强调教师的学科内容知识就属于本书所提出的专业精湛范畴；从高职院校教师的素质来说，人文素养、专业学科知识、专业群相关知识等也属于高职院校教师的专业素养。所以现有文献中对专业精湛的各种理解其实也突出了其在教学中的重要地位。

本书中的专业精湛指向高职院校教师的专业知识、专业水平、专业实践等。高职院校教师需要懂专业，即使教师有很好的教育教学素养，也需要有精湛的专业素养的支撑。俗语有言，"要给别人一杯水，自己先要有一桶水"，也就是说对于高职院校教师而言，要想使高职学生具备良好的专业素养，其自身就需要先具备精湛的专业素养。

根据资料分析，高职院校教师的专业精湛主要体现在以下几个方面。

首先，高职院校教师专业精湛体现在其具备深厚的专业知识与专业技能。从理想状态来说，这是高职院校教师的入门级标准。然而实际情况是，绝大部分高职院校教师本身并没有高职的学习背景，其理论厚度与职业技能难以达到协调的匹配。

T8 教师：实训指导老师，他对我最大的帮助是他对学生测量的时候遇到哪些问题他很清楚，还有他来指导我怎么做，因为我刚来没多久，所以我测的可能也不是特别到位，然后他来指导和纠正，我来测量。

T8 教师是高职院校中一类典型的教师，即学历高，有良好的理论基础，在科研上同样有所收获的教师，但这种"学院派"风格的教师常常出现专业知识与专业技能的脱节。这样何谈信息化教学创新？这就提醒高职院校教师进行信息化教学创新需要夯实基本的专业知识与专业技能。

其次，高职院校教师专业精湛体现在其能够进行广泛的专业实践。专业精湛的高职院校教师在教学中不仅能够传授技能，更能够将与专业相关的传统文化、与专业相关的社会问题等融入专业实践中。

T6 教师：在这个课程内容中，我们进行了素材的融入，因为音乐这门课程可以和传统文化中一些民族的音乐作品，舞蹈中比如傣族舞、新疆舞、蒙古舞这些优秀文化传承的艺术作品相结合。

T7 教师：乡村康养庭院设计是我们后来想要发展的一个方向。一个是乡村振兴战略，我们把目标放在乡村，庭院是一个载体，乡村是一个方向。康养是主要考虑老龄化的问题，比较贴近民生，这就是我们题目的两个创新。

T6 教师在音乐课程中融入传统舞蹈的元素，T7 教师的教学内容紧贴当前健康养老的社会问题。这显示出专业精湛的高职院校教师在信息化教学创新中会对教学内容进行丰富、深挖与创新，将教学内容与传统文化、社会现实问题相结合，给学生提供实际的、深刻的专业实践，帮助学生了解专业的历史及其在当今社会发展中的作用，丰富学生的思想认识，引导学生升华对国家、对民族、对社会、对专业的情感。

最后，高职院校教师专业精湛体现在其能够清晰掌握本专业人才培养的方向以及未来的教学改革方向。信息化教学创新归根结底是人才培养，T3 教师和 T7 教师以人才培养方案为依据设计信息化教学，同时又以教学实际为依据改进人才培养方案和专业教学。

T3 教师：老师要对整个专业人才培养的目标很清楚，这个是必需的，如果这个目标你不清楚，你肯定不知道后面怎样有效地去开展教学。我想每个老师都具备这个素质，就是从整体上，大的方向上，每个老师都应该清楚，专业人才的培养目标，对学生的技能要求、情感要求、知识要求等。

T7 教师：因为他们对庭院设计的基本功还不是特别好，所以我下学期把人才培养方案和他们的规划设计课也调整一下。

从这个层面上可以看出，高职院校教师的专业精湛不仅体现在课堂教学上，更体现在整个教学思维上。专业精湛的高职院校教师具备顶层设计思维，对专业教学的理解与思考也突破了知识、课堂与实践的固圈，能够从人才培养以及未来专业发展的高度重新审视专业。

既然高职院校教师的专业精湛具有如上文的体现，那么高职院校教师的专业素养和信息化教学创新之间到底有什么关系呢？

本节以 T1 教师的信息化教学创新经历为例展现高职院校教师对专业素养的理解。

访谈者：对于信息化教学创新，你和你的团队自身要具备哪些能力？

T1 教师：第一个层面就是你自己的专业比较强，很懂这个专业，了解专业最前沿的（内容）。如果你自己的学科也不往前走，还停留在传统的教材上面，它（指教学）可以永远不变。专业不断地往前，你这个专业行业领域在往前的时候，你自己也得不停地去探索新的专业的知识进行结合。

T1 教师是风景园林设计专业的专业课教师，其所授的专业课受到行业发展的影响，专业要求从美观转化到了生态、功能与技术上面，因此"海绵城市"成为符合时代需求的专业课主题。从 T1 教师的访谈中可以看出其认为高职院校教师的专业素养体现在紧跟专业前沿、把握最新的专业知识上，专业素养是高职院校教师信息化教学创新的必备基础。

在高职院校教师信息化教学创新实践中，为了创造更适合高职学生学习的课堂，许多教师进一步提升了自身的专业素养。

T1 教师：最早我们也是一步步地按 PPT 的形式，自己去学习图集啊，规范啊，图片啊，后来你发现就是这个东西不行，得让它动起来，动起来就需要做动画、做三维，动起来以后你就会根据你的教学需要发现知识是分类的，有的是原理类的，有的是功能类的，然后有的就是构造类的，然后就是那个东西越做越系统，越做越全面。原来我可能只需要做一个小点，因为自己的知识层次一开始也不够，毕竟是全新的一个知识领域。你发现这个东西越做越大，可能就需要全局域的全区域的，然后就会想到BIM 啊，原来一根管网就够了，现在要做复杂的接入啊，排出啊。原来我们可能做的就是一个小的点，也不存在什么地形。随着项目的复杂程度变大，一个小区可能地形高差，南北误差十几米。然后我这个场地，把问题研究得越来越细了。

可见，高职院校教师的信息化教学创新需要良好的专业素养支持，但信息教学创新同样可以促进高职院校教师专业素养的发展。T1 教师在信息化教学创新的过程中先是发现了专业知识的不同类型，再深化了自己的专业知识层次，还拓展了自己专业知识的领域范围。由此可见，信息化教学创新与高职院校教师专业素养的发展之间存在相互依赖、相互促进的关系。

二 岗位胜任

高职院校教师的岗位胜任是指高职院校教师对专业教学所对应的实际工作岗位的掌握程度。

高职院校教师的专业教学与企业行业的发展密切相关，这种密切相关性源自高职教育的独特性。由于经济结构转型和产业结构调整，高职院校教师专业知识与专业技能的半衰期越来越短，许多专业知识和专业技能随着时代发展而面临着淘汰。① 因此，高职院校教师需要紧跟企业行业的发展，转换旧有认知，保证自身的岗位素养，从而保证自己的教学内容没有与企业行业脱节。当前，人工智能、工匠精神、大国制造等概念术语的提出意味着国家要求高职教育培养高素质、高技能型人才，信息化与智能化的发展、外界产业的转型变动要求职业院校教师紧跟企业脚步，唯有如此才能培养出符合企业需求的一线工作者。

根据资料分析，高职院校教师的岗位胜任主要体现在以下几个方面。

第一，高职院校教师的岗位胜任体现在其了解企业用人需求。作为应用型教育，高职教育的人才培养应满足市场的需求。正如 T1 教师所认为的，书本上理论的知识体系与实际的工作体系并不一定能够实现对接，因此，高职院校教师只有清晰掌握企业用人的需求才能创新教学。

T1 教师：怎么跟企业共同去开发这门课？因为我们高职是应用型的，是根据企业去开发的，不是老师根据你学科的体系、你大学的时候怎么学的（去开发），必须看企业需要达到什么能力。

高职教育讲究实践性，其培养的人才在接受社会考核时，最重要的一点是能否快速上岗就业。因此，高职院校教师的岗位胜任体现在教学中将企业需求转化为自身的教学目标、教学内容，将市场需求与学校课堂教学直接对接，将理论知识体系与工作流程良好衔接。

第二，高职院校教师的岗位胜任体现在其清楚岗位工作流程。高职院校教师是实践性的教师，是跨界性的教师，是从企业中汲取知识的教师。

---

① 金泽龙：《全面质量管理视域下的新时代高职教师专业成长研究》，《职教论坛》2019 年第 3 期，第 78~83 页。

T3 教师：我们是校企合作的，老师要到企业参加培训，实际了解企业是如何进行、如何完成这项维修任务的，经过培训之后老师都很熟悉。

校企合作是高职院校教师专业发展的有力举措，是实现产教融合的重要路径，也是保证学生工学结合的前提条件。① 有赖于校企合作，部分处于象牙塔中的高职院校教师可以亲身体验到实际的工厂环境、实际的生产线等，可以说校企合作让高职院校教师实现了理论上的"知"与实践上的"行"的统一。

第三，高职院校教师的岗位胜任体现在其教学紧跟行业标准。从本书的教案分析中可以看出，高职院校教师的教学紧紧围绕着行业标准进行。

A4 教案：采用系统自评、同学互评、老师评价及行业专家评价的全过程评价模式，体现评价主体的多元化、内容的多维化及方法的多样化，评价标准参照最新护理行业标准及全国职业院校护理专业学生（高职组）大赛的评分标准，使评价更科学。

行业标准是行业范围内经由长期实践检验取得共识的包括本专业准入门槛、从业资格、评价依据等在内的标准化体系。② 教学与行业标准相对接是产教融合的进一步体现。高职院校教师将行业标准转化为教学内容、将行业标准融入考核要求体现出了高职教学的现实性与实用性。

第四，高职院校教师的岗位胜任体现在其掌握行业信息技术。在如今互联网技术、人工智能技术不断升级的社会背景下，行业中的先进信息技术也不断涌出。高职院校教师只有及时了解新型行业信息技术，才能创新教学内容。

T8 教师：要对企业里面的技术有了解，我们要经常去跟企业做一些合作，一定要及时接受一些先进的技术，我们不能领跑企业，但至少要跟上企业，教学跟企业不至于有很大的脱节。

现如今，行业信息技术飞速发展，高职教学内容难免落后于实际的企

---

① 马晓琨、王学东、方红彬：《高职教师企业实践经历教学价值的质性考察——基于学科教学知识（PCK）理论》，《职教论坛》2020 年第 11 期，第 81~87 页。

② 谷素萍：《女子高校产教深度融合路径：专业 + 产业 + 行业 + 企业》，《中国高等教育》2020 年第 19 期，第 62~64 页。

业生产。高职学生面临的社会挑战之一就是劳动岗位容易被人工智能、机器人等取代。因此，能够掌握行业信息技术的高职院校教师就可以将新技术引入教学，作为信息化教学创新的方向之一。

总体来说，高职院校教师进行信息化教学创新需要了解企业用人需求、企业工作流程、企业行业标准以及行业先进的信息技术。了解企业用人需求有利于高职院校教师明确专业人才培养的方向，创新教学目标；熟悉企业工作流程和企业行业标准，引用行业先进的信息技术有利于高职院校教师更新专业理念、理解行业前沿，创新教学内容。

为了保证高职院校教师的岗位素养，国家采取了许多措施。如2016年《教育部、财政部关于实施职业院校教师素质提高计划（2017—2020年）的意见》指出要选派教师到企业实践，培训技能，参与企业生产，参与企业技术研发，不仅要掌握企业中的各种技能，还要了解企业的生产流程、各种岗位的职责、企业文化等。[①] 国家还设置了兼职教师特聘岗位，便于高职院校从企业中聘请能工巧匠、高技能人才到学校任教。2019年教育部《全国职业院校教师教学创新团队建设方案》指出要"支持团队教师定期到企业实践，学习专业领域先进技术，促进关键技能改进与创新，提升教师实习实训指导能力和技术技能积累创新能力"[②]。

国家的这些措施确实起到了保证高职院校教师岗位胜任的作用。本书中的各个案例都能证实确实如此。第一，高职院校教师进行信息化教学创新是以团队合作的形式出现的，团队师资结构上比较丰富，其中就有来自企业的教师。例如T4教师原来为医院职工，后被医学类高职院校引入，T4教师在学校里为讲师职称，在医院里为副高职称，T4教师在团队中发挥的主要作用就是提供专业的护理实践经验。第二，高职院校实施的校企合作方式保证了高职院校教师拥有到企业中实践的机会，保证了高职院校

---

① 《教育部、财政部关于实施职业院校教师素质提高计划（2017—2020年）的意见》，教育部网站，http://www.moe.gov.cn/srcsite/A10/s7011/201611/t20161115_288823.html，最后访问日期：2020年4月1日。

② 《教育部关于印发〈全国职业院校教师教学创新团队建设方案〉的通知》，教育部网站，http://www.moe.gov.cn/srcsite/A10/s7034/201906/t20190614_385804.html，最后访问日期：2019年12月20日。

教师能够紧跟行业发展。正如 T6 教师所在院校会邀请优秀园长或者优秀教师给高职学生授课一样，这就在源头上保证了高职院校教师的岗位素养。T6教师在访谈中提到：我们在日常授课的过程中会聘请优秀的园长或优秀的教师、学前教育专业兼职幼儿园的教师……我们专业像我这样的老师，也会到幼儿园实践半学期，观察自己在实践方面的能力。

总而言之，高职院校教师信息化教学创新必须紧跟岗位发展、与时俱进，本书中的研究对象主要采用了校企合作以及在团队中引入企业师资的方式保证教学目标、教学内容符合企业用人需求和行业标准。

第三节　信息素养

信息素养概念肇始于美国图书检索技能的发展。1974 年《信息服务环境：关系与优势》报告首次提出信息素养概念，并将其界定为"通过训练掌握信息工具，获取相关信息，解决实际问题的能力"[①]。随着信息技术的不断更迭与进步，高职教育设施在信息化建设的进程中更加优化，数字校园、智慧校园的建设，实训室的建设，大量的数字化资源以及教学资源库的建设，虚拟仿真环境的建设，微课、名师视频公开课、资源共享课、MOOC、精品在线开放课程的建设在为教师教学提供极具参考价值的资源的同时，也对教师的信息素养提出了挑战。国家也有针对性地对教师的信息化教学能力进行培训。《教育信息化 2.0 行动计划》指出，"教师信息技术应用能力基本具备但信息化教学创新能力尚显不足，信息技术与学科教学深度融合不够"[②]，这表明虽然提升教师信息素养的措施实施了很多年，但实际上教师的信息素养依旧有很大的提升空间。

本书关于"信息素养"这个类属的形成，缘自研究者曾经参与的某个职业院校的信息化教学培训。其中一名教师曾经获得全国信息化教学大赛

---

① 肖新祥：《信息素养的理论缘起、内涵及构成要素略论——兼论信息素养教育国际经验》，《电化教育研究》2021 年第 8 期。

② 《教育部关于印发〈教育信息化 2.0 行动计划〉的通知》，教育部网站，http://www.moe.gov.cn/srcsite/A16/s3342/201804/t20180425_334188.html，最后访问日期：2020年 5 月 8 日。

一等奖，她在和培训专家的交流中表示她们团队的教师对这些信息化手段的使用已经很熟练了，而培训现场中的大部分教师在软件的操作上仍然跟不上培训专家的培训节奏。二者对比可以看出能够进行信息化教学创新的高职院校教师是具备良好的信息素养的。由此，研究者形成了"信息素养"这个类属，经过其他资料的不断补充，信息素养这个类属的内涵更加丰富，形成了信息技能、问题解决和信息思维三个子类属。

一　信息技能

信息化教学创新以教师具备信息技能为前提，信息技能是信息素养的基础。信息技能是指教师获取、使用、处理、存储、共享不同来源信息的能力以及操作信息设备与应用软件的能力。

对于当前的高职学生来说，他们的信息素养已经处于比较好的水平，他们在使用信息化手段方面并不存在困难，而高职院校教师要想跟得上学生的发展步伐，与学生保持良好的关系，顺利地进行信息化教学创新就需要具备一定的信息技能、掌握一些信息工具的使用，从而保证与高职学生沟通的顺利进行。

那么高职院校教师需要掌握哪些信息技能呢？资料分析发现，高职院校教师的信息技能主要体现为通用信息技能、教育教学中的信息技能、专业教学中的信息技能以及行业企业中的信息技能。

第一，高职院校教师信息化教学创新需要具备通用信息技能。通用信息技能是指信息时代公民都需掌握的信息检索能力、资源存储与积累能力等。

T2教师：收集各种各样的资料，就比如说搜点东西，这个也是我跟我老公学的，因为他是纯理科生，他这些比较强，所以我就跟他学怎么去搜资料，要掌握哪些关键词。

通用信息技能保证了高职院校教师能够检索到新资源、存储下实用资源。在通用信息技能的辅助下，信息化教学的内容才能够与时俱进、不断更新。

第二，高职院校教师信息化教学创新需要具备教育教学信息技能。作为教师，教学信息技能体现在能够较好地操作办公软件、制作微课与动画、合理使用学习平台等。从国家制定的教师信息能力标准上来看，教学信息技能是必备的。理想情况下，高职院校教师基本应该具备这种教学信息技能。然而，T2教师提供了一个现实的情境。

T2教师：像我是学艺术出身的，本身对理科的信息化这些东西就不太懂，可能只会一些专业的软件，但其他一些软件，我真的是不了解……你不仅要会软件，比如PPT、Word，就是所有办公类的软件你都要懂，不能说你只是懂，你要玩得转。

近年来国家在高职院校投入的经费逐年增多，高职院校中的某些信息化教学资源可以依托校外专业公司建设。同时，随着职业教育资源库的建立，职业教育类资源成果丰硕，能够较好地检索到适配的资源。但是信息化教学创新不可能是完全的"拿来主义"，这些资源如何应用到自己的教学中、如何与自己的教学过程匹配，就需要高职教师发挥自身的信息技能，将资源库中的资源重新处理成适合自己上课的资源，从而引入同行教师优秀的教学思想、节省资源制作时间，实现数字化资源的二次创新。可以说，掌握基本的教育教学信息技能，实现信息化教学是走向信息化教学创新的一个基本步骤。

第三，高职院校教师信息化教学创新需要具备专业教学信息技能，例如教学资源库使用与建设、虚拟仿真使用与开发等，能够针对专业教学中学生存在的问题独自开发或者与企业合作开发一些专业教学软件。

T4教师：要时刻关注最新的信息技术手段和资源，就是你本专业、本行业有哪些先进信息化手段和资源。比如虚拟医院别人有没有？别的学校有没有用，如果他用他又开发的是哪些模块？有哪些不足？那我们如果要改进，要改成怎么样？

本书的研究对象一般与企业合作开发专业教学软件，创新信息化教学资源，对于这类高职院校教师而言，他们的专业教学信息技能所发挥的作用在于能够与企业开发人员沟通，在专业层面和技术层面提供可参考的设计。

第四，高职院校教师需要具备行业企业中的信息技能，了解行业企业中信息技术的最新发展，恰当地将行业企业中先进的信息技术引入教学中，从而保证专业教学紧跟前沿。在教学中引入行业企业先进技术不仅仅是为了学生将来能够胜任岗位，更是因为行业企业新技术的变化通常能够改变整个教学形式，特别是类似于 T1 教师教授的理工科类课程，行业企业先进技术带来了工作流程的颠覆，也意味着教学形式需要重新设计。

T1 教师：BIM 是建筑施工领域叫作建筑信息模型的软件，从一开始提出方案到方案建成的样子它全给你模拟出来了，降低了犯错误的概率，大大缩短了工期……所以我们也是希望能够跟 BIM 结合……这样的话我们的设计不就更有的放矢了吗，不是纯粹拍脑壳、为了好不好看。

行业企业中最先进的信息技术代表了专业发展的前沿，具备这些信息技能不仅意味着高职院校教师具备岗位素养，还意味着高职院校教师可以实现教学内容创新。

高职院校教师信息化教学创新需要掌握信息技能，而这些信息技能的掌握又恰好支持了高职院校教师教学素养和职业素养的发展。

二 问题解决

就信息技术的社会意义而言，只有将信息技术的学习与社会活动中各种问题的解决结合起来，才能显示巨大价值。[①] 高职院校教师信息化教学创新所需的信息素养也在问题解决方面有所体现，意即高职院校教师可以利用信息技术解决教学中的问题。高职院校教师创新信息化手段解决教学问题是访谈中的每个教师都提到的，其材料来源多达 22 个，参考点多达 229 个，可见对于高职院校教师来说在信息化教学创新中利用信息技术解决教学问题是必不可少的环节。

高职院校教师在教学中主要面临哪些问题呢？资料分析发现主要包括三方面的教学问题。

第一，教学内容方面的问题。高职教学内容中存在一些抽象、难以理解的教学内容，特别是一些原理、机制类的教学内容。比如，T1 教师关于

---

① 李艺、钟柏昌：《信息素养详解》，《课程·教材·教法》2003 年第 10 期，第 25~28 页。

地下管网、地下排水的教学内容，T2 教师关于服装设计配色和成衣效果的教学内容，T3 教师关于气压高度理论的教学内容，T4 教师关于人体生理结构和机制的教学内容等都是教学内容抽象导致的教学问题。

从教学内容来看，高职学生学习困难的原因主要有两个：一是知识点涉及过多的理论，不符合高职学生喜欢"做中学"、喜欢互动、喜欢有趣学习过程的学习偏好；二是知识点抽象，不能实现视觉直观教学，哪怕有实物模型，亦不能展示出运行的机制。

高职院校教师通常采用微课、动画等方式呈现抽象的教学内容，使教学内容直观化。

T4 教师：我们医学护理方面一些解剖生理知识比较抽象，特别是机制原理，我们这一部分的内容特点又是看不见摸不着的，那就要借助一些信息化的资源，有动画视频、关于心脏解剖生理的 VR 技术。

正如前文所述，高职学生的学习特点更偏向于可以直观理解的教学内容。根据心理学的研究成果，人类各种感觉器官可以从外界获取信息，其中视觉通道占了60%以上的比例。微课、动画等信息化资源通过在简短的时间内将看不见、摸不着的抽象知识用直观画面展现出来，解决了高职院校学生理解抽象学习内容的困难。

第二，教学过程方面的问题。教学过程主要涉及两类问题，即高职院校学生的技能学习问题以及学习过程追踪反馈问题。高职教育培养的是一线技能型人才，国家对其的定位目标是大国工匠，因此，精益求精地掌握专业技术技能是高职学生的求生之本。但是，在高职院校的课堂教学中常常会出现技术操作过程难以清晰演示、学情反馈不及时、学习过程难以追踪的问题。以下片段呈现了高职院校课堂教学过程中的困难。

A8 教案：传统教学中，教师演示时，学生由于人数多，无法近距离观看细节。

T3 教师：刚进去工作的学生需要一段时间跟岗实习，企业不会让你动手，要达到一定的水平和技能的要求，通过考核才能上岗动手。我们在学校里没有那么长时间去学习，比如企业需要半年你跟着去实习但是不让你动手的过程。

T2 教师：原先可能有一个同学他做了三次，最后做出来一个作品，有的同学他可能就做了一次，但效果也很好，同样做了一个效果很好的作品。但是到我这儿的时候，我只看到了同样的两个作品，我没有看到有一个同学做三次，浪费了两次那么多的材料，最后得到一个作品，我只能给他们俩同样的分数。

教学过程中高职院校教师的实际操作能否清晰演示事关高职学生技能学习的顺利与否。高职学生在设备上反复练习的机会事关高职学生技能精进的程度。学习过程难以追踪会影响高职院校教师教学的连贯性和教学改进。在高职教育中，技能学习条件无法保障、技能练习无法追踪与及时反馈是高职教学的致命弱点。

解决这些教学难题的办法其实就是教学创新，因此，高职院校教师需要具备信息素养，利用信息技能解决实际教学难题，实现信息化教学创新。直播摄像头、虚拟仿真平台、学习平台都可以解决教学过程中存在的问题。

A3 教案：教师通过直播摄像头演示高度表剖面实物的内部结构，在虚拟维修环节选取小组检修过程进行广播演示，其他组在观看过程中对比自己的操作，找出对方或自身的问题。

A8 教案：自主设计的气相色谱仪操作仿真实训软件，包括开机、设定参数、样品上机检测、数据处理等四步操作及错误提示、自动评分功能。

第三，教学评价方面的问题。评价可以促进学生的改进，以评促改、以评促发展是教学评价的初心。

但是，T2 教师表示：教学评价随意、缺乏客观性是高职教学评价的主要问题，特别对于艺术类、设计类课程的教学，涉及设计、审美、创意等方面的教学评价，高职院校教师会存在主观性。这也是教学专家在点评高职院校教师参赛作品时比较关注的问题。

可见，评价过于随意、评价缺乏科学性也是高职院校教学中的常见难题，信息技术同样可以在其中发挥作用，特别是当前高职的学习平台，记录与追踪了学生课前、课中和课后的多种学习结果，使得评价有所依据。

高职院校教师可以利用各种信息化手段解决教学中的多种问题。本书将高职院校教师使用的信息化手段归纳为两种,即一般信息技术手段和先进信息技术手段。一般信息技术手段包括微课、动画、学习平台之类,可以实现抽象教学内容直观化、清晰呈现技能演示过程、追踪学习过程、提供教学评价依据等功能。先进信息技术手段主要指虚拟仿真、虚拟现实等信息技术,不仅可以渲染学习情境、沉浸学习体验,还可以增加高职学生技能练习的机会、及时反馈技能练习结果。

综上可知,上述教学问题的解决恰恰反映了高职院校教师信息化教学创新的核心,即以教育教学中出现的问题为导向进行改进,而非以信息技术为导向进行改进。高职院校教师需要选择或者建设合适的信息化手段与资源,并且将其与适当的教学问题相匹配,从而达成有针对性的教学问题解决。

三 信息思维

高职院校教师信息化教学创新所需的信息素养还表现在信息思维方面,其是高职院校教师在信息化教学创新的过程中形成的,是超越信息技能与问题解决层面的信息素养内容。教师需要认识到在教育中运用信息技术的优势和存在的风险,提高信息技术的能力,适当运用信息技术,改变成才培养模式,充分发挥学生的潜在能力。[①]

高职院校教师需要有信息意识,即能够认识到信息技术发展对教育教学的重要性,同时主动学习新的信息技术,有不断跟进新技术、利用新技术改善教学的意识。在访谈中,T1 教师意识到 BIM 软件对于其专业的学习具有重要作用;T2 教师在参加比赛的过程中收集了许多其他教师团队使用的专业软件;T4 教师关注虚拟医院在教学中的应用情况;T8 教师在信息化教学创新中向企业学习,采用了能实时传输数据的卡尺来教学;等等。这些都体现了高职院校教师信息化教学创新中的信息意识。这种信息

---

① 顾明远:《教师学习与创新》,《中国教育学刊》2021 年第 11 期,第 9 页。

意识恰好与上一节中的问题解决相对应，即高职院校教师需要学习先进的信息技术用来解决教学中存在的问题。

高职院校教师需要能够对信息技术以及信息技术在教学中的使用等做出客观的评价。信息技术的使用是处于一定的文化环境中的，必然带着使用者的态度与价值观，对于高职院校教师来说信息化教学创新就需要能够客观评价信息技术在教育中的地位，不能有所偏颇。本书的一些研究对象也在信息化教学创新的过程中对所使用的信息化手段有所思考，以 T2 教师的思考为例。

T2 教师：我们学校里统一给我们引进的是雨课堂，但是我们这次参赛的时候用的是超星，这里有一些区别。比如说雨课堂或者以前蓝墨云班课，它是针对课堂教学的信息化手段。不过课堂教学信息化手段我慢慢觉得不是特别实用，这是我个人的感觉。可能不同专业不一样，就我们服装专业来说可能都是小班，有的班级像这个班可能人稍微多一点，三十几个人，但也有别的班可能二十几个人。二十几个人的课堂教学有时候有些在线评价或者是在线评论我觉得反而有点耽误课上的时间，这是我个人的感觉。其实互评的时候你二十个人，我可能就四个人一组，也就五个小组，互评的时候其实很简单，比如说多少个表格之类的，可能就没必要非得在线上评价之类的。

T2 教师在对比了超星、雨课堂和蓝墨云班课三种软件后，认为雨课堂和蓝墨云班课并不适合他们服装设计专业小班化的教学，特别是学生在线互评这种功能并不实用，甚至会耽误时间。

由此可见，高职院校教师进行信息化教学创新需要具备相应的信息思维能力，准确判断信息技术在教学创新中的合理位置，根据专业教学的特点筛选出合适的信息化手段。高职院校教师在信息化教学创新过程中对信息化教学认识逐渐加深，对信息化教学创新的认识超越了传统的技术层面，对于信息化在教学中的使用有了客观中立的判断，既不完全否定信息技术的作用，也不为了信息化而信息化。创新更多体现在教学模式等方面，而不是在教学中堆砌的各种信息技术。信息化教学创新从追求各种炫技的浮华回归到以解决教学实际问题为中心的朴素状态，正如 T13 教师提到的：一堂全是信息化手段的课不一定是一堂好课，信息技术很炫酷，但我们教学的内容不是信息技术，信息技术是为我们的教学服务的，尤其在实际教学中要把握好度。

第四节 融通素养

融通素养表现为课岗融通、课证融通和课技融通，其以学生未来的职业生存为出发点，依托校企合作、工学结合、信息技术将企业行业的核心内容与市场最新动态纳入职业教学，体现职业认证，促进技能人才充分就业。素养作为整体性的高阶概念，不同要素之间难以脱离关系，例如在职业素养中，岗位素养对于高职院校教师专业教学的导向与定位作用，专业教学对岗位素养的贴近与融入；在信息素养中，高职院校教师信息技能对信息思维的重要性，信息思维对信息技能发展的指导作用。特别在"教学设计能力"这一节的阐述中可以看出，高职院校教师需要通过教学设计能力将课堂教学、行业发展以及信息技术结合起来，只有这样才能实现信息化教学创新。高职院校教师需要通过教学设计将行业发展与专业教学相结合、将信息技术与专业教学相结合、将学生专业素养发展融入基础课教学中、将行业发展前沿与专业教学以及信息化资源相结合。而在上述这些结合点的背后考察的其实是高职院校教师的融通素养。

T6教师说：他们（新手教师）在教学理念的理解和运用方面也存在着很多的问题。比如说以学习者为主，构建以学习者为中心的教育生态，比如说产教融合的理念，比如说课程思政的理念，他们没有办法把这些理念都运用到自己的教学设计当中去。文件是文件，精神是精神，教学设计是教学设计，n张皮脱离着。

正如T6教师所言，高职院校教师即使学习了先进的教育教学理念，也有可能无法将这些先进的理念很好地融入教学设计当中，出现了教学理念、教学设计相互脱离的状况。

因此，研究者在高职教学素养、职业素养和信息素养的基础上进一步发现了融通素养的重要性。根据资料的分析编码结果，本书认为融通素养主要包括课岗融通、课证融通、课技融通三部分。

一 课岗融通

课岗融通是访谈资料中出现的本土概念，即高职院校教师在实际教学中需要与企业岗位、职业标准、岗位生产情况等方面相对接，将行业发展的最新状况融入教学中。课岗融通是职业教育课程改革的一种体现，打破了学科本位，体现了以就业为导向的能力本位。课岗融通的课程范围不应只局限于专业课程，同样也可以在公共基础课程中实施，如前文提到的公共基础课教师 T5，他依旧需要在语文教学中融入学前教育专业学生所需的绘画技能、音乐技能等岗位能力。因此，不论是专业课教师，还是公共基础课教师，课岗融通的能力都是信息化教学创新必不可少的。也恰恰由于岗位技能的融入，专业课才能体现出其先进性与市场导向性，公共基础课才能体现出其职业教育的特点与价值。

本书以 T8 教师的信息化教学创新经历为例，详细说明课岗融通能力的重要性。T8 教师是 2017 年刚刚博士毕业入职某高职院校的教师，2017年底参加了全国职业院校信息化教学大赛（信息化实训教学组）并且获得了一等奖。在访谈中 T8 教师表示其一开始不仅专业素养不足，而且对相关企业行业的发展更是不了解。

T8 教师：首先是教学重点没有抓住。我记得我的省赛作品中的一个教学重点是要会读数，就是你测的数值是多少你要会读，但后来省里面的专家点评说，现在读数不算是一个教学重点，因为现在很多都是速写的，就是你不会读刻度其实关系不是很大，这个东西其实有点细枝末节。另一个是我们的视野不够开阔。我当时只想着拿一个零件测数值，把它读出来判断结果对不对，后来省里面专家提醒我说，现在有大批量生产的零件，那么多的零件你怎么测量，你也是这样一个一个地去测吗？或者你有什么办法能效率高一点，或者你能不能去看看企业里面大批量是怎么做的。

后面我们去企业里看，发现企业里有一个技术升级，就是它有技术采集数据，这样工人就不用一个一个去手写、去记录，全部是信息化、自动化的，这个是批量生产必定要做到的高效。还有一个批量生产就意味着有

很多数据，有很多的数据你就可以根据这些数据的趋势去判断接下来即将
生产的那一部分零件的尺寸是否对。

…………

之前是你加工好了你测测对不对，不对就报废，对就可以用，但现代
化就是大数据的情况下，你去提前判断零件质量是不是达标，如果你估计
接下来数值可能会有问题，你就可以进行提前的干预，所以整个理念都
变了。

T8 教师岗位素养发展的策略：企业调研、与企业合作。

T8 教师从企业中学习到的岗位素养：先进测量工具、利用大数据判断
零件质量的测量理念。

T8 教师岗位素养对信息化教学创新的影响：能够追踪每个学生个体的
测量情况，促进了教学目标和教学重点的调整。

从 T8 教师的访谈中可以看出课岗融通对于其信息化教学创新的重要
性。随着 T8 教师从企业中获得的岗位素养的不断发展，T8 教师的教学目
标、教学重点都有所调整，从而保证培养出的学生具备未来上岗工作的能
力，符合企业用人需求。

根据 T8 教师的个人经历，研究者知道了课岗融通能力对于高职院校
教师的重要性，那么本书中的这些高职院校教师在信息化教学创新时其课
岗融通的方式有哪些呢？

第一，教学目标融通，即教学目标符合企业用人需求。

T3 教师：前期我们达到的教学目标，知识、理论、技能是一定要符合
企业的用人需求的。

第二，教学内容融通，即教学内容符合行业发展标准。

A8 教案：将《室内环境空气质量监测技术规范》（HJ/T167 - 2004）、
《环境空气采样器技术要求及检测方法》（HJ/T 375 - 2007）等国家标准与
政策法律法规及环境监测员等职业标准细化，生成采样规范操作考核表，
将规范化操作融入采样操作的整个教学环节中。

第三，教学方法融通，即教学方法符合岗位实际生产情况。

T7 教师：我们在这个课程当中其实会分层，比如四个人做一个设计，

第一个人是整体规划设计师，第二个人是植物配置师，第三个人是硬质景观设计师，第四个人做小品设计，这个组内关系其实就像我们设计院里面一样，设计院里面就是用这几个角色去共同合作完成一个项目。

第四，教学评价融通，即学生评价有企业人员参与。

T10 教师：我上课让学生完成的任务都来自企业，最后完成得好不好由企业来评价，他们愿不愿意入库也由企业来评价……把六组的作品发送给企业的人员，让他们来看看这六组同学的工艺，设计得是否合理、有没有更好，然后企业的人评价以后选出那么一到两组觉得很好的，被库（工艺库）里采纳了。

第五，教学师资融通，即在教学中引入企业（产业）师资。

T6 教师：我们在日常授课的过程中会聘请优秀的园长或优秀的教师、学前教育专业兼职幼儿园的教师、兼职兼课老师……我们专业像我这样的老师，也会到幼儿园实践半学期，观察自己在实践方面的能力。

第六，教学环境融通，即教学环境与企业（产业）联系密切。

T4 教师：因为我们（学校）是在医院里面，所以我们的资源就是医院和学校共同的资源，我们的师资是医院和学校共同的老师，我们的场所是在医院里面，一个是医院里面专门的教室，一个是医院病房床边。

高职院校教师信息化教学创新时的课岗融通是全方位的融通，从教学目标的设计到教学师资的搭配都体现出了与行业接轨的理念。在教学目标的设计上，高职院校教师不能仅仅遵循教科书的目标，而是需要和企业用人需求相对接，将岗位生产的要求融入教学目标当中。在教学内容上，高职院校教师需要认识到教科书内容的时代局限性，将行业发展的最新情况吸纳到教学内容中。在教学方法上，高职院校教师需要结合企业实际生产流程，将不同岗位的分工及职责融入教学过程中。在教学评价上，高职院校教师需要采用多主体评价方式，将企业人员的评价纳入学生考评的标准当中。在教学师资上，高职院校教师不仅需要与一线企业工作人员合作教学，更需要深入一线岗位中锻炼自身的实践能力。在教学环境上，高职院校教师需要密切联系企业工作环境，尽可能为高职学生创设真实的岗位工作环境。

由此可知，高职院校教师进行信息化教学创新，不仅需要具备教学素养、职业素养，更需要在此基础上具备课岗融通能力，完成从企业实践中掌握"如何做"上升到在高职教学中"如何教"，[①] 将高职教学与实际工作岗位结合起来考虑，将新技术、新工艺、新规范纳入课程标准和教学内容，将职业技能等级标准等有关内容融入专业课程教学，实现基于职业工作过程的课程教学体系。

二　课证融通

如上文所述，高职院校教师需要对接实际岗位的需求，把高职学生培养成能够胜任专业工作岗位的高素质技术技能型人才，而行业与企业如何相信高职学生可以胜任工作岗位，学历证书和职业技能等级证书是有效的证明。因此，在融通素养中，课证融通是非常重要的一个因素，是当前高职学生走向工作岗位的基础。正如 A3 教案中所写的：深化课证融合，实操内容融入执照考试考点，课程考核标准与执照评估标准挂钩，为今后走向机务维修岗位奠定基础。

本书认为课证融通是指高职院校教师把专业教学和专业职业资格培训相结合，将职业技能等级标准等有关内容融入专业课程教学，实现专业教学和职业技能等级标准的对接，促进高职学生的上岗就业。

当前，我们国家启动了"1 + X 证书制度试点工作"，使高职学生能够同时获得学历证书和若干职业技能等级证书，用学历证书代表高职学生的学习成果，用若干职业技能等级证书代表技能水平和实践能力，把专业教学与职业资格培训相结合，使学生的知识诉求和职业需求一同得到有效满足，并得到校企认可。[②] 2019 年《全国职业院校教师教学创新团队建设方案》中指出要"构建对接职业标准的课程体系。服务'1'与'X'的有机衔接，校企共同研究制订人才培养方案，按照职业岗位（群）的能力要

---

① 和震、杨成明、谢珍珍：《高职院校教师专业发展逻辑结构完整性及其支持环境》，《现代远程教育研究》2018 年第 5 期，第 32～38、103 页。

② 朱金华：《从产教融合看应用型本科院校"课证共生共长"发展》，《教育理论与实践》2019 年第 21 期，第 6～8 页。

求，制订完善课程标准，基于职业工作过程重构课程体系，及时将新技术、新工艺、新规范纳入课程标准和教学内容，将职业技能等级标准等有关内容融入专业课程教学，促进职业技能等级证书与学历证书相互融通"①。"1"与"X"的有机衔接其实就是为了促进课证融通，提升高职学生的就业本领。

课证融通的需求不仅体现在国家政策上，更体现在高职学生的学习需求上。高职院校教师具备课证融通能力可以激发高职学生学习的动力。

就是讲这门课程，现在国家不是想倡导 1 + X 制度吗，对吧？就是如果我这个课程直接跟你的证书挂钩的话，我想学生他有这个压力，他不好好学就拿不到证书，他可能会更投入一点，要跟大家（学生）讲清楚这门课程的一个重要性啊……或者就是更实在一点能不能考取这个证书，就跟他讲，给他学习的压力，就是说跟你的证书挂钩，你不好好学，证书就考不到，考取不了……他要考执照的话，就比较投入。就是如果我们在课程内容当中说这个是某一年的真题，这就是考点，每年必考，可能学生也会感兴趣，就是跟那些证书挂钩的话，学生是积极的，想要多考些证的，他自然就会认真听。

从上述的教师访谈内容中可以看出，对于高职院校教师来说，课证融通的意义不仅仅在于紧跟行业与企业的最新发展情况，还在于实施课证融通可以在一定程度上吸引高职学生的学习注意力，让高职学生明白课程的重要性，从而保证教学效果。

根据资料分析，当前高职院校教师课证融通主要体现在两个方面，即教学内容上的课证融通和教学评价上的课证融通。T3 教师、T4 教师、T6 教师都将职业技能资格证书考试的内容融入自身的教学当中，实现了课证融通。

教学内容上的课证融通是指将职业技能等级标准、职业技能证书考试要求等有关内容融入专业课程教学内容当中从而创新教学内容。T6 教师：

---

① 《教育部关于印发〈全国职业院校教师教学创新团队建设方案〉的通知》，教育部网站，http://www.moe.gov.cn/srcsite/A10/s7034/201906/t20190614_385804.html，最后访问日期：2019 年 12 月 20 日。

我们在整个教学的过程和教学内容中，融合了国考，就是幼儿园教师资格证国家考试的要求，还融合了江苏省师范生比赛的几个跟说课和教育活动相关的标准，还融合了全国师范生技能大赛的说课标准，用以上的标准为案例进行学生实践中的活动设计……

教学评价上的课证融通是指将职业技能资格证书的考评内容纳入测验从而创新教学评价。例如 A4 教案中教师将护士职业资格证书的考试内容纳入教学评价，要求学生登录护考平台进行在线测试，而后系统自动生成成绩，教师根据测试结果了解学生知识掌握情况，进而有针对性地调整课后拓展的内容。

可以说，课证融通保证了教学内容和教学评价的创新，是高职学生获得从业资格、走向工作岗位的关键。

三　课技融通

高职院校教师信息化教学创新不仅需要考虑课岗融通、课证融通，还需要学会课技融通，即高职院校教师需要有能力将信息技术的使用与实际教学结合起来发挥教学作用，实现融通创新。课技融通之处在于教师、学生、工具性客体和对象性客体之间的张力与牵引力。信息技术作为教学中的工具性客体，只有为学生提供合适、恰当的对象性客体（知识、技能、价值观等）的表达方式才能体现其价值。因此，课技融通不仅意味着课堂中信息技术的渗透与引入，更意味着信息技术对课堂内容的贴切承载、传播与表达。

当前高职教育的信息化资源已经不再处于荒漠状态，各种信息化教学资源库、精品课程网站、教学资源平台、仿真实训环境等已经非常丰富，同时大部分高职院校教师也具备了一定的信息技能。但是，丰富的信息技术与手段的使用并不意味着可以达成教学目标，对于当前的高职院校教师来说，实现课技融通才是需要突破的重点。

第一，课技融通意味着高职院校教师需要改变信息技术、信息化教学资源堆砌的观念，从实际教学中存在的问题出发，寻找与筛选可以解决教学问题的信息技术与手段。部分高职院校教师在最初进行信息化教学创新时存在堆砌信息技术与手段、为了信息化而信息化的现象，以 T1 教师、T2 教师的个人信息化教学创新经历最为典型。与 T6 教师从教学问题的角度出发去开发合适的信息化教学资源不同，T1 教师、T2 教师的信息化教学创新是从信息技术与手段的角度出发的，认为用了新技术就是信息化教学创新，因此这类高职院校教师进行信息化教学创新的精力都聚焦在信息化教学资源的开发与使用上，忽视了信息技术与教学之间应有的联系。这类高职院校教师的信息化教学创新在最初最容易出现"炫技"和"信息技术作秀"的现象。

T14 教师说：我觉得信息化教学把握一个度，说的是你不要过多、过度地采用信息化手段，砸在课程里面，用得上、用不上的信息化手段都用到这个设计当中去，有时候会显得比较繁杂。就是有点过多、过度地采用一些信息化的手段，有些不必要的也用上去了，比如有些累赘或者不太恰当的手段，还有些 VR、AR 等新颖的、比较高档的手段根本用不上，那是有的教师为了信息化而信息化。

因此，实现课技融通首要的就是高职院校教师意识到教学中存在什么问题，围绕这些教学问题，开发、筛选与使用合适的信息技术与手段去解决它们，而不是一味地随意开发与使用资源。高职教育中存在高职学生学习兴趣不高、学情反馈不及时、教学内容过于抽象、技能练习机会有限、教学评价较为随意等问题，高职院校教师需要围绕这些问题去开发相应的视频、动画、学习平台、虚拟仿真软件等资源，只有这样才能真正改革教学。

第二，信息技术与手段确实可以解决教学中存在的一些问题，但是正如 T1 教师所说：他（指现在的老师）会用大量的信息化手段，比我们那时候强多了，平台都有，都在课上见过，什么手机、腾讯课堂、智慧云都会用。但仅仅是技术，你懂我说的意思吧？就是说你的教学观念没有去变化，你还不懂怎么去教，你学会用这些工具，不代表你能教得好，不代表学生他能懂，愿意、喜欢听你的课并且能把技能学会……现在老师他不是没有信息化手段的资源，他有，但他真的不会做教学设计，这是最重要的一个问题。现在学校都有钱了，特别是骨干专业那些资源太多了……这个资源都是有的，平台教师都会弄了，都会建课了。最大的问题可能就是我们讲的：教学观念上，你有没有自己的一个模式、特有的方法。你的课堂太枯燥了，特别是这种工科类的教学内容学生听了都要睡觉，也听不懂。为什么学生不愿意学，睡倒一片？你的观念太陈旧、方法太陈旧，而不是说你没有信息化手段吸引不了他。你放动画我也不想学，游戏多好玩啊，是吧？仿真游戏有我的王者荣耀好玩吗？

　　T1 教师的访谈内容指出了高职教学中存在的一个非常现实的问题：即使高职院校教师针对教学问题开发、筛选与使用了合适的信息技术与手段，依旧有可能吸引不了高职学生主动参与到教学中，依旧有可能达不到期望的教学效果。高职学生的不配合会让高职院校教师的信息化教学创新难以继续推进下去。这对高职院校教师的课技融通能力有了更高的要求，即高职院校教师需要改变教学理念，进行良好的教学设计，激发高职学生的学习兴趣，使信息技术与手段能够在教学中发挥针对性的作用。

　　T1 教师针对上述问题使用了"先做后学"的教学策略，在讲授原理时，先让高职学生尝试练习，再针对学生练习中出现的错误，播放相关的微课，吸引学生学习注意力。T1 教师说：如果你准备了一个微课，你绝对不能在课堂上给他放，绝对不能对学生说："我们今天要讲一个原理，你给我听好。"学生会说："我为什么要听你讲？"就是说你一定要让学生做他很感兴趣的事儿。在做的过程中一定会有错误，对吧？然后我再去放一下这个微课，它又刚好能解决那个错误，是不是印象格外深刻？这个事情就是他自己愿意学习的了，不然就是你强加给他的，你非让他学。

　　因此，设计良好的教学策略使先进的信息技术与手段在教学中发挥出最大价值也是体现高职院校教师课技融通能力的一个重要因素。

　　综合来看，课技融通主要包括两层含义：第一层是高职院校教师需要围绕实际教学中存在的问题，开发、筛选与使用合适的信息技术与手段；第二层是高职院校教师需要设置合适的教学策略，使信息技术与手段在教学中发挥出针对性的作用。

第五节　学习素养

学习发生在个体与环境的交互中，个体与外界环境交互可以产生直观物理经验以及逐步抽象出逻辑数学经验。职业教育与市场、企业直接联动，外界环境的日新月异意味着职业教育领域的知识与技能、解决问题的方式以及思维方式不是固定不变的，要求高职院校教师和高职学生具备学习素养以适应外界环境。学习并不是只属于学生的活动范畴，教师同样属于这一范畴。"四有"好教师敦促着教师向有理想信念、有道德情操、有扎实学识、有仁爱之心的目标奋进。在当前知识爆炸、信息飞速增加的时代，教师需要有终身学习的意识与准备。以上文中的职业素养为例，企业行业的发展势必会影响高职院校教师的专业教学，随着企业行业的前沿不断推进，高职院校教师需要紧跟行业前沿去学习先进的行业理念与行业技术。高职教育与一线职业的密切联系要求高职院校教师具有终身学习素养，紧跟时代发展，不与企业行业脱节。

同时在资料分析中发现，高职院校教师信息化教学创新的实现很大程度上依赖高职学生的自主学习能力，特别是课前阶段的自主学习对于高职院校教师二次备课以及课堂教学具有重要作用。

因此，本节将学习素养的内涵进一步扩展，认为高职院校教师信息化教学创新需要学习素养的支持，高职院校教师需要在实践中不断学习教育教学理论、专业行业知识与技能、信息技能等内容，同时还需要指导高职学生学会自主学习。

一　教师自身学习

学习是促进教师达成目标的原发动力，也是保障教师专业发展的根本要素，教师作为社会人的本质是知识人，随着知识的更新迭代，教师只有成为终身学习者才可以避免陷落在旧知识、旧思维上。[①] 高职院校教师自

---

① 裴指挥、温丽梅：《幼儿园教师学习素养水平调查与差异分析》，《学前教育研究》2021年第12期，第61~72页。

身学习是指在一定人为努力或外部干预下教师专业知识、能力的生长变化，[①] 教师学习是教师专业发展的基本途径，善于学习有利于教师进行信息化教学创新。

综观现有教师学习成果研究，主要包含学习内容、学习途径、学习结果三个方面。[②] 与现有研究相符，本书的资料中也呈现了教师学习的三个要素。其中教师学习结果体现在两方面，一是教师专业发展成长，二是教师学习促进了学生发展与学习改善。[③] 这是本书中第四章、第五章详细介绍的内容，在此不再赘述。

那么，高职院校教师进行信息化教学创新到底需要学习什么内容，他们又是如何学习的？

【学习内容】新教育理念、教育理论、教育文件政策、优秀教学案例、新信息技术。

【学习方式】自我探索、比赛中学习、专家指导、阅读材料、向同行学习。

【具体资料内容示例】

我觉得他要善于学习，就是要在教学和使用信息化手段的过程当中，不断地去学习摸索这些新的知识、新的教育理念或者新的学习技术与设备，就是要不断地去探索这个过程，一直学习。

团队必须具有学习能力。……在整个过程中我们受到了很多专家的指导，不管是在书籍的阅读上——因为要求我们阅读很多，比如教学设计的书籍、教育部的一些文件——还是在倾听专家的讲授上，我们整个团队必须具有特别强的学习能力。

要学会学习经典的教学比赛方案，从以往比赛的经典案例中，去学习

---

① 刘学惠、申继亮：《教师学习的分析维度与研究现状》，《全球教育展望》2006 年第 8 期，第 54~59 页。

② 李霞、徐锦芬：《国内外教师学习研究：模型、主题与方法》，《外语界》2020 年第 5 期，第 80~88 页。

③ 李霞、徐锦芬：《国内外教师学习研究：模型、主题与方法》，《外语界》2020 年第 5 期，第 80~88 页。

吸纳优秀的教育方案设计。

【学习内容】 行业生产情况、行业先进技术。

【学习方式】 参加企业培训、参加企业调研。

【具体资料内容示例】

我们是校企合作的，老师要到企业参加培训，实际了解企业是如何完成这项维修任务的，经过培训之后老师都很熟悉。

一个是我们有区级的调研，我们看到企业里面用的设备比我们学校用的要先进一点，他们就是用能传输数据的卡尺。

由此可见，首先，高职院校教师学习的主要内容是对教师理论性知识和实践性知识的积极探索，涉及课程知识、一般教学法知识、学科内容知识、学科教学知识、整合技术的学科教学知识等。高职院校教师学习的内容不仅包括教育理论知识、优秀的信息化教学方案、教育部相关文件等，也包括行业企业生产情况与先进专业技术等，还包括新的信息技术、信息化教学资源的制作等。可以说，高职院校教师的学习素养支撑了前文的教学素养、职业素养、信息素养、融通素养。高职院校教师的学习素养是贯穿在整个信息化教学创新素养的发展中的。

其次，高职院校教师的学习途径有多种，可以自我探索、自主学习各种理论，可以学习同行的优秀经验与成果，也可以吸纳专家的指导，或者参与企业培训与调研学习生产过程和行业新技术。总体上体现出个人导向学习与合作学习两种教师学习途径。因此，高职院校教师需要与信息化教学创新相关的学习机会和学习环境，学习是在一定的环境中发生的，学校的环境、学校领导的重视程度、国家的干预都会影响教师的学习。近几年职业院校教师的教学能力大赛、信息化教学的培训以及学校相应实训室、智慧教室的建立都为高职院校教师提供了诸多学习机会。参赛—获奖—指导新人成为信息化教学经验的良性循环方式，校企合作成为获取最新教育内容的良好途径。T4 教师在访谈时就提到他们学校和医院的位置邻近，教师可以获取到医院最新的案例资源。

二 指导学生学习

国内外学术界已经普遍认识到自主学习是学生提高学业成就水平的关键。[①] 苏霍姆林斯基认为，"教给学生借助已有的知识去获取知识，这是最高的教学技巧所在"。在对教案进行分析时，研究者发现所有教案都将教学实施流程分为了三个阶段，包括课前阶段、课中阶段和课后阶段。在课前阶段的教学活动设计中都包括高职学生自主学习这一环节。

教案中"课前自学"环节设置了三个自主学习活动。

活动一为学生组建学习团队，设计学前儿童音乐活动方案。

活动二为学生通过微课自学与预习，完成测试题。

活动三为学生收集歌曲资料，制作 PPT。

高职院校教师希望借助这些课前自主学习活动了解高职学生的学习情况，从而及时调整教学内容、教学重难点、教学策略等。因此，高职学生的自主学习素养对于高职院校教师进行信息化教学创新非常重要。

然而，实际的情况是有些高职学生不愿意自主学习或者缺乏自主学习的能力。例如 T7 教师在访谈中表示：把自主学习放到课前，这个要求其实对学生是很难的。我后来发现翻转课堂对于老师是有一定要求的，但最主要的是学生是否配合，他课前不做，再怎么翻转也没有用。

…………

再往后我去真正落实到课堂教学的时候发现，为什么有的时候会推行不下去，因为它（指翻转课堂）对学生的要求很高，学生必须要能够主动地去思考，你会发现很多学生上课的时候，他其实就是想要去听，他只想听你说，因为这样简单，他不用费脑。像翻转课堂这种，它必须要学生先思考，老师再讲这样一个流程，所以学生才是这个推动力，老师只不过是一个引导者，这就是我回来之后很难推进的一个原因。

…………

专科班的学生一开始不太愿意，有可能没习惯（翻转课堂）模式，经

---

① 李明、尚新华、方晓义、姬文广：《从父母教育卷入到学业成就：自主支持与自主学习力的链式中介》，《心理发展与教育》2022 年第 6 期，第 839～847 页。

过三四节课，他们会好很多，而且你会发现学生的创造力其实真的很强。

T7 教师所说的并非个别现象，高职学生缺乏相应的自主学习能力是多个教师在访谈中提到的，高职学生自主学习能力的缺乏导致高职院校教师信息化教学创新难以推进。

由此可见，高职院校教师的信息化教学创新需要高职学生的配合，高职院校教师需要从"会教"升华到"教会学生学习"①，指导高职学生学会自主学习，发展高职学生的自主学习能力。

自主学习首先确立了学生的主体地位，打破了以教师为中心的讲授式教学。庞维国认为自主学习需要有内外部条件作为支持。第一，高职学生需要有一定的心理基础，有能够同化或者顺化外界环境的内部图式，也就是高职学生需要具备基本的学习能力；第二，高职学生需要具有学习的主动性，庞维国称之为"想学"，高职学生对获得学习结果的信心、学习目标定位以及学习兴趣与偏好等都影响着自主学习；第三，高职学生需要会学，有一定的策略作为自主学习的保障，例如复习、记笔记等行为；第四，高职学生需要有学习的意志力，能够调整自己、控制自己，坚持不懈地学习。② 因此，对高职院校教师来说可以采取相应的策略指导学生自主学习，从而保证信息化教学创新的顺利推进。

第一，高职院校教师需要相信高职学生具备一定的学习心理条件与基础，虽然这些高职学生过去可能并未获得理想的学习成果，但是高职院校教师要相信学生、理解学生，要能确定高职学生的主体地位，目前高职院校教师一般采用"先学后教"的方式，保证高职学生自主学习的条件。第二，在资料分析中发现，高职学生在主动学习方面有所欠缺，甚至会放弃学习，因此需要高职院校教师根据高职学生学习兴趣与偏好等调动其学习的自信心，让学生能够取得学习成果，达到人人皆可出彩的效果。本书资料中的高职院校教师一般采用游戏化学习、小成果的方式激发高职学生自主学习的自信心与学习兴趣，让学生想要学习。第三，

---

① 朱旭东：《论教师专业发展的理论模型建构》，《教育研究》2014 年第 6 期，第 81～90 页。

② 庞维国：《论学生的自主学习》，《华东师范大学学报》（教育科学版）2001 年第 2 期，第 78～83 页。

高职院校教师需要指导学生一些学习的技巧与方法，实现"授人以鱼不如授人以渔"。第四，高职院校教师可以通过发展与高职学生良好的师生关系来促进高职学生学习的毅力。高职院校教师需要认识到高职学生希望得到尊重、希望得到认可、希望得到教师关注的心理状态，以良好的师生关系实现对高职学生真正的理解，在此基础上有针对性地鼓励与指导。此外，高职院校教师还可以如同 T10 教师一样设置一些外部条件激发高职学生的学习动机，例如设置加分奖励、树立学生榜样等鼓励高职学生自主学习。

第六节　个人特质

个人特质是影响教师教学创新的一大因素，Horng 等认为影响教师教学创新的个人因素包括：个性特质（坚持、自信、好奇心、幽默感等），家庭因素（开放的教育方式、父母的创新行为等），成长与教育经历（自创游戏和故事、与同学头脑风暴等），教学信念、动机，工作努力程度等。[①] Lapeniene 等认为，创造的自我效能感和积极的情感是创造力的预测因素。[②]

本研究中"个人特质"这个类属在学生团队的访谈中有较多的资料依据。学生团队是 T1 教师教学团队中的一部分，参与了海绵城市这个教学项目中信息化教学资源的建设。学生团队既有高职院校教师信息化教学创新过程的体验，也有作为学生对教师的感受，作为具有双重身份的学生团队，他们的访谈内容极大丰富了"个人特质"这个类属。学生团队访谈时表示：我有一次崩溃过，我觉得我自己改不下去了，这不是我可以做的事情了，然后老师就会来安慰我，问我从大二看到这个东西（指资源）一步一步地进化的感觉。老师会给我加油啊，我觉得这件事情对我有很大的帮

---

① J. S. Horng, J. C. Hong, L. J. Chanlin et al., "Creative Teachers and Creative Teaching Strategies," *International Journal of Consumer Studies*, 2005, 29 (4): 352-358.

② D. Lapeniene, A. Dumciene, "Teachers' Creativity: Different Approaches and Similar Results," *Procedia-Social and Behavioral Sciences*, 2014, 116: 279-284.

助。……我们跟老师的关系都挺好的……她还喜欢穿粉粉的衣服……她会经常和我们聊一聊哪里有不懂的，经常问我们的意见……他们很有拼劲，特别能拼。这是参与教师信息化教学创新的学生团队在访谈时谈及自己的经历时所表述的。学生团队的访谈内容体现了高职院校教师在鼓励高职学生坚持学习时所拥有的个人情商、沟通能力、钻研精神等，也就是高职院校教师的个人特质。

根据资料分析，高职院校教师信息化教学创新的个人特质概括起来分为交往能力、钻研精神和创新能力。

一　交往能力

本书中的交往能力包括高职院校教师与学生的沟通能力以及高职院校教师与团队教师的合作能力，这是高职院校教师进行信息化教学创新必备的情商。

正如上一节中所提到的，高职学生的配合是高职院校教师进行信息化教学创新的条件之一，那么如何让高职学生配合教师信息化教学创新中的各种教学安排呢？这就需要高职院校教师发挥自己的人际交往能力，与学生进行良好的沟通。

T7 教师：现在的学生都是"90 后""00 后"，他们很有想法，他们很不希望你去灌输式地教学，比如说你要干什么，你不要干什么，你不干什么你就不可以怎么样，那种教学方式的阻力我觉得还是比较大的。我自己上课的时候发现，你跟学生玩得好一点，在玩的过程当中，其实他会对你没有戒备心，因为很多学生对老师还是蛮有戒备心的，会下意识地觉得我为什么要听你的？你为什么就是对的？然后现在我觉得如果你跟学生是平等的，他会愿意去跟你说真心话，会跟你说他到底是不是知道这个知识点，他懂还是不懂。以前的学生他不愿意跟你说，就算他懂也不会跟你说，你就教你的，我就按照你的步骤来。但现在，你如果跟他去交心，去真的跟他玩在一起，在教学的过程当中你们是玩在一起的，他会给你一个非常不一样的反馈。

T7 教师的访谈体现了 T7 教师的人际交往能力，T7 教师把学生放在平等地位，能够理解学生，能够与学生处理好关系，能够与学生良好沟通。T7 教师认为只有和学生真诚地交流、沟通，才能获得学生真实的学习感受，而这种学习的感受恰恰是高职院校教师进行信息化教学创新的关注点之一。

高职院校教师与学生顺利沟通的核心在于理解。理解学生对于高职院校教师信息化教学创新而言是必备的条件。在《理解教育论》中有这样一句智慧锦言："理解学生，教在心灵。"① 理解学生需要高职院校教师认可高职学生的主体性，把学生看作平等的主体对待，而不是凌驾于学生之上。具备与学生交往的能力的高职院校教师更容易获得学生的真实学情，更容易有针对性地调整教学，实现教学改进与创新。

信息化教学创新的工作量巨大，需要高职院校教师团队各司其职，相互配合完成诸多准备工作才能实现信息化教学创新。

T7 教师：我相当于一个导演，脑海中会有这种画面，具体的流程是如何进行的，这个剧是怎么演下去的。我也是一个编剧，我的一个同事可以算是一个演员，演员他其实也需要对这个剧去了解，他要有自己的想法，相当于替我补充说明或者更好地表现出来我想要的内容。另外一个同事相当于是一个资源库，具体地说就是我要做这个模型，这个模型需要有人去设计，那他就是做模型的这个人，他去设计好我所有的道具具体长什么样。然后他问我知识点，比如我拍一个 30 秒的微课视频，那这个微课视频里面具体的知识点是什么，我只是告诉他我要做视频，但具体这个视频是什么样子都是他帮我去做，所以我们三个人分工还是很明确的。

从上述访谈内容中可以看出，T7 教师团队中有教师负责教学设计部分的内容，有教师负责实际教学实施，有教师负责资源建设。根据对其他资料的分析发现，高职院校教师信息化教学创新团队的分工可以说主要是围绕着"理""实""虚"三个部分进行的。创新团队中有高职院校教师负责"理"的方面，即收集相关的理论、国家标准、行业标准以及相应的教学设计等；有高职院校教师负责"虚"的方面，即负责各种信息化教学资

① 熊川武、江玲：《理解教育论》，教育科学出版社，2005，第 87 页。

源的建设、信息化教学环境的创设;有高职院校教师负责"实"的方面,即实施实际的课堂教学,将创意点落实到实际教学中去。信息化教学资源建设、信息化教学环境的创设都需要在理论的基础上进行,同时实际的课堂教学也会为信息化教学资源的建设、信息化教学环境的创设等提供反馈,并给予修改的依据。高职院校教师信息化教学创新需要"理""实""虚"三个部分的协调,这就需要高职院校教师具备与团队成员合作交流的人际交往素质,能够实现"理""实""虚"三个部分的配合。

然而,在实际的合作过程中,"理""实""虚"三个部分的配合并不像理想中的一样一帆风顺。

T1教师说:团队特别重要,(教学创新)不是一个人拍脑袋想出来的,而且团队里面的人还得八字很合,一定会吵架,好的团队就是吵吵,但吵不散,像夫妻一样。

因为T1教师提到了团队成员争吵的情况,研究者在访谈T6教师时对这个问题也有所提及。

T6教师:我们俩的交集是非常多的,尤其是2019年从省赛到国赛,我俩日夜相对。我那天数了一下,我们俩日夜相对了6个月,就一直在一起,你也知道两个女生在一起日夜相对可能会产生比较多的矛盾……在教学设计的过程当中,我们俩也会讨论也会争执,我俩真的是会拍着桌子吵的那种。

从上述几位教师的表述中可以看出,由于团队成员有不同的想法,可能会出现负责不同任务的教师难以相互配合、在合作过程中争吵的情况。因此,高职院校教师进行信息化教学创新除了需要与学生进行良好沟通之外,还需要与同行教师进行团队合作,发挥自身的人际交往能力,与同行教师相互配合,共同推动教学改革。

二 钻研精神

高职院校教师信息化教学创新的过程比较漫长,有的信息化教学创新是经历几年的时间才完成的,在这个过程中,反复修改与打磨是高职院校教师的常态,这考验的是高职院校教师的钻研精神。

本节以 T1 教师团队信息化教学资源建设过程为例展示高职院校教师的钻研精神。

T1 教师：图集很枯燥的，其实并不是给学生用的，但学生在学校期间其实就应该具备这种翻阅图集的习惯，但他们那么小，高职学生你也知道他的学习专注力不是很强，要怎么吸引他们去养成这种习惯呢？我不能真给他看这种图集。我们就把图集电子化，根据图集建成三维的模型，因为景观不全是三维的吗，图集不全都是图纸吗，第一步，就是这样。他还是不一定用，老师必须把它跟教学结合在一起。因为图全是死的，光把它搞成三维的可能有点意思，但你不给他任务还是不行，你要把这些东西变成纠错题、一个试验场，和游戏闯关一样。因为图集不是死的嘛，很多标准规范都是死的。（试验场）后台可以编程序、出错，那么学生放什么东西、设计什么东西，啪弹出来"你错误了"，然后提示说为什么不行。通过试错的过程，他就知道原来我要满足什么规范，我们就充分把这个枯燥的图纸利用起来了是吧。然后再一个，我们光有图集还不行，图集再怎么三维，屏幕上看还是一个二维的。我们借助传统的沙盘，沙盘貌似是一个传统的教具，但我们把那个上面贴二维码，这样更直观。看到什么地方扫码，这样就可以看到这种三维的带 VR 的、可以转的、详细的地下构造。沙盘还可以拆解，拆开看到下层的剖面、地形的关系、管道啊，同时结合扫码查看。

从 T1 教师的信息化教学资源建设过程中，研究者看到了高职院校教师的钻研精神。T1 教师团队不断创建各种资源，将这些资源在教学中使用，观察高职学生使用这些资源的效果，并且依据使用效果不断调整信息化教学资源。T1 教师团队完成最终的信息化教学创新经历了三年的时间，而仅仅是信息化教学资源方面就经历了从开发电子三维图集到开发闯关性的学习游戏到制作实物沙盘，再到开发虚实结合的信息化教学资源这么多阶段，这些行动的背后都是高职院校教师的钻研精神在发挥支撑作用。

然而，高职院校教师作为社会中的一员并不是仅有信息化教学创新这一项工作，高职院校教师平时的工作任务与家庭事务都会牵扯高职院校教师的精力。

T10 教师：家庭方面孩子还小，也需要辅导做作业之类的，反正很多的事使得你根本就不想坚持下去了。

T8 教师：我的时间都花在那上面，因为博士不仅有教学要求，还有科研要求，一个人的时间是有限的，我把时间大量地花在与教学相关的东西上面，那我的科研就相对来说比较薄弱。

T10 教师表达了家庭事务对自己信息化教学创新的影响，T8 教师担忧花费过多精力在信息化教学创新上面会影响自己的科研情况。

综上来看，信息化教学创新过程并不是一帆风顺的，高职院校教师需要面对多种难以解决的问题，同时还要处理自己家庭和工作上的其他事务，这意味着高职院校教师需要具备抗压能力，能忍受痛苦与煎熬，充分发挥自身的钻研精神，反复修改教学设计、教学资源、课堂教学策略等，以求达到最佳的信息化教学创新效果。

三 创新能力

创新能力是高职院校教师教育教学改革必须具备的能力。关于高职院校教师的创新能力其实在前文的叙述中已经有所体现，例如高职院校教师对行业前沿的追踪与把握、对新兴信息化手段以及教学理念的关注与学习，这些都体现出了创新能力的重要性。国家也在力图提升高职院校教师的创新能力，例如《中共中央国务院关于全面深化新时代教师队伍建设改革的意见》指出"到 2035 年，教师综合素质、专业化水平和创新能力大幅提升"①。教育部于 2019 年印发了《全国职业院校教师教学创新团队建设方案》，提出要建设职业院校教师教学创新团队。因此，不论是国家的政策文件还是本书的资料分析结果都体现出了创新能力对于高职院校教师信息化教学的重要性。

本节以 T5 教师的访谈为例，展现创新能力在高职院校教师教育教学中的重要性。

---

① 《中共中央、国务院关于全面深化新时代教师队伍建设改革的意见》，中国政府网，http://www.gov.cn/gongbao/content/2018/content_5266234.htm，最后访问日期：2019 年 12 月 20 日。

T5 教师在访谈中提到：一定要用传统的形式吗？我觉得不一定，只不过大家都是这么上的，我的老师也是这么教的，所以我就应该这么上，只要学生能够掌握到知识点就行了……我觉得还是要有创新的思维，你的教学设计点，一定是能够吸引学生，且跟我们传统意义上的教学设计点不同的。要么是形式上创新，要么是内容上创新，一定要有创新思想，如果没有创新思想你这个课程也不新颖。

高职院校教师处于整个学校环境中，容易受到群体的影响，在教学上表现出从众行为。因此，高职院校教师进行信息化教学创新首先就是要反思理所当然的教学方式，不随大流、拒绝从众、与时俱进，具备创新意识。

信息化教学创新首先需要考虑的就是"如何让教学更有新意"的问题。从资料分析中可以看出，高职院校教师在教学目标、教学模式、教学资源、教学评价等方面取得了创新的成果。那么，高职院校教师的这些创意是如何产生的呢？在达成结果的创意产生路径中，高职院校教师存在着非趋同的创新选择。

T9 教师自我提炼创意：一开始我们不知道自己的创新点是什么，只是想发挥学前教育专业的技能，就是和一些音乐、美术、舞蹈结合，但不知道这个理念是什么。然后我们去学习理论，再把它提炼出来，提炼出来以后再更好地融入每一篇课文里面去。

T2 教师整合借鉴别人的创意：以前的一些想法我们是一直在用的，比如说案例诊断和这个文化属性，其实我们课上也在给他们欣赏，只不过没有这么好地把它整合在一起，我们以前只是放在超星里面作为微课，但现在就把它整合在一起。

T4 教师依托学校的创意平台创新：我们这个不是从无到有的，是基于我们学校这么多年人才培养的基本模式来确定的，我们学校人才培养的基本模式是医教融合。我们学校是有十几年的实践基础的，所以我们的学生第二学年采用的是 1 + 1 + 1 的培养模式，第一年在学校，第二年在医院学习技能、学习专业知识，第三年还是在医院进行岗位的实习。

研究者根据资料统计了高职院校教师的教学创意来源与教学创新理

念，如图 5 - 2 所示。

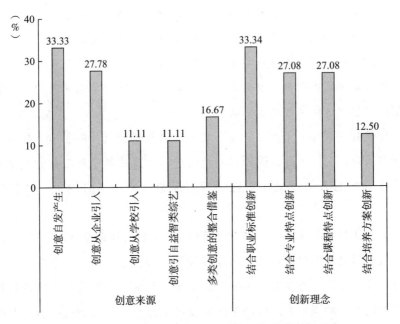

图 5 - 2　高职院校教师的教学创意来源与教学创新理念

第一，高职院校教师会根据教学经验自发产生创意，这类高职院校教师常常已经在教学中实施创意，却没有意识到自身在实施创意。所以高职院校教师需要去学习理论知识，通过将自发产生的创意与现有理论比较，在理论的指导下更好地提炼出创意。第二，经济学家约瑟夫·熊彼特认为创新可以是引入新的生产方法、新的工艺流程，采用新的组织、管理方式等。① 高职院校教师在教学创新中非常注重从企业、学校乃至益智类综艺中引入创意点，通过企业实践、与企业导师沟通等方式引入企业的新工艺、新方法、新技术，从而更新教学内容，使教学与时俱进；依托学校创新平台，直接将学校层面已经产生良好效果的教学创意引入教学中，从而使教学活动更具备依托性和系统性；引入益智类综艺中具有竞争性、挑战性、游戏性的元素，使教学过程更有趣味性，从而使高职学生更加愿意主动学习知识与技能。第三，将多类创意进行整合也是高职院校教师创意的

---

① 金炳华主编《马克思主义哲学大辞典》，上海辞书出版社，2003，第 413 ~ 414 页。

来源。在历届的高职教学能力比赛中，全国各地的高职院校教师形成了丰富的教学创新资源，因此有一类高职院校教师在学习优秀教学创新案例时将不同案例中的创意点提炼了出来，并且结合本班学生教学问题进行了创意整合。

无论创意源自哪里，高职院校教师的教学创新都是有的放矢的。根据资料分析总结，高职院校教师严格遵守四个创新理念。第一，结合职业标准创新。《全国职业院校教师教学创新团队建设方案》中指出，教师要按照职业标准开展教学。高职教学创新需要符合国家制定的职业标准、企业单位的用人标准，构建对接职业标准的课程体系，实现课程内容与职业标准相对接。第二，结合专业特点创新。这种理念在公共基础课教师的教学创新课堂上最为明显。作为面向全体学生的必修课程，公共基础课中依旧需要渗透专业的元素，在教学目标中需要考虑到所教专业学生未来的职业发展情况，正如《教育部关于深化职业教育教学改革全面提高人才培养质量的若干意见》中指出的要"发挥人文学科的独特育人优势，加强公共基础课与专业课间的相互融通和配合"[1]，也就是说公共基础课既承担着学生基础能力和综合素质的培养任务，又为学生专业学习奠定基础[2]。这引领了很多公共基础课教师的教学创意理念。第三，结合课程特点创新。这体现在两个方面：一是当融入思政元素时，高职院校教师不能直接生硬地使用思政素材，而是要结合课程特点选择恰当的思政元素；二是当高职院校教师进行信息化教学资源创新时，他们发现不同课程的信息化教学资源建设存在差异，针对一些技能型课程，高职院校教师通常会建设虚拟仿真平台，学生可以在虚拟仿真平台中锻炼技能且得到操作正确与否的及时反馈，而对于一些人文类课程，因为没有固定的答案，所以在建设虚拟仿真资源时并不如技能型虚拟仿真平台那样效果明显。不同课程的差异使得高职院校教师需要结合课程特点创新。第四，结合培养方案创新。教学创新

---

① 《教育部关于深化职业教育教学改革全面提高人才培养质量的若干意见》，教育部网站，http://www.moe.gov.cn/srcsite/A07/moe_953/201508/t20150817_200583.html，最后访问日期：2020年4月1日。

② 刘兰明、霍丽娟、陈向阳、龙新辉：《新时期高职院校公共基础课应发挥的基础性作用》，《中国职业技术教育》2019年第8期，第5~8页。

需要契合专业人才培养方案，从培养方案中找到课程的定位，确定课程所培养的核心能力。

总体来说，高职院校教师确实需要具备一定的创新能力，以突破传统教学的束缚实现信息化教学创新。同时，我们的高职院校也需要在学校层面上实施教育教学的改革，从而给高职院校教师的教学创新提供一定的参考与支持。

第七节 高职院校教师信息化教学创新素养的要素模型

根据上文对高职院校教师信息化教学创新素养的构成要素所做的阐述，研究者发现了上述这些素养之间的区别与联系，因此，高职院校教师信息化教学创新素养的构成要素可以从多个层面理解。

学习素养和个人特质属于高职院校教师个人的内隐特质，属于不易被察觉、比较稳定的素养，是对其他素养的形成可以发挥作用的基础特质。例如学习素养可以支持高职院校教师学习高职教育的理论知识、积累教学经验，也可以支持高职院校教师学习专业知识和岗位技能，还可以支持高职院校教师学习信息技能并利用信息技能解决问题等；个人特质可以支持高职院校教师在信息化教学创新的过程中逐渐养成教学素养、职业素养等。

教学素养、职业素养、信息素养、融通素养属于可以被观察到的、相对容易培训的一些素养。但这些素养并不在同一层次上面，融通素养是在教学素养、职业素养和信息素养的基础上形成的更为高阶的素养，是高职院校教师信息化教学创新的关键所在。高职院校教师首先需要具备教学素养、职业素养和信息素养，并在此基础上利用教学设计能力将企业行业发展、专业教学与先进信息技术结合起来，使课堂教学符合岗位工作流程，使教学内容符合职业技能证书要求，使教学问题得到信息技术的针对性解决，实现课岗融通、课证融通和课技融通。

由此，本书形成了高职院校教师信息化教学创新素养的构成要素模型，如图 5 - 3 所示。

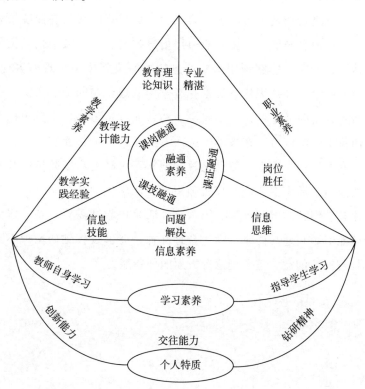

图 5 - 3　高职院校教师信息化教学创新素养的构成要素模型

第八节　本章小结

依据对编码结果的分析，本书认为高职院校教师进行信息化教学创新需要具备教学素养、职业素养、信息素养、融通素养、学习素养以及个人特质。

第一，不论高职院校教师有无师范背景都需要重新学习教育理论知识，使自身能够在系统、课堂、产品三个层次上进行教学设计，能够利用教学设计将企业行业发展、课堂教学与信息技术结合起来，同时高职院校教师还需要积累授课经验、学情分析经验等。第二，高职院校教师需要具备职业素养，具备专业教学中的知识与技能，懂得专业实践，熟知专业改革的发展方向，同时高职院校教师还需要懂得企业工作标准、用人需求、工作流程、先进行业技术等内容。第三，在信息化时代，高职院校教师还需要具备多种信息技能，掌握一般通用信息技能、专业教学信息技能、企业行业信息技能等，能够利用这些信息技术解决教学中出现的多种问题，并且在此基础上合理认识信息技术在教学中的地位与作用。第四，高职院校教师需要具备融通素养，将不同层面的素养进行融通，主要包括在教学中融入岗位工作的内容，在教学中融入专业考试考证的要求，在教学中发挥信息技术的作用。第五，信息化教学创新不仅需要高职院校教师具备自我学习的能力，还需要高职院校教师指导高职学生学会自主学习，从而保证信息化教学创新的顺利推进。第六，高职院校教师需要具备一定的个人特质，即能够顺利地与同事、学生合理交往，能够发挥钻研精神不断改进教学，具备提炼创意、整合创意等方面的创新能力。

第六章　高职院校教师信息化教学创新素养的实践表征

如前所述，高职院校教师需要通过不断尝试、解决阻碍、常规化、推广等阶段养成信息化教学创新素养。而素养除了积淀在高职院校教师内心之中，还体现在外在的教学行动之中，那么养成信息化教学创新素养的高职院校教师在实践中取得了哪些可供借鉴的成果？本章将主要结合教案资料和教学视频资料探讨具备信息化教学创新素养的高职院校教师在课堂教学中的实践表征。

"实践表征"类属包括四个子类属，即"教学目标"子类属，指信息化教学创新素养在教学目标上的体现，包括匠技、匠心、匠魂；"教学过程"子类属，指信息化教学创新素养对教学过程的影响，在教学流程和教学模式上有所体现；"教学资源"子类属，指信息化教学创新素养对教学资源建设的影响，形成"理""实""虚"相结合的信息化教学资源；"教学评价"子类属，指信息化教学创新素养对教学评价的影响，高职院校教师追求全面、客观、科学的评价。

围绕"实践表征"这个类属及其子类属，研究资料主要呈现了以下内容。

具备信息化教学创新素养的高职院校教师如何确定教学目标、如何设计与安排教学过程、如何建设与使用教学资源、如何实施教学评价？

第一节　形成大国工匠的教学目标

谈到教学实践，就离不开教学目标的描述。对于具备信息化教学创新素养的高职院校教师而言，他们在高职教学中的教学目标是什么呢？在所收集到的资料中最让研究者印象深刻的是 T5 教师团队对于教学目标的定位。T5 教师是一位幼儿师范高等专科学校的语文老师，也就是公共基础课教师。对于语文这类贯穿小学、中学、大学整个教育阶段，遍及普通教育和职业教育的学科，似乎并不需要与职业教育精神联系起来。而在访谈中，T5 教师表示：在教学过程中，我们学前教育专业的孩子跟其他专业（的孩子）不一样，跟另外一个学院比如建筑工程学院（的孩子）比也不一样，因为他必须要做幼儿园老师嘛，所以要掌握大量的基础技能，比如音乐、舞蹈、美术……语文本身是一个通识性、公共基础性课程，不管是诗词歌赋单元，还是现代文单元，它都可以和我们专业里面的音乐、舞蹈、美术找到结合点……将来学生毕业从事教学的时候，相对来说可以轻松自如地做到这一点。

在对 T5 教师团队的教学视频进行分析时发现，T5 教师团队确实将学前教育专业学生所需的专业技能融入了语文教学。

也就是说，高职教育的人才培养目标不仅渗透在专业课上，也渗透在公共基础课上。对于公共基础课教学而言，教学目标中依旧需要融入岗位素养、专业素养。《教育部关于深化职业教育教学改革全面提高人才培养质量的若干意见》中指出，要"发挥人文学科的独特育人优势，加强公共基础课与专业课间的相互融通和配合"[1]，公共基础课既承担着学生基础能力和综合素质培养任务，又为学生专业学习奠定基础[2]。

通过对相关资料的编码，研究者发现高职院校教师一般将教学目标分

---

[1] 《教育部关于深化职业教育教学改革全面提高人才培养质量的若干意见》，教育部网站，http://www.moe.gov.cn/srcsite/A07/moe_953/201508/t20150817_200583.html，最后访问日期：2020 年 4 月 1 日。

[2] 刘兰明、霍丽娟、陈向阳、龙新辉：《新时期高职院校公共基础课应发挥的基础性作用》，《中国职业技术教育》2019 年第 8 期，第 5~8 页。

为知识目标、技能或者能力目标以及素质目标，也有高职院校教师将教学目标设定为知识与技能目标、过程与方法目标、情感态度与价值观目标。再结合对高职院校教师的访谈，研究者发现了高职院校教师设定这些教学目标背后的深意，特别是 T5 教师、T9 教师之类的公共基础课教师，即使在公共基础课教学中依旧需要考虑到高职学生专业技能、职业素养的发展。

同时，T2 教师在教学目标中强调要培养学生对传统文化的认可、T3 教师在教案中指出要发展学生关注时事热点的素养，T2 教师、T3 教师的教学目标远远超越了技能目标和素质目标，往价值观目标方向发展。在分析 A4 教案时发现，A4 教案中"慢性心力衰竭病人的护理"这一课的素质目标包括两项：（1）培养高尚仁德的护理人文素养；（2）培养敏锐细致的观察能力、严谨规范的操作能力。其中第一项目标与职业使命、职业责任有关，体现出了职业所需的道德素养和人文品质，第二项目标与职业技能、职业精神相关，可见，高职院校教师在教学目标的定位当中存在分类不清晰或者难以区分的情况。

因此，综合当前高职院校教师教学目标的表述方式以及教学目标的具体内涵，研究者发展出了与"教学目标"有关的概念，在将研究的初步结果与现有文献对话比较时，《教育研究》杂志中的文献《扎根理论视域下工匠核心素养的理论模型与实践逻辑》给予了研究者理解与抽象资料的启发，即"教学目标"可以从"匠技""匠心""匠魂"的角度理解，意即具备信息化教学创新素养的高职院校教师在教学目标上体现为培养高职学生的工匠素养。"匠技"在资料中表现为对知识与技能的追求；"匠心"表现为独具匠心，精益求精，是对科研意识、创新精神、合作能力等方面的追求，是一种个人对职业的内在追求；"匠魂"表现为德艺双馨、责任担当，表现为对国家、民族的认可与责任感，是一种超越个体，在国家层面上的追求。[①] 教案资料和访谈资料显示，大国工匠的培养目标贯穿在整个教学活动中，教学模式、教学方法、教学环境和教学评价中都贯穿了大国

① 祁占勇、任雪园：《扎根理论视域下工匠核心素养的理论模型与实践逻辑》，《教育研究》2018 年第 3 期，第 70～76 页。

工匠的培养。《国家职业教育改革实施方案》中提出"把发展高等职业教育作为优化高等教育结构和培养大国工匠、能工巧匠的重要方式"①，培育大国工匠成了高职教育的一大目标。新时代的工匠精神，一方面要在历史中传承中华民族传统的工匠精神意蕴，另一方面也要在新的历史条件下丰富和发展工匠精神的传统内涵。②

一 培养高职学生的匠技

"匠技"的内涵需要从高职院校教师通常使用的知识目标与技能目标中把握。高职教育注重培养学生的职业技能，希望培养出精湛技艺、知行统一的"匠技"③，"匠技"是作为匠人最基本的能力。这意味着高职院校教师需要培养高职学生高超的专业知识、专业技能，让高职学生懂得原理与技术。知识与技能是若干工匠先辈在解决问题的过程中形成和凝练出来的，只有具备良好的专业知识与专业技能，高职学生才可以在此基础上解决实际问题，发展自己的职业精神。

那么，高职院校教师如何通过信息化教学创新培养高职学生的"匠技"？教学目标的培养贯穿在整个教学活动中，教学中的教学模式、教学方法、教学评价等都可以发挥其在"匠技"培养中的作用，但是资料分析发现，信息化教学环境与资源对于"匠技"的培养发挥了独特的作用，是每一个教案和每一位教师访谈中都提到的内容。例如，T1 教师认为自己的创新点之一就是建设了能吸引高职学生注意力、方便学生理解抽象内容的"理""实""虚"相结合的信息化教学资源；T2 教师认为自主开发的扎染学习平台有利于减少资源浪费、提高高职学生的扎染技能；T3 教师认为他们使用的大飞机虚拟仿真平台缩短了高职学生学习维修的时间，增加了高

---

① 《国务院关于印发国家职业教育改革实施方案的通知》，教育部网站，http://www.moe.gov.cn/jyb_xxgk/moe_1777/moe_1778/201904/t20190404_376701.html，最后访问日期：2019 年 12 月 10 日。

② 高远、吕甜甜：《新时代工匠精神与大学生专业素养培育融通机制探析》，《江苏高教》2021 年第 4 期，第 98~101 页。

③ 祁占勇、任雪园：《扎根理论视域下工匠核心素养的理论模型与实践逻辑》，《教育研究》2018 年第 3 期，第 70~76 页。

职学生动手操作的机会……高职院校教师开发了多种信息化教学环境与资源，通过创新环境与资源的方式来培养学生的"匠技"。高职院校教师的信息素养在培养学生的"匠技"方面有比较独特的作用。具备信息素养的高职院校教师善于利用信息化手段加强高职学生对理论知识的理解，同时也善于利用信息化手段促进学生技能的练习，正如第五章对信息技术解决教学问题的介绍，信息化手段确实对发展高职学生的"匠技"有独特的作用。

第一，对于高职学生发展"匠技"需要掌握的知识点来说，高职院校教师在教学中使用的视频、微课、3D动画、实物模型等资源恰好符合高职学生不喜欢理论讲授、喜欢动手参与、喜欢"做中学"、喜欢有趣学习过程的学习偏好。视频、微课、3D动画等可以生动有趣地展示知识要点，从而将复杂内容简单化、将抽象内容直观化，方便学生理解难以直观感受的抽象内容，理解复杂的原理。

第二，高职院校教师一般会采用演示法来传授操作技能，传统教学中学生难以清晰观察到教师操作的细节。信息化手段可以使操作过程更加清晰直观，使每个学生都能看到详细的操作过程。

此外，虚拟仿真学习平台、实物模型等资源可以方便学生练习技能。虚拟现实、虚拟仿真的手段不仅给高职学生提供了锻炼技能的真实体验，而且增加了学生技能练习的机会，使学生即使不在企业中依旧可以不断练习实践操作，即使没有导师在身边依旧可以获得技能练习结果的反馈，从而加速了学生学习技能的过程，缩短了技能学习时间。

由此可见，在培养高职学生"匠技"的信息化教学中，对信息化手段进行创新是非常必要的。信息化手段的使用不仅仅是为了迎合前文所提到的高职学生的学习偏好，更是为了方便高职学生的知识理解与技能练习。

高职院校教师的教学素养、职业素养和融通素养支持其对"匠技"教学目标的设定，使传授的知识和技能紧跟企业行业发展前沿。而如何培养高职学生的"匠技"，高职院校教师利用其养成的信息素养建设与使用信息化资源，通过信息化手段的创新使用促进高职学生"匠技"的发展。

二　培养高职学生的匠心

高职教育的人才培养目标不仅仅定位于高职学生"匠技"的发展，同样也关注学生"匠心"的发展。不同学科的高职院校教师对"匠心"的具体理解也有所区别，例如 T2 教师在访谈中提到扎染的创新性是学生考核的一部分，而 T3 教师则表示维修飞机更注重的是严谨规范的意识，对于学生创新能力要求并不高；T5 教师在讲授古诗词的过程中依旧考虑到学前教育专业学生所需发展的审美素养，而 T11 教师则更为关注培养学生严谨科学的行业规范意识，不需要考虑甲醛现场采样的审美问题。

由此可见，不同学科对于学生发展"匠心"的需求有所差异，但都符合自身专业、职业特点，研究者在资料分析中将体现个人职业追求、个人职业发展的相关目标综合起来形成教学目标——"匠心"。

"匠心"的具体内涵描述可见如下教案内容示例。从教案设置的目标中可以看出，具备信息化教学创新素养的高职院校教师希望培养出具有思维能力、创新能力、沟通交流能力、团队协作精神、科学严谨精神等素养的高职学生，这是高职院校教师职业素养所发挥的作用。

A1 教案：培养工程师严谨理性和分析推导的思维能力；培养团队协作的精神和探究质疑品质。（匠心目标：严谨理性、思维能力、团队协作、探究质疑）

A2 教案：能够在实践中提高学生合作的职业岗位素养；逐步提高学生独立思考能力和创新思维品质，培养团队合作精神、职业精神和匠心精神。（匠心目标：团队合作、独立思考、创新、职业精神）

A3 教案：通过虚拟维修训练和实操练习，增强学生对机务维修工作岗位的认识，培养学生严谨规范的行业意识。（匠心目标：严谨规范、行业意识）

A4 教案：逐步提高沟通交流能力、规范的操作能力；逐步提高发现问题、分析问题的职业能力。（匠心目标：沟通交流、规范意识、发现问题、分析问题）

A5 教案：培养审美情趣；汲取古代文化深厚的养料，提升审美能力，

涵养情趣。（匠心目标：审美）

A7 教案：增强学生相互协作和分享的能力；增强学生分工协作的能力；培养勇于创新的意识。（匠心目标：协作、分享、创新）

A8 教案：培养团队意识；培养细致耐心、科学严谨的工作态度。（匠心目标：团队意识、细致耐心、科学严谨）

可以看出，"匠心"包含三层含义，即反映高职学生个人思维品质的探究质疑精神、独立思考能力、创新创造精神等；反映高职学生人际交往素养的协作能力、沟通交流能力、分享能力、团结合作精神等；反映高职学生职业素养的严谨意识、科学意识、行业规范意识等。

那么，高职院校教师如何通过信息化教学创新培养高职学生的"匠心"呢？虽然教师在访谈中提到了培养学生的"匠心"，但是关于如何培养的方法并不具体。然而在分析教案资料时研究者发现教案中教学环节、教学活动的设计都隐含着高职院校教师的教学设计意图，为研究者进一步了解高职院校教师培养学生"匠心"的具体方式提供了更为直接的参考。图 6-1 展示的是一位高职院校教师教案中的一部分，她在课前自学的环节采用了任务驱动法和小组合作法，意图激发高职学生学习兴趣、形成合作学习的氛围。因此，研究者从详细的教案中确实可以发现高职院校教师培养高职学生"匠心"的方法。

教学实施				
课前自学				
教学环节	内容	活动		设计意图
		教师	学生	
任务驱动组建小组	以"龙的传人""春天来了""我爱我家""可爱动物多"四个幼儿园常见主题活动为任务载体贯穿始终，开展学前儿童音乐活动设计与指导	布置幼儿园常见主题活动任务	6人一组组建团队，自选主题，设计学前儿童音乐活动方案	以学生兴趣为出发点，通过四个主题的任务驱动，拓展教学内容广度，形成组内合作、组间互助的学习氛围

图 6-1 高职院校教师教案示例

为了发现具备信息化教学创新素养的高职院校教师培养学生"匠心"的方法，研究者先将教案中教学实施部分关于培养学生"匠心"的教学活动与教学环节挑选出来，再结合对多个教案资料的分析，发现信息化手段、教学评价和教学方法都可以影响高职学生发展"匠心"。例如，A2 教案中教师认为 3D 模拟软件趣味性强，有助于发挥学生的发散性思维，丰富课堂，拓展学生的创作思路；A8 教案中结合了国家颁布的《室内环境空气质量监测技术规范》（HJ/T167 - 2004）等标准，并且将政策、法律法规及环境监测员等职业标准细化，生成采样规范操作考核表，通过考核的方式促进学生"匠心"的发展。其中，教学方法在培养学生的"匠心"方面有比较独特的作用，每个教案中都可以找到概念依据。具备信息化教学创新素养的高职院校教师善于利用各种教学方法培养学生的沟通能力、创新能力、思维能力、团队合作精神、科学严谨的职业精神等。讨论法、问答法、演示法、合作教学法、情境教学法、岗位角色扮演法、案例教学法、任务驱动法都可以在培养高职学生"匠心"的过程中发挥作用，资料示例如下。

讨论法：各组之间互相学习，学习不同的扎结手法以及中非学生之间不同的创作思路，实现设计理念的交融与碰撞。

问答法：师生之间互问互答，活跃课堂气氛，培养学生主动思考辩论的精神。

演示法：随机抽取一组学生进行应急处理的示范演示，其他学生进行观察，发现问题，反思质疑，解决问题，培养学生的观察能力。

情境教学法：通过创设工作场景，让学生树立严谨思辨的精神。在课程导入、虚拟维修等环节均创设相应的问题情境，有序启发学生主动发现问题、提出问题。

岗位角色扮演法、合作教学法：通过角色扮演、学做一体，掌握急性心肌梗死的应急处理，培养学生运用临床思维进行病情观察、应变处理的能力。

案例教学法：通过进展性案例情境的设置，展现疾病发生发展过程，探究临床护理程序循环的过程，培养学生的临床护理思维能力。

任务驱动法：根据各组自身的问题，整改扎结方案，重新上传。以企业真实任务为引领，培养学生的动手能力及行业规范意识。

由上述示例可以看出，高职院校教师在教学中采用了多种教学方法来促进高职学生"匠心"的发展。从方法使用上来看，这些方法并未超出我们目前所知的教学方法范畴。同一种教学方法可以培养多种能力，同一种能力又可以由多种方法培养。

当然，高职院校教师在教学时并不是只用一种方法，而是多种方法的融合使用。以岗位角色扮演法、案例教学法和任务驱动法的使用为例，我们可以看出不同教学方法之间的融合。

岗位角色扮演法可以创设一个类似真实岗位的情景，许多需要学生讨论和掌握的内容可以依附于各个岗位的角色而系统地呈现。岗位角色扮演法鼓励高职学生扮演企业中不同的岗位角色，通过小组合作学习。小组中的每个高职学生对接不同的职业岗位，模拟企业中真实的工作流程与工作分工，在岗位角色扮演中掌握职业素养，发展自己的团队协作能力，塑造自己的匠心。案例教学法可以按照教学目的将真实的情境做相应的处理，也可设置进展性案例，配合讨论法、问答法的使用，引导高职学生围绕案例情境思考，锻炼高职学生的问题分析能力、问题解决能力、思维能力等。任务驱动法同样也可以用真实的企业工作情境导入教学，将案例分析、岗位角色扮演等方法作为任务当中的一项来设定教学环节。在案例分析环节和岗位角色扮演环节又可以嵌套合作教学法、讨论法、问答法等展开。

因此，具备信息化教学创新素养的高职院校教师可以通过配合使用不同的教学方法来达成培养"匠心"的目标，在方法中注重"匠心"内涵的渗透。

高职院校教师的教学素养、职业素养和融通素养支持其对"匠心"教学目标的设定，尤其是对岗位素养的把握帮助高职院校教师明确了教学目标不只是知识和技能，还包括个人思维、人际交往、职业素养方面的内容。而如何培养高职学生的"匠心"，高职院校教师利用其养成的高职教学素养，通过不同教学方法的配合使用促进高职学生"匠心"的发展。

三 培养高职学生的匠魂

在访谈时，T4 教师主动给研究者提供了一个概念，即"课程思政"，T4 教师认为他们团队课程思政的融入点是培养学生服务社会、服务基层的意识，而后这个概念在 T7 教师的访谈中也提到了，因此在后续的访谈中研究者对"课程思政"的方面有所提及。通过查阅资料，研究者了解到"课程思政"是指高校的所有课程都要发挥思想政治教育作用，培养德才兼备、全面发展的人才。① 同时在重新分析教案资料时发现，教案中的素质目标除了包括团结协作能力等"匠心"目标，还包括一些面向社会、面向人民、面向国家、面向民族的目标，例如 A1 教案中的一个教学环节通过播放暴雨引发居住区、道路灾害的视频，让学生产生共鸣，了解城市建设者的使命，同时 A1 教学案例中选用了中国古人治水的经典内容，向学生展示中华文化的博大精深，帮助学生树立爱国主义精神。

由此可见，高职院校教师不仅传授知识与技能、发展高职学生的职业素养，还注重在"匠技""匠心"的基础上，进一步发展高职学生责任担当、德艺双馨的"匠魂"。

因此，研究者将教学目标中超出个人层面，体现为国家、民族和社会层面的责任担当与认可的教学目标进一步归纳为"匠魂"。通过资料分析，"匠魂"的具体内涵表现在职业使命、社会责任感、爱国为民、坚守岗位、热爱传统文化、服务基层等方面，是工匠内在品质的灵魂所在。②

那么，具备信息化教学创新素养的高职院校教师如何将培养学生"匠魂"的目标落实呢？如前所述，虽然访谈中有涉及如何培养高职学生"匠魂"的话题，但是教案和教学视频中提供了更为具体的细节。因此，研究者还是从教案和教学视频出发，寻找资料中体现或者明确提到有关"匠

---

① 邱伟光：《课程思政的价值意蕴与生成路径》，《思想理论教育》2017 年第 7 期，第 10 ~ 14 页。

② 祁占勇、任雪园：《扎根理论视域下工匠核心素养的理论模型与实践逻辑》，《教育研究》2018 年第 3 期，第 70 ~ 76 页。

魂"目标的部分，对这些内容进一步归纳，形成高职院校教师培养"匠魂"的方法。

通过分析教案资料以及相应的教学视频，研究者发现具备信息化教学创新素养的高职院校教师一般会采用三种方式培养高职学生的"匠魂"。

第一种是在课程内容建设上创新，摆脱传统的课程内容，建设符合"匠魂"培养的新型课程内容。在访谈中最让研究者印象深刻的是 T7 教师所说的：我觉得我们的方案从一开始就比别人稍微好一点的地方是我们的题目定得比较有新意。我们的题目叫乡村康养庭院，跟之前传统的教学内容有一些区别……正常他们比赛或者上课的时候，题目一般会比较传统，可能类似于屋顶花园或者是广场设计，但我们在前面加了康养和乡村……乡村康养庭院设计是我们后来想要发展的一个方向。一个是乡村振兴战略，我们把目标放在乡村，庭院是一个载体，乡村是一个方向。康养是主要考虑老龄化的问题，比较贴近民生。同时，T7 教师还指出 T1 教师团队的"海绵住区绿地设计"也是在教学内容上重新做了建设。

第二种是高职院校教师会通过具体的教学活动来促进高职学生"匠魂"的发展。例如，T4 教师团队设置了许多社区调研活动、社区志愿者服务活动，其设计意图是希望高职学生通过活动为家乡父老乡亲劳动服务，运用所学知识和技能服务病人，培养回报基层的朴实情感；T5 教师团队在语文教学中设置了讨论的活动，让高职学生讨论在不同诗词作品中读到过的以拳拳爱国之心打动人的经典人物形象，同时设置了"弘扬传统文化，培养爱国情怀"与"弘扬经典、传承文化"两个主题的课外教学活动，希望培养学生的爱国主义情怀和传承传统文化的精神。

第三种是创新教学资源，在教学资料中贯穿"匠魂"内核，这是高职院校教师普遍采用的，也是在每个教案中都可以寻找到资料依据的。

高职院校教师可以创新文本资源、视频资源，用文本资源、视频资源承载专业行业的经典事迹、典型案例，以此从情感层面激发学生的爱国情怀、责任担当，以及不忘初心、砥砺前行的精神。

介绍"红衣天使"花海中救人的感人故事，激发学生的责任感和使命感。通过硝酸甘油的小故事，鼓励学生敢为人先、不忘初心、砥砺前行的精神。

通过纪录片"心衰病人病情危重，医护员室外抢救"展示急性心衰的救护过程，感受医护工作的重要性和使命感。

心理学认为，人类的记忆有多种，其中情绪记忆的保留时间特别长。文本资源、视频资源是常见的教学资源，但可以承载触发情绪的教学内容，高职院校教师需要创新资源内容，调动学生情绪，培养学生"匠心"。

当然，高职院校教师还可以利用学习平台，学习平台中汇集了文本、视频等多样的学习资源，为学生提供了丰富的线上学习空间。特别是"学习强国"这类学习平台成为高职学生发展"匠心"的"掌中宝"。"学习强国"学习平台是科学理论学习阵地、思想文化聚合平台、科学知识传播高地、人民群众精神家园。[①]

教师根据课程内容推荐"学习强国"中的相关学习篇目，通过对行业动态、热点新闻、政策法规等的解读，联系时代发展和社会生活，使学生在学习专业知识的同时，养成关注时政热点的习惯。

高职院校教师可以从"学习强国"平台中搜索与专业相关的新闻、政策等资源，从而培养学生的社会责任感。

可以看出，"匠魂"的培养可以依托在不同类型的教学资源上，即使是最传统的文本教学资源，依旧可以在素材上进行创新从而促进高职学生"匠魂"的发展。而视频资源和学习平台之类的信息化教学资源不仅可以在"匠技""匠心"的培养上发挥作用，还可以在"匠魂"的培养上发挥作用，体现出信息化手段对于高职学生工匠精神培养的重要性。

综上可知，与培养高职学生"匠技"和"匠心"而强调的信息化手段使用或者教学方法安排不同，高职院校教师可以依托于教学内容、教学活动、教学资源培养高职学生的"匠魂"，哪怕是最古老的文本资源依旧可以激发高职学生的爱国情怀、责任担当等感情。

---

① 刘汉俊：《努力把"学习强国"学习平台建成民生工程、民心工程、根基工程、德政工程》，《党建》2021 年第 12 期，第 11、27～29 页。

高职院校教师的教学素养、职业素养和融通素养支持了其对"匠魂"教学目标的设定，特别是教学素养对高职学生价值观的引导起到了支持作用。而如何培养高职学生的"匠魂"，高职院校教师利用其教学设计能力和创新能力，创新教学内容、创新教学活动、创新教学资源设计，通过教学情境的渲染让高职学生在深刻的体验与感悟中发展"匠魂"。

总体来说，高职院校教师的教学素养、职业素养和融通素养保证了"匠技"目标符合专业前沿，保证了"匠心"目标符合岗位工作需求，保证了"匠魂"目标符合国家和社会发展需要。在培养高职学生成为"大国工匠"的过程中，信息素养、高职教学素养、个人特质等发挥了支持作用。

第二节　形成理实一体的教学过程

对于具备信息化教学创新素养的高职院校教师而言，他们是如何实施教学活动从而既实现大国工匠的培养目标，又如前文所陈述，符合高职学生喜欢"做中学"、喜欢参与，不喜欢被动听课等学习偏好的？

在分析研究资料时，研究者发现具备信息化教学创新素养的高职院校教师都采用了课前、课中、课后三个教学环节，都采用了线上线下混合教学的模式，同时项目式教学、任务驱动教学、情景模拟、问题导向、合作探究几乎是每个教案中都使用的方式与策略。因此，研究者将这些教学活动、教学过程等资料归纳在一起，形成了"教学过程"这个类属。

为进一步总结这些高职院校教师的教学过程，使之既反映出不同教案资料的内容，又反映出高职教育注重实践性、职业性的特点，本研究在参考相关文献时受到了《论职业教育"理实一体化"教学的内涵及其特征》等文献的启发，将教学过程和"理实一体化"概念结合起来，认为高职院校教师在教学过程上的创新就是形成了理实一体的教学过程，即在教学过程中，运用理论教学方法，以理性思维为手段，形成高职学生对世界的认识，运用实践教学方法，引导高职学生"有目的地做事情"，是一种高职学生在高职院校教师指导下以学习型工作任务为载体的体验、探索、建构和发展的实践活动，理中有实，实中有理。[①] 理实一体化教学强调以行动体系作为知识参照系，打破了过去的学科知识参照体系，使"理论＋实践""理论＋实验"的模式逐步转化为行动导向的"理实一体"模式，在行动中学习，为行动而学习。[②] 本节将回答为了准确寻找课程中理论知识和实践知识的联结点，[③] 高职院校教师信息化教学的流程是什么样的？主要采用了哪些教学模式？

一 翻转的教学实施流程

研究者接触到的第一位高职院校教师，即 T1 教师在访谈中提到了应用翻转课堂教学理念的课前、课中、课后的教学流程，此后在收集到的所有教案资料中高职院校教师都将教学过程划分为三个大部分，即课前、课中、课后三阶段。而且结合这些高职院校教师在三个阶段的活动安排，研究者将三个阶段归纳成"翻转的教学实施流程"。

翻转的教学实施流程体现在课前阶段高职学生通过教师提供的教学资源自主学习；课中阶段高职学生和同学、老师一起解决各种问题，完成各种任务与项目，做一些测验、讨论、提问、展示汇报等活动；课后阶段高职学生进一步拓展与提高。如 T4 教师所说：课前动画、视频、VR，课中虚拟医院，课后高仿真模拟人，我们在医院里面就是这么干的。通过资料分析，"课前、课中、课后教学流程"这个类属有 14 个材料来源 44 个参考点，可见其在高职院校教师信息化教学创新实践中的普遍性。

那么，对于具备信息化教学创新素养的高职院校教师来说，他们如何

---

① 张建国：《论职业教育"理实一体化"教学的内涵及其特征》，《中国职业技术教育》2018 年第 14 期，第 48~53 页。禹禄君：《探究理实一体化教学新模式》，《长沙通信职业技术学院学报》2008 年第 4 期，第 63~66 页。

② 申荣卫、台晓虹、黄炳义：《以行动为导向的"理实一体"课程开发方法研究》，《职业技术教育》2011 年第 29 期，第 25~27 页。

③ 祝成林、张宝臣：《高职院校教师教学实践智慧：内涵、价值与生成路径》，《中国高教研究》2014 年第 6 期，第 94~97 页。

设计课前阶段的教学活动？由于研究者的专业背景因素，研究者对课前、课中、课后的翻转教学实施流程有较深的理解，因此在刚开始对几位教师的访谈中并未过多关注课前阶段这部分内容，然而随着新的访谈资料增加，研究者发现高职院校教师设计课前阶段具有重要意义。除了研究者通常所理解的节约教学时间、提高教学质量与教学效果外，高职院校教师课前阶段的活动设置是为了更方便进行学情解析以及二次备课。

例如 A1 教案中对课前阶段高职院校教师的教学活动描述如下。

第一，发放任务书；第二，课程平台推送学习资源和网站资源库；第三，知识答疑，发布测试题；第四，分析结果，制定课堂教学策略。

A6 教案中课前阶段教师活动包括以下内容。

第一，登录教学平台，推送教学课件、资源链接、微课视频等学习资源；第二，查看平台数据，了解学生自学情况，及时调整教学内容。

从 A1 教案、A6 教案的示例中可以看出，课前阶段除了为高职学生提供学习资源、促进学生的自主学习之外，更重要的是方便高职院校教师从课前的学习情况中分析出学情，从而调整实际的课堂教学，实现根植于学生真实生成问题的教学调整。这也进一步暗示了课中阶段的教学内容、教学活动需要依据课前阶段高职学生的学习情况进行设置与安排。翻转课堂是"生成课程"这一理念的充分体现，传统教学模式是预设的，而翻转课堂强调课程应该是动态性生长的课程，"既定的"教学目标应该变成"将成的"教学目标。[①]

但是，课前阶段高职学生学情的获得同样也不是如研究者原先所理解的那样理所当然。T7 教师认为：把自主学习放到课前，这个要求其实对学生是很难的。我后来发现翻转课堂对于老师是有一定要求的，但最主要的是学生是否配合，他课前不做，再怎么翻转也没有用。由此可以看出，课前阶段对高职学生的要求较高，高职学生需要将原有被动的学习方式转变为主动思考、自主学习的方式。但是如果高职学生不具备独立学习、自主学习的能力，或者学习态度不端正、不愿意完成课前阶段任务，那么高职

---

① 何克抗：《从"翻转课堂"的本质，看"翻转课堂"在我国的未来发展》，《电化教育研究》2014 年第 7 期，第 5～16 页。

院校教师就无法通过学生学情解析实现课堂教学调整。

因此，具备信息化教学创新素养的高职院校教师可以发挥学习素养，指导高职学生自主学习、激励学生课前学习。

既然具备信息化教学创新素养的高职院校教师在课前阶段获得与解析了高职学生的学情，那么课中阶段高职院校教师如何进一步引导高职学生的学习，达到培养大国工匠的目标呢？教学模式、教学资源、教学方法的选择显然是达成教学目标的途径，而在这一部分中，研究者主要从翻转课堂的角度说明其在资料分析中的发现。T10教师说：我做了这么多次评委，也评审了很多的作品，就发现很多作品都是假的，没有真的线上线下混合起来，为什么我说它是假的呢？因为课前放了视频给学生在线学习了，课中的内容跟课前没关系，就相当于学生课前学了这些东西、学了这个视频，课中好像用不上了，没有连上课前，课中的内容跟课前的内容是脱节的。这促使研究者重新分析了资料，通过对教案资料的分析，研究者发现具备信息化教学创新素养的高职院校教师在课中阶段的教学是与课前阶段有密切联系的，如图6-2展示了A1教案中的部分教学流程，课前阶段高职院校教师布置的任务是制作报告，课中阶段高职院校教师在情境导入后就让高职学生汇报报告，实现了课中教学与课前任务的连接。

由此可以看出，具备信息化教学创新素养的高职院校教师可以利用自身的教学设计能力贯通课前、课中、课后三个学习环节。高职院校教师根据教学经验提出的课前学习任务、推送的学习资源、进行的小测验是课中教学实施的基础，课前阶段的教学任务是课中阶段开展教学的引子，课中阶段的教学活动是课前阶段教学任务的进一步拓展。

课后阶段是对课中阶段的进一步延伸，为了进一步了解具备信息化教学创新素养的高职院校教师在课后阶段设置的学生学习活动，研究者将所有资料中课后阶段的部分挑选出来进行分析，高职院校教师在课后阶段的学习活动安排示例如图6-3所示。

从图6-3中可以看出高职院校教师在课后设置的教学活动非常丰富，结合访谈资料的分析，研究者在这一部分需要强调说明的是"与企业导师

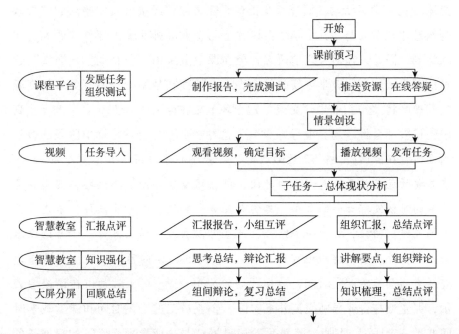

图 6 - 2　A1 教案教学流程部分示例

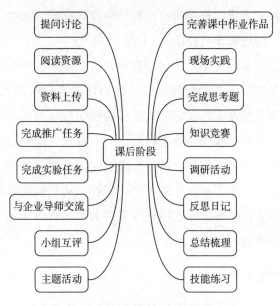

图 6 - 3　课后阶段学生拓展活动示例

交流"这一学习活动。研究者在正式研究之前曾经接触过一些高职院校教师信息化教学大赛，其中学生在课堂上与企业导师交流的部分让研究者印象深刻，因此，在研究之前研究者把在课堂上采用"与企业导师交流"这种活动看成信息化教学创新的一个亮点。然而在教案分析中，更多的高职院校教师将"与企业导师交流"这个环节放在课后教学上。为什么有些高职院校教师会将"与企业导师交流"这种看似更适合放在课中阶段的教学活动设置在课后阶段？T2 教师认为：有必要的才去用（信息化手段），没有必要的反而就是浪费课上的时间，包括跟专家连线直播这些，其实我觉得有的时候没有太大的必要。其实企业专家如果要给学生点评，不用非得直播连线。同样，给他一个账号，他也可以在线给学生点评，还可以课后去点评，没必要非得跟他连线。从 T2 教师的访谈内容可以看出，课堂上连线直播会浪费课堂时间，放在课后阶段更合适，T11 教师也在访谈中表示，课堂上与企业导师交流并不实际，企业员工的空闲时间和课堂教学时间并不一定匹配。因此，在课后阶段设置"与企业导师交流"的拓展任务是更为现实的。可以说，课后阶段的教学活动设置是高职院校教师教学素养的进一步发挥，高职院校教师根据教学经验来确定哪些教学活动可以分别安排在课前、课中和课后阶段。

综上可知，具备信息化教学创新素养的高职院校教师会采用翻转的教学实施流程。高职院校教师的教学设计能力保证高职院校教师贯通课前、课中、课后三阶段的教学，高职院校教师的教学经验帮助高职院校教师安排课前、课中、课后三阶段的教学活动，高职院校教师的信息素养保证高职院校教师及时获取学情信息。课前阶段教学活动的实施除了依赖于高职院校教师的教学设计能力和信息素养，还依赖于高职院校教师指导高职学生自主学习的素养，高职院校教师只有从课前阶段获得学生学情，才可以在课中阶段延伸课前的教学活动。

二 嵌套设计的教学模式

具备信息化教学创新素养的高职院校教师在信息化教学过程中形成了比较通用的教学模式，例如线上线下相结合的混合式教学模式、项目化教学模式、模块化教学模式等。研究者通过分析教案资料发现，高职院校教师将多种教学模式融合在一起使用。或许不同的模式有不同的教学目的，但组合在一起，却能形成精彩的课堂，事实证明，许多教学模式的组合使用是非常有效的。

需要研究者进一步思考的是，具备信息化教学创新素养的高职院校教师在实际的教学中是如何将不同的教学模式组合在一起使用的？研究者从多个教案中寻找到了不同教学模式组合使用的方法，其中最令人印象深刻的是如图 6-4 所示的教学模式组合方式，高职院校教师先从内容维度上将专业课程进行模块化建设，一共形成四个教学模块，在每个教学模块中又分解出多个教学项目，采用项目化教学模式，进一步在每个项目化教学模式中嵌套多个教学任务，研究者发现图 6-4 中的教学模式融合呈现嵌套设计的组合形式，而且这种嵌套设计的教学模式也普遍出现在其他教案中。

因此，研究者形成了"嵌套设计的教学模式"这个类属，用以表示高职院校教师在信息化教学中的教学模式创新，即高职院校教师在信息化教学中使用的教学模式具有不同的层次性，这些不同层次的教学模式嵌套融合使用可以实现培养大国工匠的教学目标。

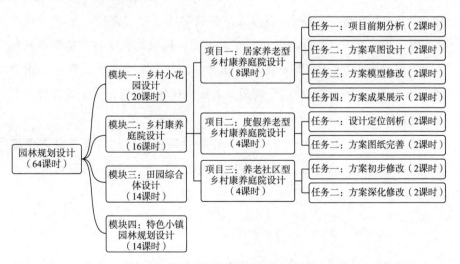

图 6-4 教学模式的嵌套使用

由图 6-5 以及具体的教案流程分析可知，模块化教学模式中可以嵌套项目化教学模式，项目化教学模式中可以嵌套任务驱动教学。

模块化教学模式在教案资料中显示出较高的模式层次，可以嵌套项目化教学模式等。"模块化教学"这个概念是在访谈 T5 教师时 T5 教师提供的，T5 教师说：现在整个的高职语文教学还是按部就班，可能中职也是这样子的。比如我拿了一本语文教材，那我按照第一课从头上到尾，至于符不符合我的专业设置，是不是跟我的专业贴近，我不去考虑，就按照它这个大纲来上就行。实际上国家教材出来以后，面对我们职业教育的门类是非常多的，大大小小加起来，将近有 100 个专业，每一个专业都用这个教材我觉得不合理。"职业教育 20 条"提出要改革，特别强调模块化教学，选择适合的专业进行教学，你自己来建构课程体系，这个课程体系符合你这个专业，符合你这个专业的学生实际，能够通过语文教学促进学生专业方面的成长，既使他的语文素养得到提升，又使他的专业技能素养得到提升。T5 教师是一名语文教师，T5 教师的访谈内容说明不论是公共基础课，还是专业课都需要进行与本专业培养目标相关的模块化建设，进行模块化教学。

模块化教学体系以专业能力培养为目标，将理论教学与工程实践紧密地结合在一起构成"模块"，以取代传统教学体系的"课程"。[①] 模块化教学能促进理论教学和实践教学相衔接。因此，模块化教学模式是职业教育当中常用的模式。《全国职业院校教师教学创新团队建设方案》中提出要"创新模块化教学模式，打破学科教学的传统模式"[②]。《国家职业教育改革实施方案》也强调模块化教学。

那么，具备信息化教学创新素养的高职院校教师如何设置好教学模块？本书依旧从教案出发寻找答案，经过分析，教学模块的设计分为两

---

① 袁暋、许强、王晓峰、檀明、张向东：《基于应用型人才培养的模块化教学改革研究——借鉴德国 FH 成功经验》，《合肥学院学报》（自然科学版）2011 年第 4 期，第 56～60、65 页。

② 《教育部关于印发〈全国职业院校教师教学创新团队建设方案〉的通知》，教育部网站，http://www.moe.gov.cn/srcsite/A10/s7034/201906/t20190614_385804.html，最后访问日期：2019 年 12 月 20 日。

种。一种以 A8 教案为例呈现各模块关系，A8 教案中"空气环境监测与治理"这门专业课被划分为基础知识模块、室外环境监测模块、室内空气环境监测与治理模块、工业废气与机动车尾气监测与治理模块，可见以上这四个模块的设置是按照教学主题完成的，且相互之间为并列关系。另一种以 A1 教案为例呈现其模块化建设，A1 教案将"城市绿地规划设计"这门专业课划分为三个模块，即模块一城市点状绿地设计、模块二城市线状绿地设计、模块三城市面状绿地设计，由此可见，模块化的建设也可以基于一定的层次与顺序，遵循由点到面、由简单到复杂、由初级到高级循序渐进的过程。

由于高职教育注重实践性与职业性，因此具备信息化教学创新素养的高职院校教师普遍在教学模块下使用项目化教学模式，基于工作过程组织课堂教学，① 利用自身的专业素养和岗位素养对教学项目适当调整。与教学内容模块化的设置类似，项目化教学中不同项目之间也体现出了一种并列或者递进的关系。一种如 A8 教案中将甲醛检测与治理划分为居住建筑室内甲醛的检测与治理、公共建筑室内甲醛的检测与治理两类并列项目。一种如 A4 教案中将心血管疾病模块按照由轻到重的程度构建为高血压、心绞痛、急性心肌梗死、心力衰竭、综合实践 5 个逐级提升的项目。本研究以 A7 教案为例，详细展示项目化教学模式的实施。

项目化教学示例：乡村康养庭院设计项目化教学

【项目主题】其一，居家养老型乡村康养庭院设计；其二，度假养老型乡村康养庭院设计；其三，养老社区型乡村康养庭院设计。

【项目选择意图】T7 教师：乡村康养庭院设计是我们后来想要发展的一个方向。一个是乡村振兴战略，我们把目标放在乡村，庭院是一个载体，乡村是一个方向，康养主要是考虑老龄化的问题，比较贴近民生。

【项目简介】教师团队与妇联联合组织了一个美丽庭院的设计项目。

【项目示例】居家养老型乡村康养庭院设计。

【项目任务分解】项目前期分析—方案草图设计—方案模型修改—方

---

① 陶宇、任聪敏：《高职教师教学能力发展的路径和策略研究》，《高等教育研究》2015 年第 11 期，第 50～54 页。

案成果展示。

【项目实施过程】项目实施过程如图 6 - 5 所示。

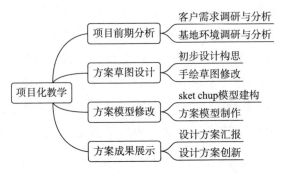

图 6 - 5　乡村康养庭院设计项目化教学实施过程

【项目成果】其一，居家养老型乡村康养庭院设计方案；其二，"互联网 +"居家养老型乡村康养庭院设计方案。

A7 教案将乡村康养庭院设计模块划分为三个项目，图 6 - 5 以居家养老型乡村康养庭院设计项目为示例。

那么，高职院校教师为什么要选择以及可以实施项目化教学？第一，高职院校教师具备高职教学素养，深知项目化教学模式体现了工学结合、产教融合的高职教育理念，符合高职学生喜欢参与、喜欢动手、喜欢"做中学"的特点。第二，高职院校教师具备职业素养和融通素养，引用企业、市场或者社会上真实的项目，体现出了市场导向、政策导向或者是社会服务导向，高职学生可以通过项目化学习，完成对相关专业知识的认识和理解，通过项目实施实现知识从理论到实际应用的转化，[①] 形成"巩固—提升—创新"的循环上升模式。第三，高职院校教师具备高职教学素养，深知项目化教学模式强调项目成果，以成果增加高职学生的成就感，增强高职学生学习的信心。项目化教学模式以明确的结果、模糊多样的解决路径，吸引着高职学生不断探索，这种非趋同的问题解决方案充分发挥了学生的主体性，也使学生有信心、有成就感。T1 教师：李克强总理说过，要让高职学生人人都有出彩的机会。如果通过你的哪怕一个小任务、

---

① 徐锋：《高职项目化教学模式要素研究》，《职业教育研究》2011 年第 8 期，第 16 ~ 18 页。

一个小成果，他觉得通过自己或者团队合作，攻克了一个问题……我有成就感，到最后这个大任务我发现，原来前面的小任务就是一步一步的铺垫，大任务我全套完成，我们团队完成了一个大住区的设计，那种自豪感、成就感油然而生。

总的来说，由于高职院校教师教学素养、信息素养和学习素养的支持，高职院校教师可以实施翻转的教学流程，贯通课前、课中、课后三阶段的教学，合理配置三阶段的教学活动。由于高职院校教师教学素养、职业素养和融通素养的支持，高职院校教师可以嵌套设计教学模式，在模块化教学中嵌入项目化教学，在项目化教学中嵌入企业任务，通过真实企业项目的引入实现产教融合。

第三节 形成"理""实""虚" 相结合的教学资源

具备信息化教学创新素养的高职院校教师是如何设计教学资源，培养高职学生大国工匠精神的？T1 教师是本研究正式访谈中接触到的第一位高职院校教师，T1 教师认为他们团队信息化教学的创新点之一就是建设了"理""实""虚"相结合的教学资源，T1 教师说：我们教学中的"理""实""虚"，"理"是什么？因为做设计类的，要符合国家规范，搞好多图集，一定是符合国家标准的，不能是我自己乱想的……要怎么吸引他们去养成这种习惯呢？我不能真给他看这种图集。我们就把图集电子化，根据图集建成三维的模型……光把它搞成三维的可能有点意思，但你不给他任务还是不行，你要把这些东西变成纠错题、一个试验场，和游戏闯关一样……然后再一个，我们光有图集还不行，图集再怎么三维，屏幕上看还是一个二维的。我们借助传统的沙盘，沙盘貌似是一个传统的教具，但我们把那个上面贴二维码，这样更直观。看到什么地方扫码，这样就可以看到这种三维的带 VR 的、可以转的、详细的地下构造。沙盘还可以拆解，拆开看到下层的剖面、地形的关系、管道啊，同时结合扫码查看。电子图集是"理"的、理论的，沙盘是"实"的，是实物沙盘，加上这个虚拟的，就充分把教学资源利用起来。"

T1 教师团队对教学资源精心的设计与创新让研究者印象深刻，由此，在后续的访谈中研究者都对教学资源有所关注，而且后续的访谈中都有对教学资源的描述，例如 T2 教师团队使用的《服装设计师国家职业标准（最新）SBN：9787504574909》、扎染学习资源库、扎染样品，T8 教师团队使用的《室内环境空气质量监测技术规范》（HJ/T167 - 2004）、国家职业教育专业教学资源库平台、数字化实训室，都是"理""实""虚"相结合的教学资源。在分析实际教学视频时，研究者发现教学场所和教学设备也是高职院校教师长使用的教学资源，因其具有实体性，可以和实物资源归纳在一起。

质性研究要求研究者尊重研究对象，为了保证资料的"原汁原味"，可以采用对研究对象来说有意义的本土概念。① 因此，综合对访谈资料、教案资料以及视频资料的分析，研究者将 T1 教师提供的本土概念"'理''实''虚'结合的教学资源"作为本研究中的一个类属。"理""实""虚"相结合体现为教学资源的"理""实""虚"相协调。需要说明的是，"'理''实''虚'结合的教学资源"需要与当前职业教育常见的理虚实一体人才培养模式区别，即理论教学和实训教学可以通过虚拟仿真的桥梁，形成具有专业特色属性、理论—虚拟—实践结合的特色教学思路。②

一 教学资源中的"理"

教学资源中的"理"是指高职院校教师在教学中使用的一些与本专业相关的国家标准、行业标准、行业规范等，这些是被行业企业群体认可并且共同遵守的准则和依据。标准是经济活动和社会发展的技术支撑，是国家基础性制度的重要方面。标准化在推进国家治理体系和治理能力现代化中发挥着基础性、引领性作用。③

① 陈向明：《质的研究方法与社会科学研究》，教育科学出版社，2000，第 284 页。
② 朱新强、任祥华、李智杰、李锋：《"理、虚、实一体化"专业导向下高职电工电子教学研究》，《中国现代教育装备》2019 年第 17 期，第 74～76 页。
③ 《中共中央、国务院印发〈国家标准化发展纲要〉》，新华网，http://www.news.cn/politics/zywj/2021 - 10/10/c_1127943309.htm，最后访问日期：2022 年 7 月 25 日。

高职教师将"理"摆在理论的高度，认为教学资源中的"理"是高度概括的成果，可以指导实际教学，在"理"的指导下，高职院校教学形成了多样事实。根据资料分析，教学资源中的"理"包括三类，即国家标准与规范、国家政策、行业标准与规范。

第一，国家标准与规范是国家发布、在全国范围内普遍适用的共同准则。高职院校教师在教学中将其作为信息化教学创新的可依据材料之一。

T1教师：因为做设计类的，要符合国家规范，制作的好多图集，一定是符合国家标准的，不能是我自己乱想的。

T1教师为了让高职学生能够对抽象的知识产生较为直观的理解，设计了很多图集，而图集设计的依据就是国家标准与规范，可见国家标准与规范可以指导数字化资源、实物资源等教学资源的建设。

T2教师：将教材结合《服装设计师国家职业标准》和《服装手工印染》课程标准的相关要求进行二次开发。

T2教师以本专业的国家标准为依据，二次开发教材，使落后于实际生产的专业教材得到及时更新。

A8教案：将《室内环境空气质量监测技术规范》（HJ/T167-2004）……等国家标准与政策法律法规及环境监测员等职业标准细化，生成采样规范操作考核表，将规范化操作融入采样操作的整个教学环节中，强化学生规范意识，培养学生工匠精神。

第二，高职院校教师还可以利用国家标准与规范促进考核标准科学化、细化，以细化的考核条目帮助学生强化规范操作的意识，这当中也暗含了国家标准与规范对设定教学目标的作用。

此外，教学资源中的"理"也包括国家政策，可以帮助高职院校教师确定教学目标、定位教学内容。T7教师就将教学与实际生活相联系，考虑到国家政策与社会实际，在与当地妇联的合作下重新确定了教学内容。

T7教师：乡村康养庭院设计是我们后来想要发展的一个方向。一个是乡村振兴战略……康养主要是考虑老龄化的问题，比较贴近民生，是符合政策的导向的。

第三，行业标准与规范作为国家标准与规范的补充，是全国某个行业范围内统一的技术要求，也是高职院校教师信息化教学创新的依据。同样，行业标准与规范的作用也在于帮助高职院校教师促进考核标准科学化。

例如 A4 教案：评价标准参照最新护理行业标准及全国职业院校护理专业学生（高职组）大赛的评分标准，使评价更科学，突出过程评价。

总体而言，教学资源中的"理"主要包括国家标准与规范、国家政策、行业标准与规范等。"理"除了可以指导数字化资源和实物资源的建设，如 T1 教师所述的与虚拟资源和实物资源配合起来吸引高职学生学习注意力、激发学习兴趣、发挥教学作用，还可以帮助高职院校教师进行教材再开发、教学内容定位，例如国家的课程思政政策就对高职院校教师的教学内容定位产生了巨大的影响，同时还可以帮助高职院校教师确定、提升教学目标的定位，并且将国家标准与规范、行业标准与规范细化融入评价标准当中，从而进一步帮助高职学生树立规范意识、养成规范操作的职业素养。

关于"理"的这些教学资源并不是高职院校教师建设的，而是高职院校教师从国家与行业企业中获取的，这体现了高职院校教师在"理"的教学资源建设中所发挥的职业素养和融通素养。高职院校教师在教学中紧跟高职教育改革方向，注重与国家、社会、行业以及企业对接，将国家、社会、行业与企业的相关专业标准与规范融入高职教学当中，推进专业设置与产业需求对接、课程内容与职业标准对接、教学过程与生产过程对接。[①]

因此，教学资源中的"理"的使用其实就是反映了具备职业素养和融通素养的高职院校教师在高职教学中对国家政策、社会发展、行业企业标准与规范的敏锐性，以及对在高职教学中对接国家、社会、行业、企业需求的教学实践的把握程度。

---

① 《教育部关于印发〈全国职业院校教师教学创新团队建设方案〉的通知》，教育部网站，http://www.moe.gov.cn/srcsite/A10/s7034/201906/t20190614_385804.html，最后访问日期：2019 年 12 月 20 日。

二 教学资源中的"实"

"实"这种教学资源刚开始被 T1 教师用来指代实物模型、沙盘等资源，而后研究者在对教学视频的分析中发现，教学场所、教学设备同样对高职院校教师的教学产生作用，因此，本书将上述的实物模型、教学设备、教学场所等实体性资源归纳为教学资源中的"实"。从教案和教学视频中研究者可以直接获得实物教学资源的信息，具体的实物教学资源使用示例如下。

实物资源示例 1：智慧教室、智慧黑板、电子大屏、带二维码的沙盘等。

近些年来，我国已经建成了大量的智慧教室。智慧教室是物理空间和网络空间相融合的新型学习空间，是泛在化、感知化、一体化、智能化的新型教学支持平台。① 有研究证明，智慧教室提高了学生的认识、认知和情感能力，智慧教室支持下的教学模式对学生的态度和创新性有显著促进作用。② 高职院校教师利用智慧教室正显示出其对高职学生学习需求的正确理解，利用智慧教室互动的、可感知的、智能化的功能吸引高职学生学习注意力，直观展示抽象学习内容，满足高职学生学习互动体验。

实物资源示例 2：实训室、仿真驾驶舱、实训医院等。

实训室是高职学生将理论付诸实践的空间。随着信息技术、人工智能技术的发展，实训室向虚拟仿真实训室发展。虚拟仿真成为理论教学与实训教学的桥梁，虚实结合的虚拟仿真实训室满足了职业教育知识与技能一体、理论和实践一体的需求。2020 年教育部开展职业教育示范性虚拟仿真实训基地建设工作，以增强实训教学和行业企业岗位实践的吻合度。特别对于实习机会少、危险系数高的专业岗位，虚拟仿真实训室为高职学生提

① 文灿、李中旗、刘浩等：《基于智慧教室的融合式教学支持平台研究——以"中南大学"为例》，《现代教育技术》2022 年第 6 期，第 115～121 页。
② 王志燕：《促进学生深度学习的智慧教室教学交互活动设计》，《中国职业技术教育》2019 年第 35 期，第 82～87 页。

供了更多的专业技能练习机会。

上述实物资源示例展示了具备信息化教学创新素养的高职院校教师在教学中使用与建设的不同种类的实物教学资源，即环境实物、媒体实物和资源实物。环境实物包括智慧教室以及可以模拟岗位工作环境，同时包含理论讲授与技能练习两种功能的实训教室。媒体实物是指智慧教室中配备的电子大屏等智能教学设备，可以将高职院校教师示范操作的细节放大演示，不同屏幕配合可以同时展示学习平台以及教师教学课件，也可以同时将不同小组的作品同屏展示，方便不同小组相互学习、相互比较等。资源实物是指高职院校教师提供的沙盘、扎染样品等实物模型，可以方便学生理解与探析抽象的学习内容。同时，上述教学资源中的"实"明显体现出了虚实结合的资源建设特点。

高职院校教师实物资源的建设与使用依赖于高职院校教师的信息化教学创新素养。职业素养保证了环境实物的使用，信息素养保证了媒体实物的使用，教学素养、融通素养、创新能力、沟通能力保证了资源实物的建设。

三 教学资源中的"虚"

"虚"方面的教学资源包含广泛，包括图片、微课、视频、专业软件、学习平台、数字化资源库、虚拟现实资源、增强现实资源、虚拟仿真平台等。

实际上，我们国家已经建设了多个职业教育教学资源库，形成了从全国到地方再到院校的各级各类教学资源库，也出台了一些政策文件对职业教育资源库的建设提供发展指导，例如《国家职业教育改革实施方案》中指出"健全专业教学资源库，建立共建共享平台的资源认证标准和交易机制，进一步扩大优质资源覆盖面"[①]。虽然国家提倡以及建设了多种资源

---

① 《国务院关于印发国家职业教育改革实施方案的通知》，教育部网站，http://www.moe.gov.cn/jyb_xxgk/moe_1777/moe_1778/201904/t20190404_376701.html，最后访问日期：2019年12月10日。

库，但是为什么养成信息化教学创新素养的高职院校教师依旧强调专业资源库的建设呢？

在研究者参与的一个职业院校的培训现场，培训专家的话很好地解释了以上的问题。一个微课中间几十秒一页 PPT，PPT 上打满字，从头读到尾，做完了，这样做了 1000 多个资源有什么用呢？所以我们讲现在许多资源库建设都是为了数量，这个有什么用不管，老师需要用的时候到哪里找也不管，所以为什么有的老师说我需要用的时候找不到资料，早先资源库的架构是有缺陷的。后来建设资源共享课，每个知识点跟着音视频材料、作业、习题、考试评价，知识点重新组合、调整，使资源变成了系列，容易调整和搜索，有了一个规范，网络课程最后变成精品课程。精品课程为什么改呢？因为精品课程只有内容，以展示为主，资源不更新，学生不看，有缺陷。现在用 MOOC，有资源更新，把教学过程和环境也做出来了，这种课程不是所有老师都开，因为你没有精力。但并不是所有课程 MOOC 平台都可以学习，我们和企业合作的内容，涉密的内容不可以开设 MOOC。SPOC 是现在发展非常快的课程，只在校内开。我们现在需要针对我上课的、解决我的问题的资源，在线开放课程的基础是 SPOC。

从培训专家的话中可以看出，我们国家现有的职业教育教学资源库确实已经非常丰富，但是存在资源质量参差不齐、资源难以搜索、资源不能实时更新、资源不具有针对性等问题。

因此，具有信息化教学创新素养的高职院校教师依旧重视对资源、资源库的建设，在国家已经有了多种职业教育教学资源库的情况下，他们依旧花费巨大的人力、物力、财力去建设自己专业的资源库。

T2 教师是访谈中第一位明确提到"生成资源库"概念的教师，T2 教师团队建设了扎染学习空间站资源库，如图 6-6 所示。

T2 教师：信息化教学也有它的好处，它可以形成一个资源库，我觉得这是它最大的一个优点。资源库可以不断更新或者是每一届所有资源的数据都在我的库里面，比如说雨课堂我可以看到 2017 年、2016 年的学生数据，以及电子版的信息记录，就是可能更方便一些。

访谈者：它是能不断积累的。

T2 教师：对，就是相当于不仅有这样一层一层地积累，同样也是慢慢在更新、慢慢在生成，这可能是之前的一些传统的教学手段不能媲美的。

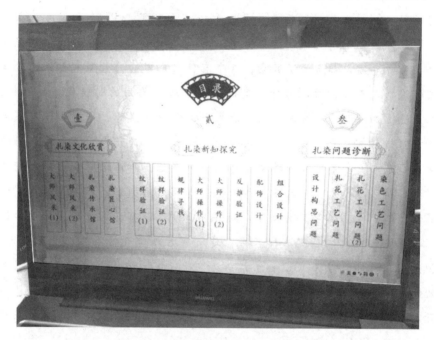

图 6-6　T2 教师团队建设的教学资源库

T2 教师：我们的课题印染，它有三个方面。一个方面是要了解传统印染文化，（资源库）里面有很多大师的作品、优秀作品的视频操作过程，还有很多作品背景文化方面的文化片。第二块内容，是一些新颖的方式，比如说挑战式、闯关式的手工业的文样，通过对这个文样的辨别，学生就可以学习这个文样和练习印染手法。我们还另外创新增加了一块，就是问题诊断，主要涉及往届学生作品中常见、易犯的一些错误问题，我们会把它放在问题诊断这一块，可以针对往届学生容易犯错的地方，课上由老师做解析。现在就是在实践当中去发现问题，可能学生遇到这个问题了，他不知道为什么会出现这样的问题，不会找原因，那我们会结合往届的一些案例，然后去给他们讲解，这样有时候费时间、容易犯的一些问题，他们可能就会提前避免。因为前几届的学生学到这个内容时就很容易犯相似的一些错误，所以就是有一个问题诊断创新。

T2 教师团队资源库的功能主要包括：文化渲染、趣味学习以及问题诊断。在问题诊断这个部分明显体现了资源积累与生成的概念。结合现场拍摄的图片，可见扎染问题诊断被分成了几类问题放在学习空间站中，高职学生可以在其中找到类似问题的解决方式。高职学生的问题求助经历发生了转变，从向教师求助转为向平台求助，获得帮助的时间从长变短，求助的次数也发生变动，可以不断复习查看。

从 T2 教师访谈内容可以看出，T2 教师不仅认识到了资源库的作用，而且具备了"生成资源库"的意识。此外，参与访谈的其他高职院校教师也对资源库的使用与建设有所讨论，例如 T4 教师、T7 教师提到了案例库的积累与生成，T5 教师提到了资源库对促进学生课堂生成问题的作用以及他们团队开发语文教学资源库的计划，T6 教师提到了音乐教学素材库的积累与生成，T10 教师提到了工艺库中资源的积累与生成。由此可见，生成资源库、用资源库统整多种虚拟资源是当前具备信息化教学创新素养的高职院校教师普遍具有的虚拟资源建设理念。

分析研究资料可以发现，具备信息化教学创新素养的高职院校教师有生成资源库的意识，能够建设针对自己学科的教学资源库，积累历届学生的学习成果，为下一届学生提供案例，方便学生不断练习，帮助教师分析学情，快速解决课堂上生成的教学问题。

同时，我们国家需要建设优质的教学资源库，将对数量的追求转变为对质量的追求。我们也需要鼓励类似于参与访谈的这些具备信息化教学创新素养的高职院校教师，鼓励他们加强资源的共享，从而进一步扩大优质资源的覆盖面。

总体来说，教学资源中"理""实""虚"的建设与使用并不是孤立的，"理"可以指导"虚""实"资源的建设与使用，"虚""实"资源的建设需要配合"理"的内容。高职院校教师的信息素养、职业素养、融通素养和个人特质等支持了"理""实""虚"相协调的教学资源的形成。

第四节　形成全面系统的教学评价

教学评价是教师对教学活动和教学结果的价值判断。那么，具备信息化教学创新素养的高职院校教师在教学评价方式上有哪些体现呢？

搜集而来的资料中都包括对教学评价设计这一环节的介绍。经过分析发现，目前高职院校教师的教学评价表现出了多个维度的相似性，如图6-7所示，从时间维度上教学评价可以划分为课前、课中、课后三个阶段全过程的评价；从主体维度上教学评价可以划分为教师、学生、企业专家等多元主体的评价；从形式维度上教学评价可以划分为教师评价、学生自评、小组互评等多种形式；从性质维度上教学评价可以划分为机器评价、人为评价两种性质；从内容维度上教学评价可以划分为知识、技能、小组合作等评价内容。从以上多个教学评价维度的划分可以看出，当前具备信息化教学创新素养的高职院校教师已经形成了较为全面系统的教学评价，不仅贯穿教学的全过程、覆盖多方面的教学内容，而且调动了教学活动中多个主体的参与。

评价内容	课前20%			课前60%								课前20%		
	观看视频	案例挑选	调研报告	客户需求报告	空间布局测验	基地调研汇报		植物配置测验				修改调研报告	完成方案设计草图	
评价主体	平台	教师	教师	教师	教师	学生	教师	检测软件	教师	学生	教师	检测软件	教师	教师	学生
权重	5%	5%	5%	5%	5%	5%	10%	10%	5%	5%	10%	10%	10%	5%	5%

图6-7　多个维度的教学评价（T7教师）

研究者受到A3教案的启发，将上述多个教学评价的划分维度进一步归纳，形成了两个类属，即教学评价方式和教学评价内容。教学评价方式的内涵表现为评价的阶段、主体、形式、性质等，体现出了方法与策略的含义，与教学评价内容有所区别。

一　教学评价方式

高职院校教师主要实施的是项目化教学模式，从教案中可以看出关于项目的评价最终细化到了实际教学中。高职院校教师实施全过程评价，包括课前、课中、课后三个阶段高职学生的学习情况。课前评价获取高职学生学情，课中评价启发高职学生思考，课后评价指导高职学生发展。课前、课中、课后三个阶段的评价综合起来就形成了某个学生过程性的、全面的评价。特别在课中阶段，教学评价非常丰富，课堂如果实施小组合作的学习方式，那么小组间互评、小组内互评、学生个人自评就是课堂中常用的评价方式；如果信息化教学实施的是校企合作的机制，那么企业师资和企业客户都可以给学生提供专业的评价，从而形成教师、学生、客户、企业导师等多元评价主体共同发挥作用的评价机制。从这一方面可以看出，具备信息化教学创新素养的高职院校教师在教学评价的设计上其实遵循了教学实施流程以及教学模式，从而形成了复杂、全面、系统的教学评价。

研究者需要进一步思考的是，这些高职院校教师是秉承着什么样的理念与追求在几课时的教学中设计出如此全面系统的教学评价方式的？结合从教案中分析出来的高职院校教师教学评价的多个划分维度，即上文中提到的评价阶段、评价主体、评价形式和评价性质来考虑，高职院校教师希望对学生学习的全过程进行评价、希望多个主体在教学评价中发挥各自的作用、希望将一些客观测评和质性评价结合起来形成对高职学生全面的评价。研究者初步认为高职院校教师设计出全面系统的教学评价体现的是一种对教学评价科学性的追求。而后在对研究资料反复回顾、分析的过程中，研究者认为一些教师的访谈内容、教案和教学视频恰好印证了研究者之前的理解，即具备信息化教学创新素养的高职院校教师是秉承着科学性评价的理念和对科学性评价的追求设计教学评价方式的。

T8 教师认为：学习平台解决了教学过程持续性（的问题），就是我们每次课的课前、课中、课后都全部打通了，能够形成一个很连贯的整体。

学习平台它会记录一些数据，我们根据上面的一些数据能全面了解学生的情况，包括平时的成绩，因为学习平台上面对他们的测验、讨论、课堂参与度等都是有一个体现的。我之后给他们评学分的时候就有更加客观的依据，就不是凭着我的喜好，或者我对某个特别活跃的同学有特别深的印象就给他们评十分，而是根据学习平台上的数据，因为这些数据可能会更加客观和准确。从 T8 教师的访谈中可以看出，学习平台记录了学生的测验成绩、讨论、课堂参与度等方面的信息，T8 教师可以根据学习平台的记录给予高职学生客观的评价，从而避免自己受到主观意识的影响。

在研究者所接触的高职院校教师中，有的是设计类专业的，有的是飞机电子设备维修专业的，有的是护理专业的，有的是语文专业的，他们在教学评价上有不同的经历。T7 作为设计类专业的教师，她在教学评价上有独特的感受，设计类课程需要对高职学生的设计作品进行评价，但是设计类作品在某些方面并无对错之分，特别是对于作品创新性方面的评价具有一定的主观性，如何避免主观性成为他们在教学评价中需要解决的难点。

T7 教师：我记得我一开始的现场教学，第一个片段就是学生评价设计方案，同学们给了 87 分，但老师给了 92 分，为什么老师跟学生给的分数会有这样的差异？专家问了我这个问题，为什么是 92 分而不是 91 分或 90 分？但是传统的设计课的评分比较主观，有的时候 92 分跟 91 分在我们看来是一样的。我们会把所有的作品放在一起然后去评一等、二等、三等，为了拉开差距可能会有两分、三分的差额，这个就很主观，其实对我们来说，只是评定一个等级，这个分并没有具体的含义，但他（指专家）那天问我这个问题，包括钱院长也在问这个问题的时候，我就会去考虑，其实所有的评分都应该是很明确、很现实的。所以后来学生做了课前作业之后或者我教了一个知识点之后，我会让他们去给同学作业打分，那这个打分我就要有很多的依据，这个依据可能并不是数据化的，比如我说空间，那空间总共是给五分，每一个空间下面有五个点，比如空间布局、工程分配合理等，这个就要求我们老师把所有的评分事项写得很详细。

T7 教师团队被专家质疑了两个问题：第一，为什么教师评分和学生评分之间有差距？第二，作品之间一两分的差距体现在哪里？这启发了 T7 教师团队思考评价的科学性问题，最终 T7 教师团队通过细化评价指标的方式使教学评价有客观依据，避免了主观性评价。由此可见，高职院校教师的教学评价追求体现在避免主观性、走向科学性上。

除了细化评价指标的方式可以体现出教学评价的科学性外，教学评价标准的设计依据也可以体现出科学性。A4 教案中这样描述教学评价：采用系统自评、同学互评、老师评价及行业专家评价的全过程评价模式，体现评价主体的多元化、内容的多维化及方法的多样化，评价标准参照最新护理行业标准及全国职业院校护理专业学生（高职组）大赛的评分标准，使评价更科学，突出过程评价，引导学生注重学习的每一个环节，提高学习效率。A4 教案指出了体现教学评价科学性的另一种方式，那就是将专业相关标准应用到教学评价中，使教学评价更能体现出专业性。A6 教案也将国考和省赛微型课评价标准使用在了教学评价中。A8 教案依据国家颁布的《室内环境空气质量监测技术规范》（HJ/T167 - 2004）等标准，将政策、法律法规及环境监测员等职业标准细化，生成采样规范操作考核表。

由此可见，将专业行业标准融入教学评价标准中也是高职院校教师对教学评价科学性的追求。

综上可知，科学的教学评价方式不仅仅体现在多元主体对高职学生实施的全过程评价上，更体现在教学评价的依据上。具备信息化教学创新素养的高职院校教师在教学评价上形成了科学的评价方式，他们善于利用学习平台上记录的学习数据、善于将教学评价指标进一步明确细化、善于将专业行业标准融入评价标准中，避免了教学评价的主观性，从而保证了评价的客观性与科学性。

二　教学评价内容

教学评价是对教学目标的回馈，其中教学评价内容更能体现评价与目标的契合度。在前文中，本书讨论了具备信息化教学创新素养的高职院校教师形成了"匠技""匠心""匠魂"三个层次的教学目标。在本节中，研究者对这些高职院校教师设定的教学评价内容进行分析，以期探讨教学评价内容对教学目标的回馈情况。虽然高职院校教师在课堂教学中的非正式评价也有针对性的内容，但是从 T11 教师的访谈内容中可以看出分数对高职学生学习的激励效果，T11 教师说：我问他们最想要的奖励是什么？他们说的是直接给分数，这样有些后进的同学他可能就有积极性了。

因此，研究者将教学评价中关于最终评价分数的内容挑选出来与教学目标进行对照与分析。以下为 A1 教案中第一个任务总体绿地设计教学目标和教学评价的对比，因为教案中的目标是按照素质目标、能力目标和知识目标描述的，为了与前文关于大国工匠的讨论相对应，本书先将教学目标进行了重新归类，形成了"匠技""匠心""匠魂"三个层次的目标，如图 6 - 8 所示。

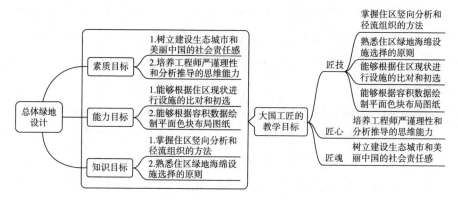

图 6 - 8　总体绿地设计教学目标的重新转换

总体绿地设计任务中的教学评价内容与大国工匠教学目标的对应分析如下。

总体绿地设计教学评价内容共 7 条，其中海绵设施基本原理和方法（10%）、居住区雨水设施选择（15%）、计算容积（15%）、选择设施（30%）、绘制图纸（15%）对应的教学目标是"匠技"，分值占85%；自我反思（5%）、组内成员的分工合作（10%）对应的教学目标是"匠心"，分值占 15%。

从 A1 教案的总体绿地设计任务中就可以看出教学评价内容与教学目

标并没有完全对应，教学评价内容关注到了"匠技"和"匠心"，却忽视了"匠魂"的评价。虽然该教师在教学目标中提出了要树立社会责任感，但在实际的教学评价内容中，"匠魂"部分的评价并未纳入考核分值，且关于"匠技"和"匠心"的分值设计也存在较大悬殊，关于"匠技"的分值占据考核总分的85%。

因此，研究者在资料分析时就初步认为教学评价内容与教学目标是存在不对应现象的。在后续的资料分析中，研究者继续对教学目标和教学评价内容进行对照分析，经过对所有研究资料的分析，研究者发现"匠魂"培养与"匠技""匠心"的培养之间确实存在一个比较关键的区别，那就是高职院校教师的教学评价中全部关注到了"匠技"和"匠心"，但缺乏对"匠魂"细致的评价。

关于"匠魂"的评价，高职院校教师没有在评价指标上设定分值，通常只是在教学中给出非正式的口语评价。

在T3-V2的教学视频中，T3教师播放了"春运里的飞机医生"这样一段视频，让学生总结观看感受。其中一位高职学生这样回答：从这个视频，我们知道飞机维修包括航线维修和定点维修，飞机维修人员默默坚守在幕后，为飞机的安全把脉问诊，为乘客保驾护航，是一份神圣而崇高的职业。

T3教师评价：非常好，是的，这是一份神圣而具有使命的职业。

在研究者所收集到的资料中只有T4教师注意到对"匠魂"的评价，A4教案设置了让学生通过写反思日记提升社会服务意识和人文关怀理念的活动，并且高职院校教师线上对反思日记进行评价。其余的教案不论在教学目标中多么强调"匠魂"的重要性，在考核分值上都存在这一内容的缺口。之所以出现这种情况，研究者猜测可能是因为部分高职院校教师没有意识到评价对高职学生"匠魂"发展的重要性，也可能是因为"匠魂"隐含在高职学生的内部，不容易在行动上有所表现，所以一些高职院校教师不知道该如何在评价上细化"匠魂"目标。研究者建议高职院校教师可以帮助高职学生生成质性资料，类似于T4教师使用的反思日记、小作文等，进而方便对高职学生"匠魂"的发展进行评价，如图

6 - 9 所示。

图 6 - 9　体现"匠魂"的质性评价资料

总体来说，具备信息化教学创新素养的高职院校教师在教学评价方面颇有心得。教学素养保证了教学评价的多元性与多主体性；职业素养保证了评价内容符合当前岗位工作的需求；信息素养保证了在线学习结果评价的可追溯性；融通素养保证了评价指标的设计有所依据；学习素养和个人特质保证了高职院校教师学习新的评价理论，创新评价形式，将高职学生生成的质性资料纳入考核的范围。

第五节　本章小结

本章论述了具有信息化教学创新素养的高职院校教师是如何实施教学的，如图 6 - 10 所示。根据对访谈资料、教案资料以及视频资料的分析，研究发现具有信息化教学创新素养的高职院校教师将教学目标确定为"匠技""匠心""匠魂"，通过翻转的教学实施流程以及在模块化教学中嵌套项目化教学的模式安排教学活动，在教学过程中以"理""实""虚"相协调的教学资源帮助高职学生发展"匠技""匠心""匠魂"。对于高职学生的学习成果，高职院校教师借助多个评价主体对高职学生学习的全过程进行全面、系统、科学的评价。信息化教学创新素养支持的教学实践并非各个素养单独作用，而是多个素养融合发挥作用，从而指导高职院校教师的教学目标确定、教学过程实施、教学资源使用与建设、教学评价设计。

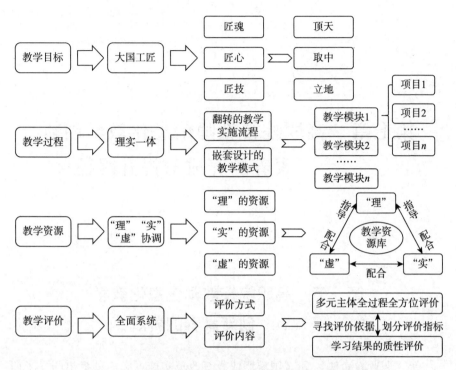

图 6-10　高职院校教师信息化教学创新素养的实践表征

第七章　高职院校教师信息化教学创新素养的养成与提升路径

第一节　高职院校教师信息化教学创新素养的养成

新《职业教育法》和《国家职业教育改革实施方案》的提出凸显了职业教育的地位，推进了高等职业教育高质量发展的规划。因此，近些年来，高职教育教学改革越来越受到重视，这也意味着在技术促进教育变革的时代高职院校教师需要养成信息化教学创新素养。这种需求督促研究者将目光投放在一线高职院校教师身上，以期从其信息化教学创新的丰富经历中获得理解与启示。本书采用质性研究中扎根理论的研究路径，在抽样标准的指导下带着丰富类属的属性与维度的目的选取研究对象，研究者获得了高职院校教师的访谈资料、教案资料、视频资料，高职院校的培训资料，高职学生的访谈资料以及国务院和教育部颁发的政策文件资料，通过对多种资料的逐步编码，以及资料收集与资料分析的循环，本研究发现了"高职院校教师信息化教学创新素养的养成"这个核心类属，具体包括高职院校教师信息化教学创新素养的养成过程、信息化教学创新素养的构成要素、信息化教学创新素养的实践表征几个方面的内容，这几个方面相互作用，促进了高职院校教师的专业发展。

一 高职院校教师信息化教学创新素养的养成过程

高职院校教师的信息化教学创新素养是在内外因素的共同作用下养成的。高职院校教师信息化教学创新素养养成的环境因素包括高职教育大环境、高职院校的创新氛围以及高职学生的学习需求。国家出台的政策文件会对高职院校教师信息化教学创新素养的发展起到引导作用。高职院校的创新氛围是影响高职院校教师信息化教学创新素养发展的另一个因素，高职院校领导的重视程度、资金投入程度、人才培养模式、学校与企业联系的密切程度都会影响到高职院校教师的信息化教学创新素养。而对于高职院校教师来说，高职学生的学习需求才是其信息化教学创新素养发展的出发点与归宿，高职学生的学习特点、学习偏好、学习心理是高职院校教师信息化教学创新的依据。或许高职院校教师发展信息化教学创新素养的初衷并不相同，但不论是外界推动导致的信息化教学创新素养的提高，还是高职院校教师自发地提升信息化教学创新素养，在内外因素的共同作用下，最终高职院校教师信息化教学创新素养的养成必然主要出于对高职学生学习需求的呼应。

师资来源的多样化与素质差异是高职院校教师专业发展的起点。[①] 虽然高职院校教师信息化教学创新素养的养成起点与基础并不相同，在资源、技能、初衷和接触渠道上存在差异，但是一些关键阶段必不可少，即在尝试中积累素养、在解决阻碍中修炼素养、在常规化中建立素养以及成为专家后推广经验。在一些讲座与培训中，高职院校教师一般以旁观者身份看待信息化教学创新，尝试是高职院校教师信息化教学创新素养养成的一个重要阶段，从尝试阶段开始，高职院校教师在信息化教学创新中的主体性地位得到确定，不再以旁观者身份看待信息化教学创新，信息化教学创新更多源自高职院校教师的内在需求。解决阻碍阶段是高职院校教师主体性的进一步发挥，高职院校教师只有不断提升自身的素养，才能提出各种应对策略解决信息化教学创新中的各种问题。当高职院校教师进入常规

---

① 和震、杨成明、谢珍珍：《高职院校教师专业发展逻辑结构完整性及其支持环境》，《现代远程教育研究》2018 年第 5 期。

化阶段时，高职院校教师通常将信息化教学创新素养迁移到各种专业教学当中，由点到面实现信息化教学创新的常态化，体现出了高职院校教师对改进教学、提高教学质量的教育追求。当高职院校教师成为信息化教学创新的专家时会表现出对同行教师进行经验传授、教学指导以及理论总结等行为，在这一阶段高职院校教师更加专业化，同时经验的推广、对同行教师的培训与指导体现出了高职院校教师服务同行、服务高职教育的社会服务意愿。在成为专家后推广经验阶段，高职院校教师不仅具备了良好的信息化教学创新素养，而且有为整个高职教育服务的意愿，也就是说这一阶段的高职院校教师德才兼备。总体而言，高职院校教师信息化教学创新素养的养成经历了如下过程：旁观者身份—自身主体性地位的确定—自身主体性作用的发挥—对高职教育教学改革自发的追求—德才兼备。

二 高职院校教师信息化教学创新素养的构成要素

高职院校教师信息化教学创新素养的构成要素包括：教学素养（教育理论知识、教学设计能力、教学实践经验）、职业素养（专业精湛、岗位胜任）、信息素养（信息技能、问题解决、信息思维）、融通素养（课岗融通、课证融通、课技融通）、学习素养（教师自身学习、指导学生学习）与个人特质（交往能力、钻研精神、创新能力）。可以说，作为教育者，高职院校教师发展出了信息化教学能力；作为专业的业内人士，高职院校教师进入企业锻炼发展了实践能力；作为独立的个体，高职院校教师自主学习、努力钻研，实现了自我的价值。[①]

研究者将相关文献与研究结论相比较时发现，本书中高职院校教师信息化教学创新素养的构成要素与目前高职教育提倡的"双师型"教师的素养要素相类似。当前关于高职院校中的"双师型"教师有多种理解，一种理解是"双职称"型的教师，类似于本书中的 T4 教师，既获得了医院评定的职称，也获得了教师系统评定的职称；一种是"双证书"型的教师，即同时取得了教师资格证书与职业资格证书的教师；一种是"双素质"型

---

① 王惠莲：《高职院校教师成长体系建构及策略研究——基于加拿大高职教师发展体系的分析》，《职业技术教育》2019 年第 28 期，第 73~79 页。

的教师，即同时具备理论教学能力和实践教学能力的教师。① 目前学界普遍比较认同从"双素质"的角度理解"双师型"高职院校教师。例如庄榕霞等认为高职院校双师素质教师的基本特征为具备良好的基本素养、职业教育教学理论水平、专业理论水平和教学能力、行业职业实践能力等②；左彦鹏认为高职院校"双师型"教师需要具备先进的教育理念、丰富的专业知识、娴熟的专业能力、高质量的专业服务、高尚的专业道德③；钟嘉月等认为"双师型"的职业教育教师专业素养包括六个方面——师德与专业理念、理论知识、实践知识、基础教学能力、实践教学能力和专业发展能力④；黄卫国认为高职院校教师"双师"素质包括丰富的实践经验和实际动手能力、先进的职业教育理论和方法⑤。

通过将研究结论与相关文献对比可以看出，本书中高职院校教师信息化教学创新素养的构成要素与"双师型"教师的素养要素具有一定的对应性，都强调理论和实践教学、信息化能力水平以及个人的身心特质，但都没有明确地指出"融通素养"的丰富内涵。因此，本书认为高职院校教师要想进行信息化教学创新首先需要成为高职教育中的"双师型"教师，既懂理论又懂实践，既懂教学又懂行业，在成为"双师"的基础上学会课岗融通、课证融通和课技融通。

三　高职院校教师信息化教学创新素养的实践表征

高职院校教师在内外因素的共同作用下，经历了一些共同阶段逐渐养成了信息化教学创新素养。在这些信息化教学创新素养的共同支持下，高

---

① 《国务院关于印发国家职业教育改革实施方案的通知》，教育部门户网站，http://www.moe. gov.cn/jyb_ xxgk/moe_ 1777/moe_ 1778/201904/t20190404_ 376701.html，最后访问日期：2019 年 12 月 10 日。

② 庄榕霞、俞启定：《高职院校双师素质教师基本特征及资格标准研究——基于 39 所国家骨干高职立项建设院校的分析》，《教师教育研究》2014 年第 1 期，第 69～74 页。

③ 左彦鹏：《高职院校"双师型"教师专业素质研究》，博士学位论文，辽宁师范大学，2016，第 60 页。

④ 钟嘉月、李娅玲：《职业教育教师专业素养研究——基于扎根理论的职业教育教师政策分析》，《职业技术教育》2019 年第 25 期，第 29～34 页。

⑤ 黄卫国：《高职院校教师专业化发展的困境及其破解策略》，《职业技术教育》2012 年第 2 期，第 67～71 页。

职院校教师取得了一些信息化教学创新的成果。

高职院校教师在信息化教学创新中希望培养出大国工匠，注重塑造高职学生的"匠技""匠心""匠魂"。因此，高职院校教师需要将思政元素引入课程教学当中，从"顶天""立地""取中"三个层面确定教学目标，"顶天"是指高职院校教师需要考虑到大国工匠应该具备的爱国情怀，在教学中培养大国工匠的民族认同感、文化认同感；"立地"是指高职院校教师需要培养脚踏实地的大国工匠，立足于中国的土地，服务基层、服务社会、关注民生；"取中"是指高职院校教师需要培养着眼于自己岗位的大国工匠，坚守岗位、恪尽职守、乐于奉献。高职院校教师通过信息化教学资源的创新，利用微课、3D 动画、虚拟仿真学习平台等培养高职学生的"匠技"；通过合作教学法、岗位角色扮演法、案例教学法、任务驱动法等不同教学方法的配合使用培养高职学生的"匠心"；通过教学内容设计、教学活动设计以及教学资源设计将思政要素融入教学当中，培养高职学生的"匠魂"。

高职院校教师在信息化教学中形成了理实一体的教学过程，普遍采用翻转的教学实施流程和嵌套设计的教学模式。高职院校教师通常会将信息化教学活动划分为课前、课中、课后三个阶段，并且利用自身的教学设计能力实现三个阶段的贯通与衔接。在课前阶段，高职院校教师设计学习活动、获得学情，并且根据高职学生生成的真实学情调整课中阶段的教学安排；在课中阶段，高职院校教师将教学活动与课前阶段的学习活动相衔接；在课后阶段，高职院校教师在课堂教学的基础上进一步提供拓展学习活动。为了实现理论教学和实践教学的融合，高职院校教师采用了嵌套设计的教学模式，基于教学主题的逻辑关系将教学内容模块化，在每个模块化下又实施与企业任务相关的项目化教学模式，基于岗位工作过程组织教学活动。

高职院校教师建成了"理""实""虚"相结合的教学资源。高职院校教师在信息化教学中将本专业的国家标准、行业标准等"理"的资源与专业教学中的设备、实物模型等"实"的资源以及微课、学习平台、虚拟仿真等"虚"的资源相互配合使用，力求将高职学生培养成大国工匠。

"理"的资源为"虚""实"资源的建设提供了依据，"虚""实"资源的建设需要配合"理"的资源的要求。

高职院校教师形成了全面系统的教学评价，追求评价的客观性与科学性。教学评价主要体现在评价主体多元、评价形式多样、评价内容多维和评价阶段全过程等方面。高职院校教师秉承着追求科学性、避免主观性的评价理念设计评价活动，通过评价指标细化、将专业行业标准作为指标设计的依据来保证评价客观性与科学性。教学评价是对教学目标的回馈，高职院校教师对"匠技""匠心"的评价已有较多策略，而对于"匠魂"的评价，目前高职院校教师主要采用反思性日记、小作文等质性资料对高职学生进行评价。

四 高职院校教师信息化教学创新素养的养成模型

综上所述，本书最终形成了高职院校教师信息化教学创新素养的养成模型，如图 7-1 所示。

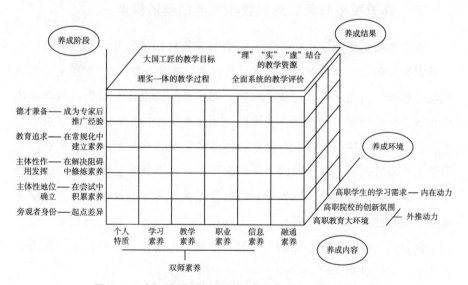

图 7-1 高职院校教师信息化教学创新素养的养成模型

高职院校教师信息化教学创新素养的养成主要包括以下内容：其一，在养成环境上，高职院校教师信息化教学创新素养的养成有其内外动力，高职教育大环境、高职院校的创新氛围是推动高职院校教师信息化教学创新素养养成的外部动力，在整个高职教育快速发展的时代背景下，高职学生的学习需求才是高职院校教师信息化教学创新素养发展的起点与归宿；其二，在养成阶段上，虽然不同高职院校教师的起点素养不同，但尝试阶段就是其转变的开始，关注信息技术和关注教学是两种常见的尝试经历，面对尝试中出现的阻碍，高职院校教师需要应对负面情绪，以教学实际需求取代教学预设，抓住比赛等提升素养的机遇，在教学中实施常态化的信息化教学创新，并且将相关经验传播推广；其三，在养成内容上，高职院校教师需要首先成为"双师型"教师，既懂理论又懂实践，并在此基础上学会课岗融通、课证融通和课技融通，实现基于岗位工作过程的教学、对接职业技能等级证书的教学、发挥信息技术针对性作用的教学；其四，在养成结果上，高职院校教师信息化教学创新素养的共同作用帮助高职院校教师确定其教学目标是培养大国工匠，教学过程是理实一体的，教学资源是"理""实""虚"相协调的，教学评价是全面、系统、科学的。

五 高职院校教师信息化教学创新的菱形模型

教学其实是教师主体和学生主体借助于教育客体展开的交往活动，其中教育客体包括工具性教育客体和对象性教育客体，如图 7-2 所示。在高职院校教师的信息化教学创新过程中，师生之间的交往关系受到教育客体的影响，一是随着工具性教育客体的快速发展，教师需要面对信息技术带来的多重便利与挑战，对象性教育客体的传播渠道从教师和书本拓展到了网络，呈现方式从文字延伸到了网络课程，传播方式从实时面对面丰富到了非实时异地等。二是高职教育中的对象性教育客体与社会生产发展联系密切，对象性教育客体需要与实际工作岗位结合起来，纳入新技术、新工艺、新规范，从而符合企业用人需求、企业工作流程、企业行业标准以及行业先进的信息技术等。

通过研究，我们发现高职院校教师信息化教学创新的成功实践首先来自高职院校教师对师生"交往关系"的认可，把信息化教学创新的起点与归宿定位为高职学生的学习需求，与学生平等交往，理解高职学生的背景差异，倾听学生真实的诉求，发掘学生闪光点，为学生制定适配的教学方案。赫尔巴特曾说："教师本身对学生来说，也是经验的一个对象，这个对象是直接的，同样也是丰富的；是的，在教学中他们之间形成一种交际。"教学是教师和学生借助工具性教育客体展开的交往活动。职业教育领域的对象性教育客体处于较快的更新迭代中，新技能、新工艺、新规范、新标准随时会被社会推动出现，高职院校教师需要不断提升职业素养和融通素养从而培养出与社会需求对接的大国工匠。另外，表达对象性教育客体的工具性教育客体也在信息科技的发展中逐渐变革，在技术变革教育的时代，对象性教育客体的传播载体逐渐从静态书本变成了动态的数字化视频，资源库、虚拟仿真平台的交互性、生成性更是给职业教育领域的知识、技能、态度与价值观等提供了鲜活的表达方式，高职院校教师需要逐渐提高自身的信息素养，给高职学生提供更好的知识传达方式。综合来说，高职院校教师信息化教学创新素养是在面对高职学生学习需求的情况下，在协调工具性教育客体与对象性教育客体的过程中逐渐养成的。

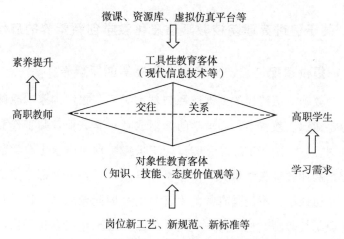

图7-2 高职院校教师信息化教学创新的菱形模型

借助于图7-2的模型，可以明确，高职院校教师信息化教学创新素养的养成需要避免肤浅的形式化创新，从整体设计的角度考虑学生、对象性教育客体和工具性教育客体之间的协调。局限于自身的素养，高职院校教师在信息化教学创新初期最容易出现炫技式的信息化手段堆砌问题，认为用了信息技术、新技术就是信息化教学。而高职院校教师信息化教学创新素养养成的菱形模型明确传达了信息化教学创新绝不是为了信息化而信息化，信息化手段的使用需要以师生信息技术的真实需求为准。高职院校教师需要理解信息化手段使用的原因，理解信息技术的实用与不实用之处，认识到信息化手段使用需要与高职学生的学习需求相结合，才能有针对性地解决教学中的问题，从浮华的技术手段堆砌回归到朴素信息化手段的适配。信息技术与教学应该是良好的耦合关系，而不是教学迎合信息技术的关系。

第二节 高职院校教师信息化教学创新素养的提升路径

本书中的资料为我们理解信息化教学创新以及信息化教学创新素养提供了丰富的信息与启示。

一 关于促进高职院校教师信息化教学创新素养的启示

（一）提供适配培训，培养信息化教学创新素养

培训是教师队伍建设的关键途径与基本保障。我们国家的教师培训主要通过专业知识、教育学、心理学的培训或者观摩其他教师工作和教学实习来完成。[①] 从本书的研究结论来看，高职院校教师信息化教学创新中的一些素养，例如教育教学素养、信息素养等是每一位教师都应该具备的素养，但是在访谈中，不论是有师范生背景的高职院校教师，还是只有专业背景的高职院校教师，他们对一些基本的教育理论和信息化手段的使用并不熟悉，许多高职院校教师都是在信息化教学创新过程中从头学起的，他们在访谈中反复强调了教育教学素养、信息素养等的重要性，而这些素养通常是高职院校教师培训中的重点内容。这种现象说明当前高职院校教师的培训没有真正发挥效果。并且目前的高职院校教师培训缺乏足够的针对

---

① 王木水、孟迎芳：《专家——新手型教师研究综述》，《教学研究》2002 年第 1 期，第 18～20 页。

性，没有按照高职院校教师真实的需求制订培训方案。教师培训中忽视参训教师的培训诉求和专业发展需求，以主观臆断设计培训内容的问题仍然存在。[①] 一般都是同一个院系、同一所学校乃至同一个地区的所有教师参与同样的培训。高职院校教师培训缺乏有效性和针对性的根源在于目前我国高职专业发展以自上而下的改革为主，高职院校教师缺乏主动权，只能被动迎合需要，[②] 培训专家并没有将高职院校教师置于素养发展主体的位置，而是将高职院校教师作为客体；培训活动的设计并不是按照教师主体性发展开展的，而是设计其发展，忽视甚至无视教师作为主体的主观能动性作用，致使高职院校教师培训活动缺少对话协商的意味，缺失实践的意味。[③] 因此，高职院校需要开展有效且具有针对性的教师素养培训，针对高职院校教师的不同需求，为其提供适应性的培训内容，为新手高职院校教师、正在探索中的高职院校教师以及专家型高职院校教师提供不同层次的培训，更好地做到把知识培训转化为教学行为的改进与实践智慧的增长。[④] 对于培训方式，培训专家需要做好培训设计，充分调动高职院校教师参与培训的积极性，解除高职院校教师参与培训只是"听"和"看"的旁观身份，肯定高职院校教师在培训中的主体性地位，为高职院校教师赋权增能。

（二）营造创新氛围，提升信息化教学创新驱动力

高职院校的创新氛围会影响高职院校教师信息化教学创新素养的发展。领导的支持是其中一个因素，如果高职院校领导缺乏重视、缺乏相应的资金投入，那么高职院校教师可能连最基本的信息化教学都难以实现，更不用谈信息化教学创新。为了鼓励高职院校教师信息化教学创新实践，促进其信息化教学创新素养的发展，高职院校可以设定相应的激励机制，将信息化教学创新成果作为绩效考核、职称评定的条件之一，还可以设置

---

① 殷蕾：《转化学习理论视角下教师培训的困境与出路》，《中国教育学刊》2018 年第 10 期，第 87～91 页。

② 吕淑芳：《赋权增能：新形势下高职教师专业发展的新视角》，《教育与职业》2018 年第 11 期，第 70～76 页。

③ 李方安：《论教师自我发展》，《教育研究》2015 年第 4 期，第 94～99 页。

④ 张诗雅：《行动者网络理论视角下教师实践智慧的生成机制研究——来自联合研修坊的现场分析》，《教育发展研究》2020 年第 Z2 期，第 109～117 页。

一些奖金奖励在信息化教学比赛中获奖的教师。高职院校还应该与企业共同搭建产教融合平台，充分发挥校内、校外两个平台在教学中的作用，实现知识对接、实践连接、课证衔接，① 在政策上、制度上保证产教融合平台的打通，提供高职院校教师进入企业实践、学习、研究的机会。除了领导的支持、产教融合平台的构建外，学校里周围同事的帮助也是高职院校教师信息化教学创新素养发展的另一个重要因素，建设创新团队可以促进高职院校教师信息化教学创新素养的发展。教育部《全国职业院校教师教学创新团队建设方案》的通知中指出，要"打造一批高水平职业院校教师教学创新团队，示范引领高素质'双师型'教师队伍建设，深化职业院校教师、教材、教法'三教'改革"②。因此，高职院校教师在信息化教学创新过程中需要团队的通力合作，互相给予情感支持，合理配置教学创新团队的结构，实现年龄上有梯度，青年教师、中年教师与老年教师相互合作教学；专业上有融合，发挥每位教师自身的专业特色；背景上有差异，企业教师、学校教师共同参与团队建设、创新教学，在教学中融入企业实践经验。

（三） 依托以赛促改，实现信息化教学创新素养质变

高职院校教师信息化教学创新素养的养成需要充分发挥以赛促改机制，抓住质变的机遇。职业院校的技能大赛可以跨区域地将各种比赛院校聚合在一起，形成政府、行业企业、职业院校等相关创新主体集体工作的共识空间，③ 通过信息互通、资源共享驱动高职院校教师信息化教学创新素养的发展。从 T8 教师的个人经历可以看出比赛对个人信息化教学创新素养快速发展的促进作用。首先，相关部门举办的信息化教学比赛、教学能力比赛体现了国家对于信息化教学创新的重视，引导高职教育的改革方向。在这种高职教育改革的大环境下，高职院校领导也会逐渐关注

---

① 朱金华：《从产教融合看应用型本科院校"课证共生共长"发展》，《教育理论与实践》2019 年第 21 期，第 6～8 页。

② 《教育部关于印发〈全国职业院校教师教学创新团队建设方案〉的通知》，教育部网站，http://www.moe.gov.cn/srcsite/A10/s7034/201906/t20190614_385804.html，最后访问日期：2019 年 12 月 20 日。

③ 陈友力、郭天平：《职业院校技能大赛创新机制及其实现路径——基于"三螺旋"理论的视角》，《职业技术教育》2018 年第 28 期，第 17～21 页。

信息化教学创新、关注高职院校教师信息化教学创新素养的养成。其次，每年的全国性教学能力比赛都会发布比赛章程，比赛章程中的规则会引导高职院校教师思考如何进行信息化教学创新。高职院校教师需要学习比赛的相关文件，理解比赛对自身能力的需求，例如比赛要求中提出的"工匠精神""课程思政"都需要高职院校教师准确理解、学习吸纳、融入教学。再次，比赛为高职院校教师提供了向同行学习的机会，比赛中不同高职院校教师的展示会促进高职院校教师自身的反思与学习。最后，在比赛中高职院校教师会接触到来自高职院校、普通高校、教育行政部门等各个领域的教育专家，会遭受专家的各种质疑，接受来自专家的各种指导。因此，高职院校教师需要积极参与信息化教学创新的相关比赛，"以赛促教、以赛促学，以赛促改、以赛促建"①，在比赛中锻炼教学能力、在比赛中学习新理念与新方法、在比赛中反思与改进教学、在比赛中开发各种教学资源。

二 关于高职院校教师信息化教学创新实践的启示

（一）依据多维标准，激发教学创意

国家标准、职业标准、企业标准、课程标准永远是高职院校教师教学创新的依据。高职院校教师在教学创新中需要紧跟高职教育改革方向，注重与国家、社会、行业以及企业对接，将国家、社会、行业与企业的相关专业标准与规范、行业标准与规范融入高职教学当中，推进专业设置与产业需求对接、课程内容与职业标准对接、教学过程与生产过程对接。② 以标准为依据创新教学目标、数字化资源和实物资源、教材与教学内容、教学评价等。运用多种标准，帮助高职学生形成对世界的正确认识，运用基于工作过程的方法，引导学生在实践中掌握规范。

---

① 《2019年全国职业院校技能大赛教学能力比赛方案》，全国职业院校技能大赛教学能力比赛网，http://www.nvic.edu.cn/Web/NewsPage/NewsDetail.aspx? id = 73896caa-e9ad-475e-bf8e-44f103bb4a6a，最后访问日期：2019年12月20日。

② 《教育部关于印发〈全国职业院校教师教学创新团队建设方案〉的通知》，教育部网站，http://www.moe.gov.cn/srcsite/A10/s7034/201906/t20190614_385804.html，最后访问日期：2019年12月20日。

（二）生成取代预设，突破创新阻碍

高职院校教师信息化教学创新需要摆脱自身理所当然的教学预设，围绕高职学生的学习需求开展教学。这意味着高职院校教师需要意识到高职学生的重要性与主体性地位，意识到师生之间是主体性的关系，意识到高职学生并不是自己可以随意安排的客观工具。高职院校教师需要将自身的角色定位为高职学生的朋友与引导者，而不是高职学生的监督者与管理者。只有师生之间地位平等、师生之间相互尊重，高职学生才能为高职院校教师提供自己学习的学情与真实感受，高职院校教师才能真正倾听与理解高职学生的学习需求。真正理解高职学生是高职院校教师进行创新、改进教学的前提条件。高职院校教师在信息化教学创新中需要刨除自身理所当然的教学预设，根植于教学中学生真实生成的问题进行教学调整，从困于教师自我走向理解学生本身。

（三）服务学习需求，验证创新成果

高职院校教师产生的创意虽然是针对教学问题、依据教学经验而提出的，但在某种程度上，这些教学创意依旧只是高职院校教师个人的理想预设，高职院校教师常常面临着理想的教学创意与现实教学的错位。教学创意能否顺利实施需要高职学生实际学习效果的验证。首先，需要看在实际教学中，创意有无激发高职学生的学习动机、吸引学习注意力、提高学习兴趣、满足学习需求、提供学习成就感等。高职学生的学习需求既是高职院校教师教学创新的任务起点，又是高职院校教师教学创新的评价准则。其次，创意能否顺利实施需要通过课堂教学效果来验证。虽然，很多高职院校教师设计了课堂教学创意，从资源上、教学活动上提供了丰富的学习环境，但创意是否真正有效不仅要看其能否满足学生喜欢动手、喜欢有趣学习过程、希望得到关注等学习需求，还要要看其能否激发学生的深度学习，所以课堂的实际学习效果也是验证高职院校教师教学创新效果的手段。在一线教学中，常常看到"虚假繁荣式"的教学创新，也就是很多教师所说的"炫技"和"作秀"，这种不能深刻提高学习效果的创意最终会让高职院校教师放弃教学创新，回到传统教学当中。因此，高职学生"愿意学、能学会、能学好"（教师座谈中的访谈内容）才是验证教学创意的最终途径。

第三节　研究的不足与创新

一　研究的不足之处

本研究采用的是质性研究方法，这意味着研究者需要作为有主观意识的研究工具。虽然在研究中，研究者竭尽全力地反思自身、刨除偏见，但不可避免地存在一些局限。首先，在访谈中，信息化教学创新这个概念对于某些高职院校教师来说有些陌生，哪怕他们在教学行为上已经有所表现。研究者的一些相关解释可能会限制高职院校教师的访谈内容与方向，从而影响资料的丰富性。其次，研究者的文字功底以及理论论述素养不够深厚，在书稿中呈现情境、展示资料分析过程以及理论论述时未能达到理想状态。质性研究构建的理论可以有多个层次，根据研究目的，本研究构建出了实质理论，符合大部分质性研究理论构建的要求，但实际上，在实质理论之上，研究还可以继续抽象，从而构建出形式理论。因此，本研究后续将进一步深化，尝试构建出相应的形式理论。

二　研究的创新之处

本研究立足于高职院校教师视角，研究其信息化教学创新素养，对具有价值的访谈资料、教案资料、观察资料等进行分析与挖掘，发展出对一线高职院校教师信息化教学创新素养养成具有解释力的理论，相较以往的教师教学创新能力理论或模型，本研究的理论更具系统性与真实性。研究提炼出了高职院校教师信息化教学创新素养的养成机制，发现了高职院校教师信息化教学创新素养的结构，总结出了高职院校教师信息化教学创新素养的实践表征，并构建出了高职院校教师信息化教学创新素养的养成模型，将高职院校教师信息化教学创新的个人实践性知识显现化，不仅可以通过其信息化教学创新真实样态的呈现为其他高职院校教师改进教学提供策略参考，还可以丰富目前关注度较低的高职院校教师专业发展理论。

附　录

附录一　高职院校教师访谈提纲

性别：_____　　职称：_____　　学历：_____　　教龄：_____

任教学科：_____　　　　　原来是否为企业员工：_____

以下问题的回答无对错之分，请根据您自己的见解回答。

1. 您认为什么是信息化教学创新？与信息化教学相比有什么特点？

2. 您（团队）参赛作品中的信息化教学创新亮点是什么？

3. 这个创新点针对的是什么教学问题？

4. 您（团队）是如何做准备的，信息技术在其中发挥了什么作用？

5. 创新点是来自自身（团队）的创造还是从别处引入？

6. 您（团队）怎么确定这个创新点可以使用到教学中？

7. 您（团队）如何看待教学设计与实际课堂信息化教学创新的区别？

8. 如果信息化教学创新的效果不好，您（团队）怎么做的？

9. 在参加比赛的过程中，专家质疑过你们什么问题，给过你们什么建议？

10. 在信息化教学创新过程中，你学习了哪些东西，遇到过哪些困难？

11. 您觉得信息化教学创新给您带来哪些影响？（利弊）

12. 您有哪些信息化教学创新的策略与经验可以分享给其他同事的？

13. 有哪些因素束缚/促进着您进行信息化教学创新？

14. 在未来教学中，您会继续信息化教学创新吗，为什么？

因为本研究采用理论抽样的方法，研究者需要在现有资料分析的基础上确定进一步收集资料的方向，因此研究者在研究中期以及后期根据资料分析的结果又添加了部分访谈问题。

15. 您怎么看待国家现在提倡的课程思政？

16. 您是如何将课程思政融入教学中的？

17. 全国性的教学能力比赛之后，您有什么思考？

18. 从比赛后到目前为止，您的信息化教学创新实践有没有进一步地推动？

19. 请您回顾一下自己信息化教学创新的经历。

20. 您在指导新手教师的过程中有什么感受？

附录二　学生访谈提纲

性别：＿＿＿　年级：＿＿＿＿　年龄：＿＿＿＿　专业：＿＿＿＿＿

以下问题的回答无对错之分，请根据你自己的看法回答。

1. 你喜欢或者不喜欢什么样的课堂，为什么？

2. 你觉得老师用或者不用信息技术（信息化）上课有什么区别？

3. 你喜欢老师什么样的教学方式，为什么？

4. 请给任意一位任课教师提点关于上课的建议。

5. 如果你以后也成为老师，你怎么安排一节课的流程？

6. 如果你以后也成为老师，你觉得你自身需要具备哪些素质？

附录三　课堂观察提纲

时间		地点	
授课教师		授课内容	
教室现场图			

观察内容		
信息化教学环境	课堂中的软硬件设备有哪些？	
	教师有效使用了哪些信息化设备？	
	教师使用的哪些信息化教学资源发挥了实际作用？	
信息化教学过程	教师如何呈现课堂、指导学生？	
	教学设计和实际课堂教学有什么区别？	
	教学活动安排的新意在哪里？	
	学生的课堂表现如何？	
信息化教学效果	学生学习目标达成情况如何，有什么学习成果？	
	学生生成了什么学习资源？	
	教师如何处理学生生成的各种资源？	

附录四　研究知情同意书

尊敬的＿＿＿＿＿＿老师：

　　您好!

　　非常感谢您愿意参加关于高职院校教师信息化教学创新素养研究的访谈与观察。该研究的目的是理解教育现代化背景下，高职院校教师如何进行信息化教学创新，如何发展自身信息化教学创新的能力。我将就您在一线教学中的信息化教学创新行动进行访谈与观察，希望为高职院校教师信息化教学创新实践提供帮助，也为您提供关于信息化教学创新的新思考。

　　我在此郑重承诺严格恪守学术规范：

　　1. 访谈中涉及的所有校名、姓名都会在研究中匿名处理，所有信息都只做学术研究所用，未经您本人同意，不会公开展示给任何人与机构，在最终的研究成果中绝对不会出现可以联想到人名、校名的任何暗示。

　　2. 访谈资料分析完成后，您有权利和我联系获得您所参与访谈部分的资料分析结果。

　　3. 为了节约访谈时间，请您允许我使用录音笔记录，录音材料会保密，如果您认为不方便，可以拒绝录音。

　　如果您之后想要更正、删除、添加访谈内容，您可以随时与我联系。

访谈双方签字：

＿＿年＿＿月＿＿日

附录五　接触摘要单（示例）

接触类型：　<u>　面对面访谈　</u>　　地　　点：　<u>　＊＊＊酒店　</u>
接触日期：　<u>　2019.11.19　</u>　　今天日期：　<u>　2019.11.20　</u>
填 表 人：　<u>　　　　　　　　　</u>　　被访谈人：　<u>　　NYL　　</u>

1. 此次接触让你印象最深的主要议题或主题是什么？

印象最深的是该老师对信息化教学创新的理解，她已经理解了信息化教学创新不再仅仅是应用信息技术，而是要与学生的实际学习情况、企业需求相联系，从而提高学生的学习兴趣。她在讲述中提到的许多与教学设计相关的点，都是为了提高学生的学习兴趣和学习效果。

还有她对创新经验与策略的理解中提到了学生成就感的获得，李克强总理所提倡的让职校学生都具有获得感（成就感）。

还有关于素质的要求，她提到了与学生团队合作的能力，充分利用学生的能力。

2. 就研究问题看，简述此次接触你得到（或未得到的）的资料。

研究问题	资料
所需素养	专业知识紧跟前沿、教育学知识、持续学习的精神、与学生合作、团队合作
环境因素	团队影响因素、教师个人因素、学校的经费因素
创新过程	钱、人、自信心、探索欲、热爱教育 教学定位＋企业定位、学生群体与个体的学情、教学设计、项目驱动、摆脱枯燥、抛锚、学生成就感、人人出彩、实训、一步步成就、没有落后，变聪明了，耗时
实践表征	教学资源、游戏化教学

3. 此次接触中有任何冲击你的东西吗？——突出的、有趣的、示例的或重要的东西？

该老师提到的持续学习、探索欲、与学生团队合作是之前没有在文献中看到的。还有该老师对艺术设计方向信息技术的了解也是很多的，她的信息化教学创新的课程为城市绿地规划设计，她说团队花了三年时间完成，后续还在做，让我比较惊讶，我一开始只想要获得一节课或者几节课的创新，但她的创新是三年的努力，所以这个过程就扩大了，不能再以一节课处理。

4. 下次访谈时，你应考虑哪些新（或旧）的问题？

我的访谈方式存在问题，在访谈中我直接否定了该老师的一个观点，没有站在该老师的经验立场看问题，重要的不是我觉得什么是对的，而是这些教师觉得什么是对的。下次访谈时需要对教师信息化教学创新的个人经历或者感受进行着重访谈。

参考文献

安桂清:《知识理解与教学创新——诠释学的视角》,《全球教育展望》
　　2006 年第 8 期。

蔡小英:《四川省南充市民办培训学校少儿体育舞蹈教师核心素养研究》,
　　硕士学位论文,四川师范大学,2018。

蔡永红、王迪、雷军:《教师教学创新能力结构与创新表现的关系研究》,
　　《教育研究与实验》2012 年第 2 期。

曾茂林:《"教育＆技术"耦合创新教育技术的过程本质》,《电化教育研
　　究》2016 年第 9 期。

曾文茜、罗生全:《国外中小学教师核心素养的价值分析》,《外国中小学
　　教育》2017 年第 7 期。

陈珂:《以学生为中心的高职信息化教学资源建设研究》,《教育现代化》
　　2018 年第 12 期。

陈泊蓉:《中小学创新型教师的素质与成长研究》,博士学位论文,陕西师
　　范大学,2017。

陈向明:《对教师实践性知识构成要素的探讨》,《教育研究》2009 年第
　　10 期。

陈向明:《旅居者和"外国人"——留美中国学生跨文化人际交往研究》,
　　教育科学出版社,2004。

陈向明:《实践性知识:教师专业发展的知识基础》,《北京大学教育评论》
　　2003 年第 1 期。

陈向明：《扎根理论的思路和方法》，《教育研究与实验》1999 年第 4 期。

陈向明：《扎根理论在中国教育研究中的运用探索》，《北京大学教育评论》
　　2015 年第 1 期。

陈向明：《质的研究方法与社会科学研究》，教育科学出版社，2000。

陈友力、郭天平：《职业院校技能大赛创新机制及其实现路径——基于
　　"三螺旋"理论的视角》，《职业技术教育》2018 年第 28 期。

成秀丽：《职业教育数字化教学资源研究——基于 2005 年—2015 年文献统
　　计分析》，《中国电化教育》2016 年第 8 期。

崔允漷、沈毅、周文叶等：《课堂观察 20 问答》，《当代教育科学》2007
　　年第 24 期。

崔振成：《教育知识觉悟下教师教学素养发展智慧》，《教育科学研究》
　　2019 年第 4 期。

丁帮俊：《百万扩招背景下高职教学实施存在的问题与策略》，《教育与职
　　业》2021 年第 14 期。

樊泽恒：《提升大学教师教学能力的技术选择及策略》，《高等教育研究》
　　2009 年第 8 期。

范艳红：《英语教师教学创新的素质要求及其实现》，《教学与管理》2010
　　年第 12 期。

方健华：《中职学生职业核心素养评价及其标准体系建构研究》，博士学位
　　论文，南京师范大学，2014。

费小冬：《扎根理论研究方法论：要素、研究程序和评判标准》，《公共行
　　政评论》2008 年第 3 期。

冯卫东：《教师如何生成自己的理论——关于实践性理论的若干思考》，
　　《人民教育》2009 年第 11 期。

F. 迈克尔·康内利、D. 琼·柯兰迪宁、何敏芳、王建军：《专业知识场景
　　中的教师个人实践知识》，《华东师范大学学报》（教育科学版）1996
　　年第 2 期。

高远、吕甜甜：《新时代工匠精神与大学生专业素养培育融通机制探析》，
　　《江苏高教》2021 年第 4 期。

谷素萍：《女子高校产教深度融合路径：专业＋产业＋行业＋企业》，《中国高等教育》2020 年第 19 期。

顾明远：《教师学习与创新》，《中国教育学刊》2021 年第 11 期。

管珏琪、陈渠、祝智庭：《信息化教学创新：内涵、分析框架及其发展》，《现代教育技术》2018 年第 12 期。

郭福春、米高磊：《智慧教育推进高职课堂教学改革创新研究》，《中国高教研究》2016 年第 11 期。

郝迟、盛广智、李勉东主编《汉语倒排词典》，黑龙江人民出版社，1987。

何克抗：《从"翻转课堂"的本质，看"翻转课堂"在我国的未来发展》，《电化教育研究》2014 年第 7 期。

何琦、艾蔚、潘宁利：《数字转型背景下的创新扩散：理论演化、研究热点、创新方法研究——基于知识图谱视角》，《科学学与科学技术管理》2022 年第 6 期。

和震、杨成明、谢珍珍：《高职院校教师专业发展逻辑结构完整性及其支持环境》，《现代远程教育研究》2018 年第 5 期。

侯浩翔、王旦：《基于多群组结构模型的学校创新氛围与教师教学创新关系研究》，《现代教育管理》2018 年第 9 期。

侯浩翔：《校长领导方式可以影响教师教学创新吗？——兼论学校组织创新氛围的中介效应》，《教育科学》2018 年第 1 期。

胡茂波、刘冰清：《新时代高职教育人才培养质量的价值导向及实现策略》，《职教论坛》2019 年第 6 期。

胡小勇、朱龙、冯智慧、郑晓丹：《信息化教学模式与方法创新：趋势与方向》，《电化教育研究》2016 年第 6 期。

胡志坚：《关于教师专业发展研究中几个问题的思考》，《教育研究与实验》2009 年第 6 期。

黄卫国：《高职院校教师专业化发展的困境及其破解策略》，《职业技术教育》2012 年第 2 期。

黄文洁：《学科核心素养下高中体育教师专业素养构建研究——基于〈中学教师专业标准（试行）〉》，硕士学位论文，江西师范大学，2018。

黄文有：《江苏省高职教师信息化教学能力标准研究》，硕士学位论文，江南大学，2017。

贾旭东：《基于扎根理论的中国城市基层政府公共服务外包研究》，博士学位论文，兰州大学，2010。

姜树卿、刘仁坤：《关于远程教学创新的若干问题探析》，《现代远距离教育》2010 年第 1 期。

姜涛：《物理探究课有效教学评价指标体系构建研究》，博士学位论文，西南大学，2013。

金炳华主编《马克思主义哲学大辞典》，上海辞书出版社，2003。

金泽龙：《全面质量管理视域下的新时代高职教师专业成长研究》，《职教论坛》2019 年第 3 期。

李方安、陈向明：《大学教师对"好老师"之理解的实践推理——一项扎根理论研究的过程及其反思》，《教育学报》2016 年第 2 期。

李方安：《论教师自我发展》，《教育研究》2015 年第 4 期。

李美凤、李艺：《TPCK：整合技术的教师专业知识新框架》，《黑龙江高教研究》2008 年第 4 期。

李明、尚新华、方晓义、姬文广：《从父母教育卷入到学业成就：自主支持与自主学习力的链式中介》，《心理发展与教育》2022 年第 6 期。

李庆原、石令明、左妮红：《高职教师专业发展探析》，《教育与职业》2006 年第 23 期。

李森主编《课堂教学创新策略研究》，西南师范大学出版社，2008。

李霞、徐锦芬：《国内外教师学习研究：模型、主题与方法》，《外语界》2020 年第 5 期。

李霞：《基于核心素养的小学科学思维型教学模式研究》，博士学位论文，陕西师范大学，2018。

李雄鹰、黄海峰、马树超、李昭君、秦晓晴、马垚青：《兰州大学"拔尖计划"人才培养质量研究——基于大学生学习投入、学习心理与学习收获的视角》，《兰州大学学报》（社会科学版）2018 年第 5 期。

李艺、冯友梅：《支持素养教育的"全人发展"教育目标描述模型设

计——基于皮亚杰发生认识论哲学内核的演绎》,《电化教育研究》
    2018 年第 12 期。

李艺、钟柏昌:《谈"核心素养"》,《教育研究》2015 年第 9 期。

李艺、钟柏昌:《信息素养详解》,《课程·教材·教法》2003 年第 10 期。

李泽、南海:《论我国职业教育教师专业化的新挑战与对策》,《职教通讯》
    2018 年第 5 期。

梁云真、蒋玲、赵呈领、黄志芳:《职业院校教师信息化教学能力现状及
    发展策略研究——以 W 市 5 所职业院校为样本》,《电化教育研究》
    2016 年第 4 期。

廖志豪:《基于素质模型的高校创新型科技人才培养研究》,博士学位论
    文,华东师范大学,2012。

林崇德、申继亮、辛涛:《教师素质的构成及其培养途径》,《中国教育学
    刊》1996 年第 6 期。

林钧昌、张宏溧、赵民:《学习心理视域下铸牢大学生中华民族共同体意
    识路径探析》,《黑龙江民族丛刊》2021 年第 6 期。

刘桂林:《高职教师专业化:内涵、问题与对策》,《职业技术教育》2012
    年第 25 期。

刘汉俊:《努力把"学习强国"学习平台建成民生工程、民心工程、根基
    工程、德政工程》,《党建》2021 年第 12 期。

刘兰明、霍丽娟、陈向阳、龙新辉:《新时期高职院校公共基础课应发挥
    的基础性作用》,《中国职业技术教育》2019 年第 8 期。

刘丽芳:《小学教师核心素养研究》,硕士学位论文,四川师范大学,2018。

刘晓、刘婉昆:《扩招百万背景下高职教育发展的挑战与应对》,《教育与
    职业》2019 年第 14 期。

刘晓琳、经倩霞:《学校信息化环境下教学创新的机制和策略:基于案例
    的研究》,《中国电化教育》2016 年第 4 期。

刘晓琳、张立国:《当代基础教育教学创新表征及学段特征——一项关于
    教学创新本体性知识的实证研究》,《电化教育研究》2019 年第 6 期。

刘新阳:《"教师—资源"互动视角下的教师教学设计能力研究》,博士学

位论文，华东师范大学，2016。

刘学惠、申继亮：《教师学习的分析维度与研究现状》，《全球教育展望》2006 年第 8 期。

刘正伟、林晶晶：《实践与理论并行：加拿大师范教育改革的探索》，《教育发展研究》2021 年第 9 期。

楼飞燕、王曼、杜学文：《德国职业教育核心素养的探究及启示》，《黑龙江高教研究》2018 年第 1 期。

陆雄文主编《管理学大辞典》，上海辞书出版社，2013。

吕淑芳：《赋权增能：新形势下高职教师专业发展的新视角》，《教育与职业》2018 年第 11 期。

马克斯·范梅南：《教育敏感性和教师行动中的实践性知识》，《北京大学教育评论》2008 年第 1 期。

马晓琨、王学东、方红彬：《高职教师企业实践经历教学价值的质性考察——基于学科教学知识（PCK）理论》，《职教论坛》2020 年第 11 期。

南国农主编《信息化教育概论》，高等教育出版社，2004。

聂伟进：《基于高职教师知识结构的培训项目体系设计》，《中国职业技术教育》2019 年第 27 期。

潘玲珍：《基于产教融合的高职教师专业发展研究》，《高等工程教育研究》2015 年第 2 期。

潘杨：《高校教师职业认同、组织认同与创新行为研究》，博士学位论文，西南财经大学，2014。

庞维国：《论学生的自主学习》，《华东师范大学学报》（教育科学版）2001 年第 2 期。

彭思毛：《远程教育教学创新成果的发掘与表达》，《中国远程教育》2011 年第 1 期。

祁占勇、任雪园：《扎根理论视域下工匠核心素养的理论模型与实践逻辑》，《教育研究》2018 年第 3 期。

邱伟光：《课程思政的价值意蕴与生成路径》，《思想理论教育》2017 年第

7 期。

裘指挥、温丽梅：《幼儿园教师学习素养水平调查与差异分析》，《学前教育研究》2021 年第 12 期。

阮智富、郭忠新主编《现代汉语大词典》，上海辞书出版社，2009。

申荣卫、台晓虹、黄炳义：《以行动为导向的"理实一体"课程开发方法研究》，《职业技术教育》2011 年第 29 期。

宋怡、丁小婷、马宏佳：《专家型教师视角下的化学学科核心素养——基于扎根理论的质性研究》，《课程·教材·教法》2017 年第 12 期。

苏屹、梁德智：《包容型领导对员工创新行为的影响：基于组织和谐的中介作用及组织创新氛围的调节作用》，《商业经济与管理》2021 年第 1 期。

唐丽、张一春：《学生核心素养的发展：知识与思维关系的视角》，《现代教育技术》2020 年第 6 期。

陶宇、任聪敏：《高职教师教学能力发展的路径和策略研究》，《高等教育研究》2015 年第 11 期。

田友谊、姬冰澌：《重识中小学创客教育：基于杜威"做中学"思想的审视》，《教育科学研究》2019 年第 12 期。

王飞：《核心素养的历史变迁与启示》，《教育探索》2018 年第 5 期。

王洪主编《古代散文百科大辞典》，学苑出版社，1991。

王惠莲：《高职院校教师成长体系建构及策略研究——基于加拿大高职教师发展体系的分析》，《职业技术教育》2019 年第 28 期。

王建华：《论"高等教育理论"的建构》，《清华大学教育研究》2022 年第 1 期。

王莉、蔡永红：《家长式领导与教师教学创新表现：信任和自主动机的中介作用》，《教育研究与实验》2016 年第 2 期。

王美君、顾銮斋：《论国际视野中的教师核心素养》，《天津师范大学学报》（社会科学版）2018 年第 1 期。

王木水、孟迎芳：《专家——新手型教师研究综述》，《教学研究》2002 年第 1 期。

王宇熙、张一春：《高职教师信息化教学能力标准构建研究》，《数字教育》2018年第3期。

王志燕：《促进学生深度学习的智慧教室教学交互活动设计》，《中国职业技术教育》2019年第35期。

卫倩平：《国外教师创新能力研究热点：基于VOSviewer的知识图谱分析》，《当代教育与文化》2018年第5期。

文灿、李中旗、刘浩、文朝阳：《基于智慧教室的融合式教学支持平台研究——以"中南大学"为例》，《现代教育技术》2022年第6期。

吴刚：《论教学创新的知识基础》，《教育研究》2004年第1期。

吴琦：《高职教师教学创新能力提升路径研究》，《扬州职业大学学报》2020年第3期。

吴淑芳：《大学教育与人的创新素养发展》，博士学位论文，华东师范大学，2013。

吴毅、吴刚、马颂歌：《扎根理论的起源、流派与应用方法述评——基于工作场所学习的案例分析》，《远程教育杂志》2016年第3期。

肖丽萍：《国内外教师专业发展研究述评》，《中国教育学刊》2002年第5期。

肖新祥：《信息素养的理论缘起、内涵及构成要素略论——兼论信息素养教育国际经验》，《电化教育研究》2021年第8期。

谢传崇、李孟雪：《国民小学校长翻转领导、教师专业学习社群与教师教学创新关系之研究》，《教育政策论坛》2017年第2期。

谢阳斌、桑新民：《如何在"双一流"建设中促进科研与教学协同发展——国际教学学术运动的深层反思与战略谋划》，《教育发展研究》2018年第7期。

谢永朋、徐岩：《微课支持下的高职院校翻转课堂教学模式》，《现代教育技术》2015年第7期。

熊川武、江玲：《理解教育论》，教育科学出版社，2005。

徐锋：《高职项目化教学模式要素研究》，《职业教育研究》2011年第8期。

徐佳：《"双创"背景下高职院校青年教师教学创新能力现状调查与分析》，《职业教育（中旬刊）》2019年第10期。

徐建平：《教师胜任力模型与测评研究》，博士学位论文，北京师范大学，2004。

宣翠仙、邱晓华、王成福：《面向创新人才培养的高职院校专业教学团队建设研究》，《黑龙江高教研究》2021年第4期。

杨润贤、李建荣：《论产教融合背景下高水平骨干专业建设中的教师专业发展》，《教育与职业》2019年第24期。

杨英：《以信息化推动职业教育教学现代化的中国探索研究》，硕士学位论文，江苏师范大学，2018。

姚计海：《论教师教学自主与创新》，《中国教育学刊》2012年第8期。

姚梅林、邓泽民、王泽荣：《职业教育中学习心理规律的应用偏差》，《教育研究》2008年第6期。

叶澜：《新世纪教师专业素养初探》，《教育研究与实验》1998年第1期。

叶晓玲、李艺：《"方法"还是"方法论"？——现象学与质性研究的关系辨析》，《教育研究与实验》2018年第4期。

叶晓玲、李艺：《现象学作为质性研究的哲学基础：本体论与认识论分析》，《教育研究与实验》2020年第1期。

叶颖：《不同成长阶段教师专业发展的现实困境与对策——基于TALIS2018上海数据结果的实证分析》，《上海教育科研》2020年第9期。

殷蕾：《转化学习理论视角下教师培训的困境与出路》，《中国教育学刊》2018年第10期。

尹弘飚：《教师情绪研究：发展脉络与概念框架》，《全球教育展望》2008年第4期。

禹禄君：《探究理实一体化教学新模式》，《长沙通信职业技术学院学报》2008年第4期。

喻平：《发展学生学科核心素养的教学目标与策略》，《课程·教材·教法》2017年第1期。

袁暋、许强、王晓峰、檀明、张向东：《基于应用型人才培养的模块化教学改革研究——借鉴德国 FH 成功经验》，《合肥学院学报》（自然科学版）2011 年第 4 期。

岳晓东、龚放：《创新思维的形成与创新人才的培养》，《教育研究》1999年第 10 期。

张地容、杜尚荣：《试论"以生为本"的教师核心素养》，《教学与管理》2018 年第 4 期。

张建国：《论职业教育"理实一体化"教学的内涵及其特征》，《中国职业技术教育》2018 年第 14 期。

张静：《融合信息技术的教师知识发展研究》，博士学位论文，华中师范大学，2014。

张菊霞：《高职院校专任教师职业压力实证研究——基于全国 14 所高职院校的调查》，《职业技术教育》2020 年第 6 期。

张君华、左显兰：《高职教师专业发展的内涵及发展途径探讨》，《职教论坛》2008 年第 21 期。

张诗雅：《行动者网络理论视角下教师实践智慧的生成机制研究——来自联合研修坊的现场分析》，《教育发展研究》2020 年第 Z2 期。

张雁平：《高职院校教学创新的推进策略与实施路径》，《中国高教研究》2016 年第 4 期。

张一春：《教师教育技术能力建构——信息化环境下的教师专业发展》，南京师范大学出版社，2007。

张意忠：《论教师职业情感的生成与培育》，《高等教育研究》2010 年第 5 期。

张英杰、薛炜华、杨波：《论大学生创新能力的培养》，《中国青年研究》2009 年第 7 期。

赵垣可、范蔚：《深化课程改革背景下教师核心素养发展问题研究》，《河北师范大学学报》（教育科学版）2017 年第 5 期。

郑秀英：《职业教育教师专业化问题研究》，博士学位论文，天津大学，2010。

钟嘉月、李娅玲：《职业教育教师专业素养研究——基于扎根理论的职业教育教师政策分析》，《职业技术教育》2019 年第 25 期。

钟启泉：《知识建构与教学创新——社会建构主义知识论及其启示》，《全球教育展望》2006 年第 8 期。

朱建柳：《高职院校专业教师职业能力模型建构及其应用》，博士学位论文，华东师范大学，2016。

朱金华：《从产教融合看应用型本科院校"课证共生共长"发展》，《教育理论与实践》2019 年第 21 期。

朱新强、任祥华、李智杰、李锋：《"理、虚、实一体化"专业导向下高职电工电子教学研究》，《中国现代教育装备》2019 年第 17 期。

朱旭东：《论教师专业发展的理论模型建构》，《教育研究》2014 年第 6 期。

祝成林、张宝臣：《高职院校教师教学实践智慧：内涵、价值与生成路径》，《中国高教研究》2014 年第 6 期。

庄榕霞、俞启定：《高职院校双师素质教师基本特征及资格标准研究——基于 39 所国家骨干高职立项建设院校的分析》，《教师教育研究》2014 年第 1 期。

壮国桢：《论新时代高职教育教学改革的核心要义》，《职业技术教育》2020 年第 35 期。

左彦鹏：《高职院校"双师型"教师专业素质研究》，博士学位论文，辽宁师范大学，2016。

〔美〕威廉·鲍莫尔：《资本主义的增长奇迹——自由市场创新机器》，郭梅军等译，中信出版社，2004。

〔美〕威廉·维尔斯曼：《教育研究方法导论》第 6 版，袁振国主译，教育科学出版社，1997。

〔美〕约瑟夫·A. 马克斯威尔：《质的研究设计：一种互动的取向》，朱光明译，重庆大学出版社，2007。

〔美〕朱丽叶·M. 科宾、安塞尔姆·L. 施特劳斯：《质性研究的基础：形成扎根理论的程序与方法》，朱光明译，重庆大学出版社，2015。

〔英〕凯西·卡麦兹：《建构扎根理论：质性研究实践指南》，边国英译，重庆大学出版社，2009。

《2019年全国职业院校技能大赛教学能力比赛方案》，全国职业院校技能大赛教学能力比赛网，http://www.nvic.edu.cn/Web/NewsPage/NewsDetail.aspx？id＝73896caa－e9ad－475e－bf8e－44f103bb4a6a，最后访问日期：2019年12月20日。

《高职院校今年大规模扩招100万人》，中国政府网，http://www.gov.cn/zhengce/2019－03－05/content_5370851.htm，最后访问日期：2019年12月20日。

《教育局关于深化职业教育教学改革全面提高人才培养质量的若干意见》，教育部网站，http://www.moe.gov.cn/srcsite/A07/moe_953/201508/t20150817_200583.html，最后访问日期：2020年4月1日。

《教育部、财政部关于实施中国特色高水平高职学校和专业建设计划的意见》，教育部网站，http://www.moe.gov.cn/srcsite/A07/moe_737/s3876_qt/201904/t20190402_376471.html，最后访问日期：2020年5月20日。

《国务院关于印发国家职业教育改革实施方案的通知》，教育部网站，http://www.moe.gov.cn/jyb_xxgk/moe_1777/moe_1778/201904/t20190404_376701.html，最后访问日期：2019年12月10日。

《教育部、财政部关于实施职业院校教师素质提高计划（2017—2020年）的意见》，教育部网站，http://www.moe.gov.cn/srcsite/A10/s7011/201611/t20161115_288823.html，最后访问日期：2020年4月1日。

《教育部办公厅关于举办2017年全国职业院校信息化教学大赛的通知》，教育部网站，http://www.moe.gov.cn/srcsite/A07/zcs_yxds/s3069_xxh/201709/t20170904_313131.html，最后访问日期：2019年12月20日。

《教育部关于进一步完善职业教育教师培养培训制度的意见》，教育部网站，http://www.moe.gov.cn/srcsite/A07/s7055/201112/t20111224_129037.html，最后访问日期：2020年5月20日。

《教育部关于印发〈教育信息化2.0行动计划〉的通知》，教育部网站，http://www.moe.gov.cn/srcsite/A16/s3342/201804/t20180425_334188.html，最后访问日期：2020 年 5 月 8 日。

《教育部关于印发〈全国职业院校教师教学创新团队建设方案〉的通知》，教
育部网站，http://www. moe. gov. cn/srcsite/A10/s7034/201906/t20190614_
385804. html，最后访问日期：2019 年 12 月 20 日。

《解决问题才是真正的创新》，中国共产党新闻网，http://dangjian. people.
com. cn/n1/2018/0518/c117092 – 29999487. html，最后访问日期：
2019 年 12 月 27 日。

《习近平：决胜全面建成小康社会 夺取新时代中国特色社会主义伟大胜
利——在中国共产党第十九次全国代表大会上的报告》，共产党员网，
http://www. 12371. cn/2017/10/27/ARTI1509103656574313. shtml，最
后访问日期：2020 年 5 月 20 日。

《中共中央、国务院关于全面深化新时代教师队伍建设改革的意见》，中国
政府网，http://www. gov. cn/gongbao/content/2018/content_ 5266234.
htm，最后访问日期：2019 年 12 月 20 日。

《中共中央、国务院印发〈国家标准化发展纲要〉》，新华网，http://www.
news. cn/politics/zywj/2021 – 10/10/c_ 1127943309. htm，最后访问日
期：2022 年 7 月 25 日。

A. Carmeli, R. Meitar, J. Weisberg, "Self-leadership Skills and Innovative Behavior
at Work," *International Journal of Manpower*, 2006, 27 (1): 75 – 90.

A. Gabriel, D. Monticolo, M. Camargo, et al., "Creativity Support Systems: A
Systematic Mapping Study," *Thinking Skills and Creativity*, 2016, 21:
109 – 122.

A. L. Strauss, J. M. Corbin, *Basics of Qualitative Research : Techniques and Pro-
cedures for Developing Grounded Theory*, London: SAGE Publications,
1998: 13, 101 – 102, 123 – 124, 143, 146 – 147.

C. P. Chang, H. W. Chuang, L. Bennington, "Organizational Climate for Inno-
vation and Creative Teaching in Urban and Rural Schools," *Quality &
quantity*, 2011, 45 (4): 935 – 951.

C. Zhu, D. Wang, "Key Competencies and Characteristics for Innovative Teaching among Secondary School Teachers: A Mixed – methods Research," *Asia Pacific Education Review*, 2014, 15 (2): 299 – 311.

D. J. Clandinin, "Personal Practical Knowledge: A Study of Teachers' Classroom Images," *Curriculum Inquiry*, 1985, 15 (4): 361 – 385.

D. J. Hughes, A. Lee, A. W. Tian et al. , "Leadership, Creativity, and Innovation: A Critical Review and Practical Recommendations," *The Leadership Quarterly*, 2018, 29 (5): 549 – 569.

D. Lapeniene, A. Dumciene, "Teachers' Creativity: Different Approaches and Similar Results," *Procedia-Social and Behavioral Sciences*, 2014, 116: 279 – 284.

D. Mertens, "Schlusselqualifikationen Thesen Zur Schulung Fur Eine Moderne Gesellschaft," *Mitteilungen aus der Arbeitsmarkt und Berufsforschung*, 1974, 7 (1): 36 – 43.

E. O. Bereczki, A. Kárpáti, "Teachers' Beliefs about Creativity and Its Nurture: A Systematic Review of the Recent Research Literature," *Educational Research Review*, 2018, (23): 25 – 56.

Elbaz, "Teacher's 'Practical Knowledge': Report of a Case Study," *Curriculum Inquiry*, 1981, 11 (1): 43 – 71.

Finnish National Board of Education, *Competence Framework for VET Professions Handbook for Practitioners*, Sastamala: Vammalan Kirjapaino Oy, 2009: 19.

G. Messmann, R. H. Mulder, "Development of a Measurement Instrument for Innovative Work Behaviour as a Dynamic and Context – bound Construct," *Human Resource Development International*, 2012, 15 (1): 43 – 59.

J. C. Kaufman, R. A. Beghetto, "Beyond Big and Little: The Four C Model of Creativity," *Review of General Psychology*, 2009, 13 (1): 1 – 12.

J. Cumming, C. Owen, "Reforming Schools through Innovative Teaching," *Case Studies*, 2001: 1 – 8.

J. Gordon, G. Halasz, M. Krawczyk et al. , "Key Competences in Europe: Opening Doors for Lifelong Learners across the School Curriculum and Teacher

Education," *Case Network Reports*, 2009 (87): 149.

J. H. Song, W. Kim, D. S. Chai et al. , "The Impact of an Innovative School Climate on Teachers' Knowledge Creation Activities in Korean Schools: The Mediating Role of Teachers' Knowledge Sharing and Work Engagement," *Kedi Journal of Educational Policy*, 2014, 11 (2): 179 – 203.

J. S. Horng, J. C. Hong, L. J. Chanlin et al. , "Creative Teachers and Creative Teaching Strategies," *International Journal of Consumer Studies*, 2005, 29 (4): 352 – 358.

K. Jaskyte, H. Taylor, R. Smariga, "Student and Faculty Perceptions of Innovative Teaching," *Creativity Research Journal*, 2009, 21 (1): 111 – 116.

M. A. Arifin, R. Mohd Rasdi, M. A. Mohd Anuar, et al. , "Competencies of Vocational Teacher: A Personnel Measurement Framework," *International Journal of Academic Research in Business and Social Sciences*, 2017, (7): 147 – 164.

M. Thurlings, A. T. Evers, M. Vermeulen, "Toward a Model of Explaining Teachers' Innovative Behavior: A Literature Review," *Review of Educational Research*, 2014: 1 – 42.

Mesut Sagnak, "The Empowering Leadership and Teachers' Innovative Behavior: The Mediating Role of Innovation Climate," *African Journal of Business Management*, 2012, 6 (4): 1635 – 1641.

N. Anderson, K. Potocnik, J. Zhou, "Innovation and Creativity in Organizations: A State-of-the-science Review, Prospective Commentary, and Guiding Framework," *Journal of Management*, 2014, 40 (5): 1297 – 1333.

O. Janssen, "Innovative Behaviour and Job Involvement at the Price of Conflict and Less Satisfactory Relations with Co-workers," *Journal of Occupational and Organizational Psychology*, 2003, 76 (3): 347 – 364.

P. C. Lee, C. T. Lin, H. H. Kang, "The Influence of Open Innovative Teaching Approach Toward Student Satisfaction: A Case of Si-Men Primary School," *Quality & Quantity*, 2016, 50 (2): 491 – 507.

R. Cachia, A. Ferrari, K. Ala-Mutka et al. , *Creative Learning and Innovative Teaching Final Report on the Study on Creativity and Innovation in Education in the EU Member States*, Spain: European Union, 2010: 19.

S. G. Scott, R. A. Bruce, "Determinants of Innovative Behavior: A Path Model of Individual Innovation in the Workplace," *The Academy of Management Journal*, 1994, 37 (3): 580 – 607.

T. I. Lubart, "Models of the Creative Process: Past, Present and Future," *Creativity Research Journal*, 2001, 13 (3&4): 295 – 308.

T. M. Amabile, M. G. Pratt, "The Dynamic Componential Model of Creativity and Innovation in Organizations: Making Progress, Making Meaning," *Research in Organizational Behavior*, 2016: 157 – 183.

The Definition and Selection of Key Competencies: Executive Summary, OECD, http://www. oecd. org/pisa/35070367. pdf, 2019 – 12 – 20.

H. Timperley, *Teacher Professional Learning and Development*, UNESCO, https://unesdoc. unesco. org/ark: /48223/pf0000179161, 2020 – 05 – 25.

X. H. Huang, C. K. Lee, X. L. Dong, "Mapping the Factors Influencing Creative Teaching in Mainland China: An Exploratory Study," *Thinking Skills and and Creativity*, 2019, 31: 79 – 90.

X. H. Huang, C. K. Lee, "Disclosing Hong Kong Teacher Beliefs Regarding Creative Teaching: Five Different Perspectives," *Thinking Skills and Creativity*, 2015, 15: 37 – 47.

图书在版编目（CIP）数据

信息化教学创新素养研究：以高职院校教师为例／
唐丽著． -- 北京：社会科学文献出版社，2023.7
ISBN 978 - 7 - 5228 - 2076 - 7

Ⅰ.①信…　Ⅱ.①唐…　Ⅲ.①高等职业教育 - 计算机
辅助教学 - 教学研究　Ⅳ.①G718.5②G434

中国国家版本馆 CIP 数据核字（2023）第 125432 号

信息化教学创新素养研究
——以高职院校教师为例

著　　者／唐　丽

出 版 人／王利民
责任编辑／吕霞云
文稿编辑／公靖靖
责任印制／王京美

出　　版／社会科学文献出版社
　　　　　　地址：北京市北三环中路甲 29 号院华龙大厦　邮编：100029
　　　　　　网址：www. ssap. com. cn
发　　行／社会科学文献出版社（010）59367028
印　　装／三河市龙林印务有限公司

规　　格／开　本：787mm × 1092mm　1/16
　　　　　　印　张：17.5　字　数：268 千字
版　　次／2023 年 7 月第 1 版　2023 年 7 月第 1 次印刷
书　　号／ISBN 978 - 7 - 5228 - 2076 - 7
定　　价／128.00 元

读者服务电话：4008918866